政策倫理 VS 行政倫理

林水波　主編

林水波、王崇斌、陳志瑋、石振國、張世杰
林錫銓、鄭錫鍇、周思廷、郭銘峰、邱靖鈜　著

五南圖書出版公司 印行

序

　　政策倫理與行政倫理，一直是公共行政殊為值得探勘的領域。不過，不知為何？這兩個主題並未出現令人激賞的研究成果。基於這個學術罅隙的存在，本人乃召集學術界的同好，經過艱辛的過程，終於完成本書多元的論述、分析與敘事。茲將本書的特色分述，希望讀者對之感到興趣，進而加入這類知識的生產、擴散與應用的旅程。

一、彌補研究罅隙：政策倫理與行政倫理的研究，各方學人均認為非常地迫切與需要，惟國內尚有廣大的空間或罅隙存在，亟需各方學子的研究投入，形構與產出論文，用以提升政策正義及行政倫理的品質及位階，以盡可能在實務上避免發生不義或有失中立的現象。本書有鑑於這項罅隙在國內猶存的現象，乃透過研討會產出文章，藉以補足這方面的研究欠缺，希冀導引各方學子投入知識生產、知識擴散與知識應用的行列與過程。

二、說服智商滋潤：政策形成本是相互說服的過程，於是政策論述乃成為溝通說服的基要，以資促進政策的形成。然而，論述符應倫理或敘事的要求，乃成為說理說服的基本，殊為值得一探。

三、行政風格觸探：行政風格或政策風格本為學術研究的活泉。不過，這方面的學術白地空間，一直等待識者的掌握與開採。本書有關這方面的啓蒙，至祈成為行政學術航向藍海或藍湖之徑。

四、行為政策開發：行為經濟學已有豐富的研究成果，更有作品得到諾貝爾的經濟學獎，於是在其研究的基礎上，亦催生行為政策學研究的開拓，輕推或推力的深論，或可成為這類研究的領航或先鋒。

五、終極典範解析：政治中立的典範，本來就該更深、更廣地專研。香港反送中的發生，公務員政治中立的展現，乃成為最佳研究的典範。而對之細緻的探究與分析，乃有研究啟蒙或引領之用。

六、貪腐議題深研：性別關乎貪腐的滋生與否，一直是行政學術注意赤字的議題，而它的初探，乃增加廉能治理細緻研究的基礎，進而推進更廣泛研究的課題。

七、行政感動作為：地方治理的接地氣，乃是標的團體感受治理成功的前提。這方面的探究，乃成為新世紀地方治理優質化的必要，也將成為這方面實際作為的校準。

八、考績倫理鑽研：考績的正義與正確無誤的追求，本是考績倫理成就所為的課題。不過，如何為之才能達到兩者的境界，乃成為必要殊究的課題。

九、員工回饋倫理：員工本是組織產出的動力，對其年度付出的回饋，乃是組織養才管理的對策。如若，這項回饋違背分配及程序正義，進而滋生各種考績謬誤，恐會失去原本的回饋想定，降低員工工作滿足感。因之，在進行考績工程之際，績效的對應、程序正義的講究，乃是職司者的重責大任。

十、形成倫理作為：政策之形成，勢必要歷經合法化的過程，其中浮躁行為的避免、靜穩行為的展現，乃政策形成倫理的要求。這項形成倫理的呼求，乃針對當今國會作為而來，希冀具有催喚的觸媒效應。

十一、程序正義嚮往：政策形成或計畫管理、程序正義的扣緊，本是關係
　　　　　　　　　人口最在意的標的，於是在過程上究竟要信守哪些
　　　　　　　　　程序正義的原則，有必要對之深究，以供遵從，進
　　　　　　　　　而提升政策或計畫的實質正義。

十二、標的適格倫理：政策每每規定適用的資格，以資發放各類福利或補
　　　　　　　　　償的條件，如若這項資格過度寬鬆或過度嚴苛，
　　　　　　　　　每每造成分配的不正義，浪費有限的國家資源。斯
　　　　　　　　　時，政策的適度復原，進而調整妥當的分配原則，
　　　　　　　　　就可強化有限資源的較佳運用。

　　掌握趨勢與潮流，啓動政策及行政研究，乃是催生本書的動力。而本
書之所以以這種風格出現，深摯感謝中國政治學會提供特殊專題研討發表
的機會，沒有這樣場域的提供，恐就沒有成書的機會。尤有甚者，本書的
問世，更要感謝作者諸君的無限投入與產出，沒有你們的投入、努力與配
合，本書恐無公開發表的空間。

　　不過，一門學科的成長與發展，亟需各方永續提供回饋性的意見，
以資作者在文章上的深度化、細緻化及周全化。因之，特懇請各方讀者，
提供與作者群共鳴與共識的見解，共同開創與深化：政策倫理 VS 行政倫
理。

　　　　　　　　　　　　　　　　　　　　　　　　　林水波

目錄

序 i

第一部分 政策倫理   **1**

第一章　政策論述的倫理（林水波、王崇斌）.................. **3**

第二章　政策合法化的倫理：由浮躁性立法迎向靜穩性
　　　　立法之策（林水波）.................................. **27**

第三章　政府計畫管理的倫理：程序正義的追求
　　　　（陳志瑋）.. **45**

第四章　「推力」政策工具的倫理省思（石振國）........ **65**

第五章　政策復原：以老年農民福利津貼暫行條例爲例
　　　　（林水波）.. **101**

第二部分 行政倫理   **127**

第六章　行政風格與鑑賞系統：文化理論導向分析
　　　　（張世杰）.. **129**

第七章　新世紀地方治理的倫理探勘：接地氣的行政感動（林錫銓）................................**159**

第八章　公務倫理的終極典範：香港公務員「反送中」集會的敘事與省思（鄭錫鍇）.........................**177**

第九章　貪腐關乎性別？性別刻板印象影響廉能治理之初探（周思廷、郭銘峰、林水波）.............**227**

第十章　揭弊者保護法制的想定：制度結構與期待效應透視（邱靖鈜）................................**273**

第十一章　考績正義論（林水波）...................................**299**

第十二章　考績謬誤論（林水波）...................................**317**

第一部分

政策倫理

● 第一章　政策論述的倫理（林水波、王崇斌）

● 第二章　政策合法化的倫理：由浮躁性立法迎向靜穩性立法之策
　　　　　（林水波）

● 第三章　政府計畫管理的倫理：程序正義的追求（陳志瑋）

● 第四章　「推力」政策工具的倫理省思（石振國）

● 第五章　政策復原：以老年農民福利津貼暫行條例為例（林水波）

|第一章|
政策論述的倫理

壹、前言

　　公共政策的制定，旨在化解政治社群中的成員，於共營公共生活的互動過程中，所衍生的爭議、衝突、矛盾及緊張的問題情境（situation of problem）而為的公共行為。因此，公共政策是問題導向的。其在政策制定過程中，舉凡政策問題的認定、方案的推介與設計、方案的選擇與決定的形成，都涉及多元的利害關係人（stakeholders），其於不同的場合、不同的時機，經由不同的管道陳述信念，發諸議論，指陳立場，表達利益，試圖影響政策制定的方向，限定政策考量的範圍，進而促成產出與一己偏好相符的政策。大體而言，上述這些政策行為者的參與行為，就是一般所謂的政策論述（policy discourse）行為。

　　政策論述之所以能對政策制定產生實質的影響，乃是由於一個事實：所有的政策現實（policy reality）都是社會建構的（social constructed）產物，每每須透過詮釋（interpretation）才能確定其意義（Berger & Luckman, 1966; Hofmann, 1995）。再者，實存的或客觀的政策情境，每每要經由詮釋的過程，才能成為人們所瞭解認知的、且具有主觀意義的現實。不過，論述就是詮釋的基礎。所謂論述，乃指一組可以賦予客觀情境與現象且具有意義的理念（ideas）、概念（concepts）與範疇（categories）；以及當事人運用這些要素，將客觀情境與現象背後所隱含的多義內涵，加以單義化與確定化的行為（Hajer, 1993；李丁讚，1992）。同樣一個問題與現象，隨著論述的不同，呈現不同的意義與樣貌。因此，政策制定時真正校準的標的，就會是經由政策論述之後所呈現

的政策問題，並非客觀上實際發生的問題。大凡經由詮釋，不但可以轉化為實存問題，甚至可以無中生有，創造政策問題，甚至虛擬有待解決的問題，進而取得推動政策制定的正當理由。然而，要特別說明的是：經由人所建構的政策現實與實存的客觀情境之間，雖然在經驗上往往有所不同，但此一不同並不是必然的。事實上，我們並不能否定主觀建構的結果和實存的現象之間，有時完全相符合的可能性。因此，兩者之間存在的是：本體論上主觀與客觀的差異。即使兩者之間表現的結果面貌相同，但本質上仍存有主觀與客觀之間的差異。有了如此的認知，區分政策現實與實存情境才有意義。

　　據上所論，所有與政策制定有關的現實，大抵都是經由詮釋而來的。因此，整個政策過程，可以將之視為參與主體之間，以論述來建構政策現實的過程。政策的形式與結果，因此和公共政策的產出及最終的成敗，就會有直接的相關性。由於政策論述在政策過程中，具有如此關鍵的地位，近來受到公共政策研究者愈來愈多的重視，成為一個新興的重要研究課題。大體而言，對政策論述的研究，主要可分為兩個取向。一是對政策意義的詮釋，主要在探討政策意義的本質及形成過程（Yanow, 1995），其乃視政策論述是政策意義的主要來源，於是，政策論述便成為政策意義詮釋學的分析焦點。例如，Hajer（1993）探討實用主義（pragmatism）及生態現代化（ecological modernization）兩種論述，對英國對應酸雨政策形成的影響；而Hofmann（1995）則在對德國科技轉移政策的研究中，發現不同的論述者對「科技」一詞有不同的定義，凡此皆是屬於這一類的研究。另一方面，則是規範取向的研究，主要興趣：在界定理想政策論述應有的特質，並試圖建立政策論述的指導原則。如MacRae（1993）將決策場合區分為決策者具共識與對立的兩種情境，並且同時對應不同的特徵，進而發展出不同的論述指導原則。基本上，這樣的研究乃是基於一個假定：合理的政策論述，是制定良善政策，促使政策成功的先決條件。儘管如此，這一類的研究，對於理想政策論述的定義與特徵、政策論述效度的判斷等最基本的問題，並沒有一致的共識，以至於對政策論述指導原則等重要問題，所提出的觀點不是流於片面的情景，就是淪為各

說各話，使其研究成果受到相當程度的限制。這乃是這個取向的政策論述研究，其當前所面對的一大困境。

　　本文基本上是屬於規範取向的政策論述研究。然而，為了避免受到上述缺失的限制，進而得以釐清基本的概念，對研究課題能有全面並深入的探討，於是較理想的處理方式，乃由已發展成熟的理論出發。基於這樣的認知，本文試圖以哲學中的倫理學為研究架構，再輔以政策研究及政治學的觀點充實內涵。這樣做的理由是：

一、倫理學的研究課題是人類生活中的道德面，也就是研究道德生活的本質與內涵，以及理想道德狀態的學問（謝扶雅，1973）。而本文則在探討「理想的政策論述」，其基本上是屬於政策論述的規範及道德層面，因此在研究課題的性質上和倫理學具有同質性。此種相似性致使理論架構的移植，不會產生方法論上的衝突而具可行性。再者，倫理學乃一發展歷史悠久且成熟的學科，相應於政策論述研究本身的不完整性，其理論架構實有值得借鏡之處。

二、政策論述本身乃鑲嵌於政策過程之中，而政策制定是政治過程的一部分。因此，探討理想的政策論述，不可脫離政策與政治運作的邏輯思維之外。在倫理學的框架下，還要進一步從政治學及政策理論之中，尋求有意義的內涵。此種倫理學與政治學、政策研究之間，在研究架構及內容上所進行的分工，是對應於研究課題的特殊性及預期研究成果的策略性考量。

　　因此，本文乃是對政策過程中，政策論述的倫理學分析。簡而言之，也就是要討論「公共政策論述的倫理」。基本上，這樣的討論主要是基於以下兩個目的：其一是成功的目的，也就是企圖透過此研究，提供一個方向上的指引，只要政策論述能依倫理的要求進行，便能預期制定出良善的政策。另一則是進步的目的，也就是本文所要提出一個理念型的參照架構，以突顯出現實世界的不合理之處，並加以批判，以求從不合理現狀中解放出來，以期接近更美好的狀態。然而，倫理學的分析有一定的範圍，並非世間所有的事物，皆可成為其分析的客體。因此，本文將先確定，究竟政策論述是否具有成為倫理學探討客體的資格，再進一步就其所應企求的終極價值內涵進行討論。

貳、政策論述作為倫理學探討的客體

　　簡單來說，倫理學就是研究道德判斷的學問。而所謂判斷，乃是指一個自覺主體，對客觀現象的辨知、評衡及估量（謝扶雅，1973）。因此，適當客體的存在，乃使判斷成為可能的前提。基本上，每個人為不同目的所為的判斷，會對其判斷客體的資格加以限定。因此，在探討政策論述的倫理之前，有必要先討論一個問題：是否政策論述可以作為倫理學探討的客體？

　　在倫理學上，具有被道德判斷資格的客體，通稱為「倫理行為」或「道德行為」。基本上，倫理行為必須具備三種特徵：人格性、意向性及效應性。人格性是指行為的當事人，必須是非物性、非神性的個體，且具有健全的身心狀態。因此，倫理學探討的對象，是人類的行為，而自然界的現象，甚至超自然的現象，皆不在討論之內。

　　然而，並非所有人類行為皆是倫理行為，有待從意向性來加以考量。所謂意向性，是指行為必須有目的及方向。行為者應該在經過一番慎思熟慮（deliberation）之後，選定偏好和目標，進而再為了達成目標而採取必要的行動。一些單純簡單心理及生理反射作用的行為，都無所謂目的，因此和倫理無關。再者，有意向的行為，本必須和社會及環境發生接觸，並且對所接觸的對象產生影響，才能算是倫理行為，進而具效應性的特徵。如果一個行為者只形成了意向和目的，卻還沒有形諸動作，或雖有了動作，卻在尚未影響到外界之前就終止，其行為亦不可視之為倫理行為。

　　由以上的討論可知，具有意向性、人格性及效應性的行為，才具有接受道德判斷的資格。因此，關於政策論述是否可以作為倫理學探討對象的問題，只要分析政策論述是否具備上述特徵便可知曉。基本上，政策論述是政策過程中的參與者，其陳述信念，指示立場，表達利益的行為，因此，其具有人格性自不待言。其次，在目的方面，民主的政體之中，往往具有多元的行為者參與政策論述，而這些參與者往往因為其所處社會位置的不同，而與政策制定存有不同的利害關係。然而，所有的政策論述都有

一個共同的目標，就是影響政策制定。因此，政策論述本身是一個意向性的行為。最後，政策論述影響政策被如何認定，或具有哪些主觀的意義，進而影響政策制定的結果，且政策一旦制定並付諸執行，每每會影響社會價值或資源的配置，此就表示政策論述是一個有效應性的行為。

　　政策論述由於具有人格性、意向性及效應性，因此確實可成為倫理學討論的客體。除了行為之外，倫理學的研究還及於行為的主體。因此，除了行為的道德性外，行為主體的道德性也是倫理學討論的範圍。然而，我們並不宜視行為的主體為原子化的行為者（atomized actors），因為在真實的社會互動情境中，行為者對其行為及行為效果的掌握，並不具有完全的自主性。基本上，行動者並非置身於社會脈絡之外，如同原子般來行動或決定，也不是如同奴隸遵守他們所屬類別及根據社會角色所刻劃劇本，據而為之行動一般，蓋人們的目的性行動，乃是鑲嵌於具體的、不斷變化的社會關係中（Granovetter, 1985）。因此，主體的行為會受到和其他主體之間相互關係的牽制，所以在主體的層面，除了當事人個人的特質為倫理學探討的對象之外，主體和主體之間互動的情境，也應是倫理學探討的標的。再者，除了主體本身及相互主體的互動情境之外，主體行動的實踐邏輯（logic of practice），也會受到外在環境一定程度的影響。此種影響並不是強制的，而是提供一種行動的傾向。Bourdieu的慣行（habitus）論，就提供了這方面觀察的啟發。所謂慣行，乃指促使行動者如何行動，及如何反應的一組性向（dispositions），這些性向乃是行為者，由過去的行動經驗中逐漸形成的、習以為常的、無意識的實作、認知及態度（Bourdieu, 1991；蔡慶同，1996）。也就是說，慣行是各種結構在社會成員身上引誘出的一種氣質，此種氣質使得主體行動自如，卻又與結構的要求若合符節（Bourdieu, 1977；方孝謙，1994）。也就是說，結構和情境影響行為者的生命經驗，再由生命經驗導引出具有若干特質的行為，而非如結構決定論的理解，直接強調結構控制行為的產出。因之，慣行論使我們在注意到環境對主體影響的同時，能夠避免進入決定論的陷阱之中。

　　由以上的討論可知，討論公共政策論述的倫理，主要包括論述行為及論述主體兩者。在論述主體部分，包括論述者本身、論述主體之間的關

係及主體與環境的關係三部分。然而,在行為的探討上,則要從行為的要素加以分析。大體而言,行為的成分可分為內、外、中三類;內是指行為的動機,外是指行為的效果或結果,中是指用以達成目的的方法。動機是行為的主觀部分,效果是行為的客觀部分,方法則是技術層面(謝扶雅,1973)。由是觀之,如要分析一個行為是否合乎倫理及道德的要求,就要從這三方面一一審察。因此,在論述行為的倫理探討上,主要包括政策論述動機、方法及效果三部分。

　　歸結言之,我們在本節的分析中,確定了政策論述確實可作為倫理學探討的對象,並指出了政策論述倫理分析的對象及客體的類別與性質。以下,吾人將進入政策論述倫理的討論之中。前曾述及,倫理學是研究道德判斷的學問,而判斷之所以可能,必須假定:有一個可作為判斷標準的優先價值存在。因此,以下將先就此一優先價值加以分析,再討論論述倫理的實質特徵及內涵。

參、理想政策論述的判斷標準

　　基本上,公共政策是處在政治系統和社會系統相接的中介面上。而社會系統的構成分子,乃將其利益及偏好傳達至政治系統中,再經由政治系統的運作整合利益,並以公共政策的制定加以回應,和社會系統產生聯繫(Almond & Powell, 1978)。至於良善的公共政策,乃應反映民眾變動不居的共同需求(common need)及公共利益(public interest),化解不同社會成員之間利益及偏好上的衝突。至於要達到這種境界,要先有完整而全面的利益表達,再由有效的利益整合及連貫來加以促成。基本上,利益及意見的表達就是政策論述,而利益整合的結果則是由論述主體之間的溝通來決定。真正的共同需求及公共利益之所以得以出現的前提,乃在於社會中各種聲音都能完整地表達,利益表達的場合,應表現出「眾聲喧嘩」(heteroglossia)的狀態,容忍多元觀點、信念、想法、語言暢達(劉康,1995)。尤有甚者,在利益表達的場合中,不能存有威權主義及特殊

主義，俾讓任何聲音，不論其來源爲何，都有平等表達的機會。如此，社會的實況才能盡可能傳入政策制定過程中。然而，這些個別的聲音，並非直接成爲公共政策制定的基礎，而是要經過利益整合的過程，將個別的利益統整爲普遍化的利益（generalized interests）。而這種統整則要由理想的言談或溝通來完成。不過，由於社會的異質化及多元化的發展，眾聲喧嘩往往同時也蘊含了「難以處理的爭議」（intractable controversy）。此種爭議若無法經由自由的溝通來化解，則利益的整合往往會成爲權力及權威運作的結果。而這種由少數權力菁英（power elite）壟斷及可能塑造假的公共利益，致使政策無法反映社會上存在的眞正需求，因而導致最終的政策失敗（policy fiascoes）（Bovens & Hart, 1996）。因此，理想的政策論述，必須有助於社會利益的完整表達，有效的整合利益，進而促使公共政策得以在健全的基礎之上制定。

　　政策制定在本質上是一政治過程。民主政治如果只是在：定期的選舉、代議制度的運作、權力之間的相互制衡等總體的層次運作，而無法落實到個別的、日常的政策制定過程之中，則只能算是一種形式主義的民主。事實上，日常生活世界中民主理念的實踐，才是健全民主政治的基礎。在每一個決策的場合，都合乎民主的要求，才可稱是「強健民主」（strong democracy）（Barber, 1984）。倘若在與社會成員息息相關的政策制定過程中，標的團體的優先性及主體性無法突顯於政策之中，民眾利益也無法得到公平的衡量機會，則即使在總體政治的層次上標榜民主的過程，仍難眞正做到以民爲主的政治，進而致使民眾產生對政治的疏離感，導致政治生活和民眾的日常生活成爲互不相涉的兩個獨立領域。如此，普遍存在的政治冷漠，往往腐蝕民主政治。若要重建民主政治，首要條件就是要提升民眾的政治效能感，即要要求在政策制定過程中，政策論述的主體應該要及於一般社會大眾，促使政策意義的詮釋得能貼近民眾的視角，這才能夠算是理想的政策論述。也就是說，理想的政策論述，必須能促成決策的民主化。

　　因此，政策論述的價值，在於能引導出良善的公共政策，並能體現民主的精神於其中，本文以下將以這兩個規範性目標爲判準，進一步從主體

及行為兩個面向,建構政策論述倫理的內涵。

肆、政策論述行為的倫理

　　政策論述行為,乃是指當事人運用一組理念、概念、範疇來詮釋政策的行為。前曾述及,行為可從動機、方法及結果三個層面來判斷其倫理性。因此,必須考量:論述主體詮釋政策的適當動機是什麼?論述主體運用理念、概念及範疇的適當方式是什麼?政策論述應對外在環境產生何種影響?而這裡所謂的適當,則指政策良善程度及決策民主化的程度而言。

一、適當的政策論述動機

　　動機是指行動者心中存在的、能引發行動的願心及願景。因此,動機乃是行為之本,若欲使行為本身能合乎倫理的要求,乃必須從動機的分析為起點。正所謂正本清源,本固則枝葉自繁,源清則水流自暢。從反面來說,好的動機雖不能保證行為一定是好的,但不好的動機絕不可能產生好的行為。因此,適當的動機是倫理行為的先決條件。

　　Habermas在其《溝通行動的理論》一書中,依人類行動取向(取向於成功或取向於獲致瞭解),及行動情境(非社會或社會的)兩個面向,提出一個行動論架構,將人類行動區分為工具性行動、策略性行動及溝通行動三種(黃瑞祺,1990,1996)。行動取向和本文所謂的動機可視為是同義的。本文以為,一個政策論述行為,若希望能有助於良善政策的制定及政策的民主化,其動機應要取向於獲致瞭解而非是為了要成功。基本上,取向於瞭解的行為動機,本身含有一種結論未定的假定。也就是說,對政策問題的瞭解,對共同需求及公共利益的認知,在論述之初並沒有產出最後決定。基本上,在現今人類社會中,所衍生的種種問題,其因果關係往往動態而複雜,並以多重面貌出現。在這樣的問題特性之下,必須從多面向觀察及認定問題,以趨近於問題的本質。因為問題認定的真實性、

正確度及完整度，是政策成功的先決條件（Rochefort & Cobb, 1994）。個別的論述主體，往往受限於有限理性及因承諾而導致的眼盲（blind by commitment）所影響，通常只能從單一及少數幾個面向來瞭解及詮釋政策問題。因之，若論述主體的行為動機是取向於成功的，也就是論述的目的，在於試圖將自己對政策問題所持的認知，作為政策制定時的依據。如此一來，則不論哪一個論述者的主張被採納，其必定無法對政策問題有完整的瞭解，因而制定出來的政策之信度及效度是值得懷疑的。因此，唯有論述者皆是出於取向於瞭解的動機而行動，不以一己的見解為結論，乃以開放的態度接受其他論述者的觀點，如此政策制定才有可能擺脫單面向見解的宰制，而從多元的觀點來面對政策問題。

　　以上的論點乃從問題認定的觀點來推論。再者，在政策過程中，透過論述所表達的，除了對問題的見解外，還包括利益的爭取在內。也就是說，不同的論述主體，往往有不同的理由，訴求其利益應在政策中得到回應。由於在理論上，公共政策滿足的是公共利益，因此，將私利與公共利益建立相關性，就成了政策論述的策略之一。公共利益必須由個人的利益推展而得，但推展不是個別利益的加總，而是一種融會；蓋利益的融會之所以可能，乃在於每個主體本身的利益，都可以做某種程度的自我限制。不過，在公共政策制定的過程中，若論述者訴求利益的行為都是取向於成功的，則利益之間的妥協將不可能會發生，真正的公共利益自然也不太可能出現。如此，公共政策回應的，將只是特定社會成員的利益，政策的公共性將不復存在。事實上，私利與私利之間並不全是完全衝突的零和賽局，因不同的私利之間，在內容上可能有所交集，此乃利益整合的關鍵。這種整合的達致，只有在論述主體抱持相互瞭解的態度，使利益的相同處或可折衷之處得以發現。而所有和政策制定有利害關係的主體，若都能以尋求相互瞭解的動機發諸論述，政策所回應的利益才能盡可能和真正的公共利益相符合。再者，在利益整合的過程中，順利經由相互瞭解，致使政策過程中所產生的衝突與爭議的規模，往往能降低或化解，致使往後政策執行過程中，所受到的阻礙得以減少，增加政策有效執行的機會。

　　由以上的討論可知，取向於瞭解的政策論述，有兩個層面的意義：

一是瞭解問題的本質及公共利益的所在；另一則是論述主體之間的相互瞭解。基本上，兩者之間是相輔相成的，因論述主體之間的相互瞭解，將使溝通更爲有效。因之，政策論述的動機必須取向於獲致瞭解，而不是取向於成功或是私利的滿足，以致制定出良善政策的可能性才能提高。何況，政策競爭的場域中，原本運用權力或權威達成結論的可能性，由於主體之間的相互瞭解而降低，使決策民主化的可能性也爲之提高。

二、理想的政策論述方式

以上乃對論述動機的探討，核心是指向行爲的內部主觀部分。以下將探討政策論述技術層面的倫理。行爲的動機一向來自於：所欲求的目的，進而所產生的激勵力量，而方法則是行爲者試圖達成目的而策劃之產物，所以是技術性的。大體而言，論述行爲的技術問題常要考量兩個層面：一是論述的基礎，也就是論述主體爲了證明立場，所依據及採用的資訊、資料及知識等的性質和種類。另一是傳遞論述的管道，如大眾媒體、地下電台、人際間的社會連帶、制度性的利益表達管道或直接的社會抗議集體行動。以下將從這兩方面分別討論。

（一）共同與共通的政策論述基礎及推論的論述方式

在政策制定過程中，性質相異、論點不同的論述，乃經常紛雜並陳。前曾述及，這些論述都只代表一部分的事實，必須經由互動溝通加以整合。但是，論述的方式，卻可能致使這種溝通變爲不可能的原因之一，或是溝通雖然進行了，也無法達成觀點及利益整合的結果，致使溝通失去意義。基本上，政策論述的溝通方式，可依論述基礎及論述主張之間的關係，分爲「推論」與「回溯」兩種。回溯的論述方式，是指政策論述的主體，先得出一個既定的立場或結論主張，然後再以此爲起點，找尋可證明其立場爲眞，或和其立場相符合的資訊、資料及知識，以作爲其立論的理由。而推論的論述方式，則是先在不預設立場的情形之下，蒐集和論述主

題相關的資訊、資料及知識，然後再依據這些基礎所顯示的證據，與自己的信念及生命經驗相互對話，經由分析形成一己的論述主張。在政策制定過程中，若所有的論述都是回溯式的，則依據各自的論述基礎，每一個彼此相異的論述立場都可被證明爲恆眞的，則論述之間便形成不可共量的情形。而在每一個論述皆是恆眞的情形之下，論述觀點的整合也就沒有必要了。若要強加比較回溯式的政策論述，不同的論述之間將形成無止境的相對主義（relativism），只會引發論述主體之間的衝突，無法得到比較進而整合的結果。因此，只有推論式的政策論述之間才有溝通的可能；然而，論述之間的溝通若要眞正能產生觀點、利益及立場整合的結果，還必須有共同的論述基礎才有可能。也就是說，論述所依據的資訊、資料及知識基礎必須要相同。在共同的基礎之下，論述立場的不同是分析及推論方式的不同而造成的。在論述與論述之間相互比較及對話的過程中，若論述與論述之間分別建立在不對等的論述基礎之上，則分析及推論方式較佳的論述，可能因爲基礎的薄弱而不被重視；而有些論述雖然分析上有瑕疵，但由於論述基礎的優勢而得以掩飾此一缺失。茲爲了避免此一情況出現，在論述之間對話之時，應將論述基礎的變數控制，也就是要使論述主體有同樣的基礎，如此才能得知不同的論述在推論和分析上的缺失，促使論述主體有反省與學習，並改正缺失及瞭解他人論述立場如何得來的機會，進而互補長短，使論述的整合成爲可能。然而，論述基礎的充分程度亦不可忽視，理想的論述是建立在值得信賴的、可靠的、充分的基礎上。然而，要使充分且共同的論述基礎得以實現，就要建立一個公開的、公平的、無障礙的、低交易成本的資訊供給、傳遞、流通與交換的環境，並在這個環境內促使論述主體可以輕易地得到所需的資料。這樣一來，所有互動的論述主體有共同且充分的論述基礎，並由這個共同的論述基礎，致使不當的回溯式政策論述失去效用，因爲不可能所有的論述都是恆眞的。而充分的論述基礎，只要再有適當的分析及推理，便能保證有意義的政策論述出現。

（二）多元、可接近、公平的政策論述管道

　　在達成行動目的的政策規劃中，選擇或擁有表達論述的途徑或管道，也是一個重要的技術問題。因爲，管道的特徵（如有無或多寡），會影響行動目的達成的可能性。因之，在政策過程中，如可供傳遞政策論述管道的承載量（carrying ca pacity）若是不足，將使政策制定所依據的觀點受到限制，導致問題認定或需求認定的整合不完全，進而影響政策的回應性及有效性。再者，有限的論述管道，往往造成眾多論述主體之間，因彼此競爭有限的論述表達機會，而衍生衝突。除此之外，論述傳遞的管道有時亦會產生偏差動員（mobilization of bias）的現象，即論述管道往往受到利益或權力集團操控，以致發生可能只爲少數固定的論述主體所接近，而其他論述主體所代表的聲音因而沒有對等的表達機會。如此，將使偏差的政策壟斷（policy monopoly）長期穩固，決策則呈現低度民主，甚至是反民主的傾向。而原本在理想的狀態之下，論述管道應該多元開放，並給予不同的論述者依其需要、可承擔的使用成本及偏好的考量，擁有自由選擇的機會及權利。而同一管道，不同的論述主體應有相同的接近機會，不可形成或助長偏差動員。尤有甚者，管道對不同政策論述的對待及所賦予的權重，更不能因傳遞管道的不同而不同。

　　以上，我們從主觀層面討論了理想的論述動機，從技術面討論了理想的政策論述方式。至於外在行爲的部分，也就是政策論述的結果，已在以上的討論中顯現出來。大體來說，理想的政策論述結果，乃表現在不同論述主體間，得以培養相互瞭解及信任感；而且經由政策論述主體之間的互動過程，匯合所形成的政策詮釋，也應盡量契合於客觀的問題情境。再者，公共利益的整合，也是政策論述行爲的重要使命。這些理想的論述成果，必須論述主體瞭解動機，並在共同且充分的論述基礎上，彼此經由溝通相互學習，再經由多元、公平的論述管道，傳遞且進入正當的政策過程中，才有實現的可能。

伍、政策論述主體的倫理

　　前面討論的，乃針對道德判斷客體的政策論述行為。然而，行為的主體是人，不是活動；對於作為行為發動機的當事人，其在道德上所應負擔的責任，亦應一併加以考量。因此，行動主體亦應為倫理探討的對象。本節的目的，在於分析政策論述的當事人，且所應具有的理想主體性為何？對於政策論述主體的倫理，本文要從影響主體性發展的變數著手，分別從政策論述主體的適格性、論述主體間的相互關係、環境因素對主體的影響申論之。

一、政策論述主體：政治社群的公民

　　在政策制定過程中，參與政策論述的行為者，應持有的身分，是政策論述倫理所要關切的第一個面向。每一個人，在不同的時空系絡中，往往具有不同的身分，並同時擁有因身分而來的應盡義務及可享有的權利。究竟，我們應如何決定政策論述的主體，在政策制定的情境系絡中，所應具備的適當身分呢？基本上，可從公共政策的公共性談起。

　　所謂公共政策的公共性（publicness），乃指公共政策本質上是一項公共事務的作為或不作為，其和一定範圍內的社群成員，必會產生直接或間接的規約或利害關係，且必須回應與體現公共利益，並以公共意志作為決策的依據（施能傑，1991）。因之，在一個政治社群之中，參與公共事務的義務和權利，乃專注具有公民身分的成員所有。從另一方面來說，所有企圖影響政策制定的行為者，只有具公民身分者，其參與才具有正當性。那麼，要如何判斷行為者是否是公民呢？基本上，在此所謂的公民，並不能單從法律的規定來界定（例如，《國籍法》），而要由個體與政治社群互動之間的關係來做決定。若一個行動者，參與公共事務的處理，願意犧牲一部分自己的利益或獲利的機會，進而為了公共福祉的增進而貢獻心力，這樣便可在政治社群中取得公民的身分。倘若一個法律上擁有公民身分的人，參與公共事務的處理是出於自利的目的追求，則並不能因之算

是以公民的身分,參與公共政策的制定。

　　由以上的討論可知,由於公共政策的公共性本質,致使所有政策論述的主體,都必須以公共目的爲優先的公民身分,參與政策過程。論述主體願意負擔參與的成本,履行參與公共事務的義務,並從參與的過程中,體認到個體和群體之間的有機連結及利害相依性,並使公共事務在具有公共精神(public spirit)的論述主體的參與之下,能得到較好的處理。歸結言之,在個體的層次上,理想的政策論述主體,是爲公共目的,依公共邏輯而行動的主體。而具有這些特質的主體,所具備的身分,就是政治社群中的公民。

二、以溝通理性爲基礎的社會互動結構

　　基本上,對於論述當事人主體性的分析,除了個別主體的層次以外,還必須從主體與主體之間,在政策過程中,所形成的社會關係結構來觀察。大體而言,理想的政策論述過程,必須在不同的論述之間,進行有效地整合,而整合的基礎則是溝通和對話。因此,論述主體之間的互動關係,必須促成主體之間溝通的持續,並使溝通能達到效果。所謂有效的溝通,乃是主體之間能在互動中,獲致相互主體性的瞭解,整合協調行動,形塑共同願景(shared vision)。因此,政策論述主體間互動及社會關係的建立,應奠基於溝通理性(communicative rationality),而非純粹的工具理性。而經由溝通理性所促成的是一種相互調適的、鑲嵌的社會連帶;而工具理性則強調個人利益極大化的邏輯。再者,經由溝通理性引導的對話,其所形成的是行動原則(action principle),並不預設特定的結論,而是只提出一種傾向於好結果的行動模式。至於工具理性則直接指向手段及目的之間的連結(Dryzek, 1990)。因此,若政策論述主體之間的相互關係,是依工具理性建立,則互動將成爲原子間直接的碰撞,觀點的整合將因協調的空間虛無而無實現的可能。反之,若論述主體之間,乃依溝通理性而建立關係,則論述主體不只考量自己的立場,更考量他人的立場,

並在考量他人的立場之後，對自己的立場進行批判性反省，將不當之處加以調整。這樣經由論述主體的反覆溝通、反省與調整，獲致不同的觀點與利益的眞正整合。

　　理想政策論述主體間的關係，以溝通理性作爲連結機制，其實只是一個基本假定，而在溝通對話實際進行的過程中，溝通的參與者在履行、瞭解及反應論述行動時，必須先預設一些條件，溝通才能展開與持續。Habermas（1979）以四種有效訴求（validity claim），來指涉這種致使溝通成爲可能的、必然的預設。這四種有效訴求分別是：

（一）可理解性訴求（comprehensibility claim）：指論述的意義是可以被理解的。

（二）眞實性訴求（truth claim）：即命題的內容是眞實的，論述者可提供給閱聽者某些眞實的材料。

（三）正當性訴求（rightness claim）：論述主體間的行動及關係是正當得體的。

（四）眞誠性訴求（truthfulness claim）：論述者的意向是眞誠的，其並要使自己的意思能爲他人所瞭解。

　　再者，只有參與對話的論述主體，對對方所提出的有效性訴求相互承認，溝通所依據的「背景共識」（background consensus）才能形成，斯時雙方的溝通才成爲可能。而且正在進行的溝通，只要這種相互承認的共識沒有改變，溝通就不會中斷。不過，此種背景共識的達成，往往並不是論述主體歷經細查對方訴求的眞實性所導致，而是一種基於長期交往，因而所形成的信任感。這種信任感來自於主體之間，過去成功溝通經驗的記憶，因這種正面的記憶致使論述主體彼此產生信用，提升主體所提出的有效訴求，得到互動對象接受的可能性。這種信用的作用，可從互動主體之間熟稔程度與溝通容易度，以及深度成正比的經驗得到檢證。

　　以上的討論，已預先指出一個重要的事實：即論述主體認爲是眞實且有效的訴求，有可能在實際上是並不眞實的。不過，理想的政策論述，不但要促使溝通成爲可能，更要使溝通「有效」。也就是溝通的結果，必須能增加相互之間的瞭解，更正確認識眞實的情境。不過，欲使溝通更爲

有效的關鍵，就要使有效的訴求不僅只是一種「訴求」，更是一個「事實」。論述主體提出的主張和說法，要真的能理解及被理解；主張的命題、假說及證據必須合乎實情、可信賴，而非由論述主體隨意的自由心證形成；尤其重要的，乃論述主體之間的關係是正當的，彼此要能相互尊重，容忍差異，且主體之間的關係不包括權力的使用和宰制在內。最後，論述的意向要表裡一致，不得包括各種機巧、欺騙及爾虞我詐的行為。蓋只有所有參與溝通的政策論述主體，都能真正盡到引領訴求成為事實或盡可能趨近於事實的責任，溝通才可能得到有效的結果。

　　因此，理想論述主體間的關係，更必須建立在溝通理性之上，致使社會關係成為溝通取向（communication-prone），而非建立於工具理性的衝突取向（conflict-prone）、爭議取向（controversy-prone）及競爭取向（competition-prone）的關係。於是，互動或關係人之間，若要營造溝通氣氛並使溝通得以持續，就要激發或增進論述主體的有效訴求得以相互承認。此種承認，是以成功的溝通經驗及情誼（friendship）為基礎，進而對彼此的信用產生信任而來的。最後，論述主體之間，努力致使訴求成為事實或趨近事實，則是有效溝通的不二法門。

三、政策論述主體與環境的均衡關係

　　環境指一種宏觀系絡（macro-context），其乃指涉主體所處廣泛的、普遍的、持續存在的政治、經濟、文化及社會條件。至於政策論述運作的邏輯，或正式及非正式的規範，對處在環境中的行為者，每每形成一種類似制度般的制約性限制。基本上，此限制必須透過社會化過程，融化在主體的心理假定結構中，才能得到行動主體的順服。因此，環境所代表的結構性因素，並非直接限制主體的行動，而是間接濡化入行動者之中，影響其各種行動。不過，不同的行動者，被濡化的程度不同。論述主體類皆有如此的認識，才能解釋同一環境下，不同主體間的行動存在差異的事實。

　　主體與環境之間的關係，在理想的狀態下，行動主體達成目的與環境

的限制之間，必須求得均衡；也就是說，適度考量外在環境的要求，同時運用自主能力影響環境，以在環境中開創有利於己的情勢。若行動者缺乏正確認知環境的能力，或雖對環境的認知正確，但卻沒有能力開創情勢，則此一均衡將難以獲得，而且會陷入被環境宰制的情境之中。

　　環境本身並不是理性的，其乃存有許多偏差與扭曲。因此，在政策形成過程中，若政策論述的主體無法和環境保持均衡，則政策論述無論在方向上或內涵上，將因此受到環境完全的影響，而產生不當的偏差扭曲。例如，台灣愛滋病（AIDS）防治政策，由於受到文化環境中，因父權觀念造成對同性戀的歧視，性觀念的封閉，以及政治環境中具專家行政的傳統，致使在此一政策的制定過程中，真正影響性的論述，只有各種拉開距離、將病患及高風險群醜化及邊緣化的前現代論述，以及標榜客觀的專業論述而已。因此，無法瞭解AIDS蔓延的實況及真正原因，再對政策標的團體建構不當的政策身分認同（policy identity），其結果乃造成了利害相關人的離心化，導致政策的大潰敗（林水波、王崇斌，1996）。此正是政策論述無法察覺其與環境的偏差，而產生不利後果的實際例證。

　　茲為避免上述論述主體與環境之間的不當關係，及因此所產生的偏差，政策論述主體必須有：正確認定環境限制是否合理的能力。首先，論述主體必須具備對歷史演變情勢的敏感性（sensibility），此乃一種準確感受歷史變遷對主體之影響的能力（Linder & Peters, 1995）。不過，主體所面對的外在時空環境是不斷變化的，主體唯有對此一變化的軌跡充分掌握，才能確定其行動的適當方向及時機。再者，在正確瞭解環境的演變之後，論述主體還必須在此一基礎之上，以批判的態度審視環境。與此同時，在政策制定的場合，論述主體還要評估環境是否朝向對群體有利的方向演變，是否和公共利益的所在及增進背道而馳。此種對歷史的敏感性及對環境的批判性，是主體與環境建立均衡關係的第一步。再者，除了環境以外，主體受到環境影響而形成心理文化的假定結構，也就是Bourdieu所謂的性向或階級氣質，亦是批判的對象之一。此外，參與者也要與環境保持均衡，更要具有能力，得以應用機會扭轉環境偏差的能力。如此一來，論述主體與環境之間的均衡才能達成。

　　綜合以上的討論，可知政策論述主體的倫理，必須由具備公共精神的論述主體，彼此致力於有效訴求，進而達到相互承認的境界，終至訴求取得事實或趨近事實的地位，用以創造一個有效溝通的政策論述場域，同時注意環境的影響，使論述能合理合宜，最後才能真正得到實踐。

陸、結論與檢討

　　本文的分析，是以「溝通」為核心的。因此，本文基本上可視為分析政策過程中，致使有效溝通得以成為可能的政策論述，應具備的特質是什麼。大體上，這樣做是基於兩個根本理由：一是著眼於溝通在理論上對政策制定的重要性；即參與政策制定的行為者之間的有效溝通，是制定良善政策，體現民主化政策過程的先決條件。因此，從不同的角度探討政策溝通，瞭解影響政策溝通的因素，本就有其必要性。本文就是基於此一認識，乃從政策論述的角度討論之。另一個理由，則是著眼於對現狀的反省。因為即使溝通在理論上有如此的重要性，但是真正自由的、開放的、有效的、有尊嚴的溝通，卻很少在政策制定過程中出現。因為在以科學主義作為一種意識形態的時代，科技統治（techcracy）作為一種生活方式，權力宰制作為一種政治運作原則的現代社會中，各種各類的專家、權力菁英及科技官僚，在民主與進步外表的掩護下，無情地摧毀社會大眾的主體性及尊嚴，置社會互動的倫理價值與情感連結於不顧，視俗民知識與日常生活的智慧為糞土。於是，在政策制定的情境內，這些表現可能將所有的政策問題都化約及類歸為技術問題，並將解決技術問題的責任，交付於少數技術與政治領袖所組成的「政策專家俱樂部」（club of policy experts）。在這種俱樂部下，自由且開放的溝通與討論，在以技術理性解決技術問題的主導信念下，卻被視為是不理性的因子，乃被有系統地排除在政策過程之外。於是，社會大眾無法掌握政策制定的結果，公共政策也因此失去其應有的公共性。於是，在這種情況下，雖然政策專家俱樂部都宣稱，其成立宗旨是為公共利益服務的，但總無法掩飾此一醜陋的現實。

　　經由以上的討論可知，於今之世，政策溝通的重建乃當務之急，而溝通重建的工作，是必須從政策論述來切入。此乃由於溝通是由許多主體的論述開始。因此，有效的溝通，必須以理想的政策論述主體、理想的政策論述行為作為底層結構（infrastructure）。而首先要做的，就是政策論述主體的重新塑造或再社會化，促使政策論述主體具備公共精神，各個主體體認自我與群體之間的相互依存性，而不是一個以自我為中心的個體。如此一來，才不至於產生以自我意見及立場為結論，並假定一己的結論為真，再去找尋可作為支持結論證據的行動主體，其之間的互動與整合。尤有甚者，行動主體應追求理解的動機，而且政策形成要取向於相互瞭解，著重分析及推理整合。取向於瞭解的動機，賦予論述主體開放心胸，如此溝通才能開始。尤有甚者，彼此之間更不預設結論的論述，溝通進行中的衝突才能減少，相互學習也才有可能。

　　其次，如何促使政策論述主體之間，產生有利於溝通的互動結構與社會關係，是另一個要重視的問題。因為所有的溝通都是社會性的，更發生在人與人互動的情境中。因之，在政策過程中，即使有適當理想的主體，但這些主體之間卻沒有互動，溝通是不可能的，更遑論有效的溝通了。大體而言，互動的主體之間，應以相互信任感與情誼為基礎，有此兩者溝通的背景共識（有效訴求的相互承認）才有建立的立基。若在政策過程中，所有的政策論述主體，都具有公共精神，都取向相互瞭解，且主體之間都有相互的信任，如此乃能保證有效溝通的出現。因為這樣的論述主體，其所提出的有效訴求都將是事實，或至少趨近事實，且不會利用他人的信任作為欺騙的基礎。

　　最後，在環境層面，為了避免不當環境的負面影響，應要忽視環境相對於主體的總體性，進而把環境因素拉入溝通的場域之中，視其為眾多論述主體之一。因此，在平等的地位上，批判地審查其合理性，而非將其視為不可碰觸的、難以改變的、一定要順服的外在力量。

　　總之，在政策制定過程中，論述主體雖然各自有特殊的視框，但每每可能有扭曲及偏誤之處。是以，參與者應要在互動對話的過程中，傾聽其他主體的論述，反省自己原先的論述訴求，理出可相容之處，而建立共

識，以解決長期困擾的問題。

公共性的認知是致使決策不至於偏差的關鍵前提。蓋決策者以公共利益、公共意志及公共價值爲論述的基礎，爲選擇政策方案的準據，作爲政策評估的論斷原則，則政策倫理才有提升的可能性。

而對歷史的感知，對環境的審愼察覺，乃論述主體不致受環境宰制的前提。在擺脫外在制約力量的宰制後，再透過詮釋的過程，以找尋社會價值爲各方論述主體共同認可的焦點，進而造就相互瞭解，成就政策理性的最佳境界。

最後必須要說明的是，本文主要在闡揚政策論述倫理的內涵，至於此一內涵在眞實的情境中，得以實現的先決條件及相關配套，這些乃倫理學應用層面的重要問題，本文則沒有加以討論，期望今後能有此方面的後續研究。

柒、個案對照：論述倫理與國家發展會議的對話

在嚴肅的理論探討之後，本文試圖在此畫蛇添足地在理論及現實的對話中，做一個結束。這樣做的目的，乃在說明本文分析的雖然是理論，但此一理論指涉的客體，卻是實際存在於現實的情境之中。因此，論述倫理在現實之中，是能夠找到可加以實踐的對照客體的。在此，本文乃以過往召開的國家發展會議，作爲和理論對話的客體。之所以如此，乃著眼於此一對話對象的重要性及切題性。因爲國家發展會議所討論的議題，關係到跨世紀的國家發展方向及競爭力，同時，亦是提供未來憲政藍圖的前置工程。因此，其影響不可謂不大。

基本上，我們可以把國家發展會議視爲一「公共溝通場域」。其乃是一個提供社會大眾，針對與國家當前及未來的發展相關的議題，發抒論述、表達看法及意見交流的公共空間。此一公共空間中的論述者，彼此溝通的有效程度，將決定國家發展委員會（以下簡稱「國發會」）的成效。若此一溝通結果的有效性很高，各種多元的聲音都能在和諧的氣氛中相互

交流，則國發會的結論所提供的方案及方向，即使不是最正確的，至少可說是符合大眾的期望；反之，若無法獲致有效的溝通，則不是產生不適當的、沒有代表性的結論，就是淪為一種儀式性的政治大拜拜，沒有為國家發展留下實質的影響。因為，有效的溝通是國發會成功的先決條件。前曾述及，政策論述的倫理，是指有效的政策溝通，得以出現於政策過程中的重要變數；因此，本處將從論述倫理出發，從促進有效溝通的觀點，分析國發會這一個公共溝通場域得以成功的要素。

首先，國發會對公共性的追求。蓋其在召開會議之前，就讓社會大眾瞭解，此一會議是為了公共的目的而召開的，絕對不是追求自我利益，爭奪有限資源的場合。而是一個凝聚整體智慧、增進公共利益的場合。

再者，在議題的設定方面，盡量合乎兩個原則：歷史的對應性及共同的利害相關性。議題的設定本會引導論述的方向，限定溝通的範圍，進而影響會議的結果。因此，經由議題的設定，進而引導順利且有效的溝通。首先，討論的議題與歷史發展的情勢要相契合；且在不同的歷史發展階段之下，人類往往必須面對不同情境的重要問題。因此，國發會在設定議題之時，就注意討論的議題是否和當前亟待處理或正視的重要問題相符合，能使與會者針對會議議題而展開有意義的溝通。再者，議題同時也和當時社會大眾的福祉直接相關，也就是與現實相聯繫，不致過於抽象空泛，且所牽涉的，不是只和社會上少數群體相關的事項。如此，會議中乃激發社會大眾參與的動機，使國發會能在論述主體具有代表性、普遍性的基礎上進行。

再者，只讓大眾知道「要討論什麼？」（議題）是不夠的，更要讓大眾能具備參與這些議題討論的能力。因此，對於與討論議題相關的資訊、知識及資料，利用各種管道及方式公開，以使社會大眾養成瞭解議題、參與論述的能力，同時允許論述主體在平等及充分的基礎上，發展一己的看法和意見。

最後，在以上的前置作業完成之後，就進入了實際的溝通過程之中。大體而言，溝通過程也符合「政治平等」（political equality）以及「去專制化」（non-tyranny）兩個原則（Fishkin, 1995）。政治平等本指

所有有能力、有動機、具公共精神的社會大眾，都有機會與平等地成爲國發會的論述者，且所有論述者的意見皆給予同等的重視與參考，絕不因論述主體之特質的不同而有所不同。此外，在溝通的過程中，論述主體不能有侵犯及剝奪其他主體參與溝通權利的意圖及行爲，也不能利用多數的暴力中斷溝通、決定討論的方向，進而獲致溝通的結論。換言之，在尋求相互瞭解的動機催促之下，以獲致共識爲前提，進而決定溝通過程中的相關事務。

　　以上的分析，基本上是將論述倫理的內涵，配合國發會的性質，得到的一個實際應用的個案。大體而言，在主體的層次上，與會者多數均能體認到國發會的公共性，以參與公共生活的目的而參與國發會的討論。在實際討論的過程中，參與者企圖瞭解他人的意見，而不懷抱與他人競爭或壓制他人的機心。再者，在論述主體之間的關係上面，所有參與國發會的成員，本就講究地位平等，因爲地位平等，所以在溝通的過程中，主體之間的有效訴求得能相互承認。這種結果乃出於雙方主體的自願，更堅守信任與情誼。至於溝通的進行，也在具有歷史對應性的議題之下，引導論述者反省其和環境之間的相互關係，是否處於均衡的狀態。而在論述行爲方面，則國發會提供所有參與者充分平等的基礎，並提供多元的管道，創造一個參與溝通的無障礙空間。

　　國發會所討論的三大子題：憲政體制與政黨政治、經濟發展及兩岸關係，相當能感知歷史的脈動，契合於國家當時發展上的需要，再由與會代表以倫理的情懷，進行有效的論述與對話，得能共識的建立，行動方案的研擬，並排除最後合法化的障礙。

　　以上乃是將論述倫理運用在現實中的一種嘗試，因國發會在召開時，亦順應論述倫理的要求，進而得到理性的結果；也同時爲本文的理論分析，提供一個在實際生活中充分實現的理想典型。

參考文獻

一、中文部分

方孝謙，1994，〈如何研究象徵霸權：理論與經驗的探索〉，《民族學研究所集刊》，第78期，頁27-59。

李丁讚，1992，〈日常生活與媒體論述：兩岸關係為例〉，台灣民主化過程中國家與社會研討會。

林水波、王崇斌，1996，〈台灣制訂愛滋病防治政策的錯誤傾向與其引發的離心化困境〉，《政治科學論叢》，第7期，頁157-186。

施能傑，1991，〈以「公共」做為公共行政研究與教育的起點〉，紀念張金鑑教授八秩晉九誕辰行政學術研討會。

黃瑞祺，1990，《批判理論與現代社會學》，台北：巨流圖書。

黃瑞祺，1996，〈理性討論與民主：哈伯馬斯溝通理論的民主涵義〉，中研社科所多元主義政治思想研討會。

劉康，1995，《對話的喧聲》，台北：麥田出版。

蔡慶同，1996，〈當運匠聽到地下電台——論地下電台與社會運動之關係〉，國立臺灣大學社會學研究所碩士論文。

謝扶雅，1973，《倫理學新論》，台北：商務。

二、外文部分

Almond, G. & G. Powell, 1978, *Comparative Politics: Systems, Process & Policy*, Boston: Little Brown Press.

Barber, B., 1984, *Strong Democracy: Participatory Politics for a New Age*, Berkeley: Univ. of Cal. Press.

Berger, P. & T. Luckman, 1966, *The Social Construction of Reality*, N. T.: Anchor Books.

Bourdieu, P., 1977, *Outline of a Theory of Practice*, Cambridge: Cambridge Univ. Press.

Bourdieu, P., 1991, *Language and Symbolic Power*, Polity Press.

Bovens, M. & P. Hart, 1996, "Frame Multiplicity & Policy Fiascoes: Limits to Explanation," *Knowledge & Policy*, vol. 8, no. 4, pp. 61-82.

Dryzek, J., 1990, *Discursive Democracy: Politics, Policy & Political Science*, Cambridge: Cambridge Univ. Press.

Fishkin, J. S., 1995, *The Voice of the People*, New Haven: Yale Univ. Press.

Granovetter, M., 1985, "Economic Action & Social Structure: The Problem of Embededness," *American Journal of Sociology*, vol. 91, no. 3, pp. 481-510.

Habermas, J., 1979, *Communication & the Evolution of Sociology*, Boston: Beacon Press.

Hajer, M., 1993, "Discourse Coalitions & the Institutionalization of Practice: The Case of Acid Rain in Britain," in F. Fischer & J. Forester (eds.), *The Argumentative Turn in Policy Analysis & Planning*, Durkam: Duke Univ. Press.

Hofmann, J., 1995, "Implicit Theories in Policy Discourse: An Inquiry into the Interpretation of Reality in German Technology Policy," *Policy Sciences*, no. 28, pp. 127-148.

Linder, S. & G. Peters, 1995, "The Two Traditions of Institutional Designing: Dialogue Versus Decision?" in Weimer, D. (ed.), *Institutional Design*, Boston: Kluwer Academic Publishes, pp. 133-160.

MacDonell, D., 1986, *Theories of Discourse: An Introduction*, Oxford: B. Blackwell Press.

MacRae, D., 1993, "Guidelines for Policy Discourse: Consensual Versus Adversarial," in F. Fischer & J. Forester (eds.), *The Argumentative Turn in Policy Analysis & Planning*, Durkam: Duke Univ. Press, pp. 291-317.

Rochefort, D. T. & R. Cobb, 1994, *The Politics of Problem Definition: Shaping the Policy Agenda*, Lawrence, Kansas: The Univ. Press of Kansas.

Yanow, D., 1995, "Practices of Policy Interpretation," *Policy Sciences*, vol. 28, pp. 111-126.

第二章

政策合法化的倫理：由浮躁性立法迎向靜穩性立法之策

林水波

壹、前言

　　民主國家國會向為政治活動之重心，位居國會主體的立法委員所表現之議事行為或政策合法化工程，對國家社會之影響更是相當深遠。蓋立法的績效與議事或決策的品質、立法的品管與議員的問政風格，每每衝擊國家的競爭力，國家對應內外在環境演變的能力；國家政策方向適時適地的定位、定性與定向，國家開創歷史新紀元的功能。然而，這種積極正面的國會期許，在台灣的實踐上不但未臻理想的境界，猶引發些許的國際笑柄，產生諸多的議事亂象、肢體衝突及為表決而表決的不正常現象，甚至有外界訾議為「碾壓式立法」的反常行為（周萬來，2020），致使國會的形象始終無能提高，更有人主張：限縮國會的權責，以免政府的施政遭受掣肘。這種國會效能不彰、議事效率低落的原因，雖有歷史結構性因素的制約，政黨協商機制不夠健全所致以外，委員的立法倫理觀念不強，恐亦難辭其咎。事實上，國會議員有當為與不當為的範圍，若能把握二者的分際，當為者不拖延，不當為者則避免；抑或謹守二者之分際，不致讓不當為者極度拓界或越界，而讓當為者的範圍擴大，則立法的績效就有豐厚的立基。本文乃基於這項體認，擬分析前述議事亂象而泛稱浮躁性立法的屬性，靜穩性立法的特色，具倫理的立法導向，以提升政策合法化倫理的策略。

貳、浮躁性立法

　　立法院自全面改選之後，議事始終未能被社會賦予高度的評價，紛亂的立法情景每與其合一，以致人民對其逐漸降低信任，而存在的正當性亦緩慢在腐蝕之中，乃有試圖修憲以縮小國會的權能之議。根本之因，在於立法的結構不良下，立法院浮躁性的立法或政策合法化，所引發的負面評價。茲將這種立法的屬性列舉鋪陳於後。

一、懈怠式立法

　　立法院在第三屆第一會期，立委幾近「自我遺忘」自己的立法角色，專門從事所謂的「政改」，進行政治惡鬥，以致不能正常進行立法，無法具有前瞻性的視野，針對時空的演變，歷史潮流的更迭，立社會所需要的法律。比如《道路交通管理處罰條例》修正案，就在立法院已經整整躺了多年之後才見日出；推動亞太營運中心所需的法律，亦遲遲不能完全健全化；《大學法》有關教師的等級，亦拖延甚久，才讓各大學有效執行，並與中研院同步實施，不致造成隨意跳槽的情事，有礙研究的進展。

二、災難式立法

　　立委往往不能在問題未發生前，立下時代社會所需要的法，而要經由一場無情的災難，才能喚起立委的注意，並在輿論的壓力下匆促完成立法。這種災難式的立法，代價相當高昂，只能消極被動、斷續注意問題而已，更養成了得過且過的心理，本非當代立法機關所應為的立法模式（林水波，1995）。何況，這種立法模式，每在時間緊迫下完成立法，難免會出現思慮不周、考量不當而引起嚴重後遺症的潛在問題。

三、討好式立法

　　立法委員爲爭取連任，每於立法上優惠或照顧一部分的選民，對其示惠，以贏得他們的選票支持。《公務人員任用法》的修正，雖爲委任公務人員找到另一條升官等的便利管道，多少對其工作士氣之提升產生激勵作用，但該法卻嚴重排擠高考之新進人員，進而降低公務人員的品質（林水波，1996）。這種只有少部分人獲益的立法，每違背普遍性的立法倫理；抑或在相關租稅減免上的立法，或在他類金錢優惠的立法，每會產生財政分配的排擠效應，增加政府的財政負擔，降低施政的品質。

四、不當式立法

　　立法常要注意邏輯的相關性，當前環境的需要性，支持假定的妥當性，條文間的配合性，法體系的相互影響性，目標與手段間的關聯性。然而，立法院過往在審查《洗錢防制法》時，就亂揮神來之筆，在原相關條文要求銀行發現有可疑交易時，應立即通知檢警單位，但部分立委卻加上「得通知當事人」六字，破壞了這個法令的原本旨意。何況，立法目的與達成目的的法條間，經常出現不搭調或彼此沒有交集的情形。比如《公職人員財產申報法》之罰則規定，根本不足以儆人，以致申報不實或故意申報不實者爲數不少，非但不能達成防制金錢流弊的理想，法律的威信恐會蕩然無存（趙永清，1996）。強制信託亦因《信託法》及《信託業法》的立法遲延，以致該規定較晚完成合法化工程。

五、作秀式言論

　　立法院國是論壇時間，立委每以天馬行空的方式論政，有時更與己身的職權行使無關，簡直虛耗寶貴的時間，但求媒體輿論的青睞，增加自己的能見度。然而，這種毫無實益的作秀言論，所帶來的社會成本相當高，

不僅有限的立法時間無法得到充分的運用，衝擊到其他的立法進度，更不會引起其他委員的傾訴，反思當前的問題。

六、個人式否決

　　立法本是團體的議事行為，講求團隊精神，注重溝通、協調、合作、創意與突破，但為今的立法院，立法個人主義的作風濃厚，法案交付審查前的一讀會，只要一人反對，法案即遭退回，變成人人擁有否決權的不當情事。再者，有些法案常因一個立委的堅持，而使法案之審議牛步化。凡此，均是立法延宕、立法落後的原因。

七、統獨式紛爭

　　部分立委每受制於己身之政治意識形態，而在法案審議過程上，將法案泛政治化到最高點，不利於審議的氣氛，製造政黨間的衝突對立，無法以開放的心胸，容納不同的見解，加深對複雜問題情境的理解，催生滿富想像力的解決方案。過去《公民投票法》、《臺灣地區與大陸地區人民關係條例》、《香港澳門關係條例》立法或修正，乃因各黨委員動不動就陷入統獨紛爭，無能靜穩地討論：上該諸法的重要性、時限性及迫切性。

八、雜亂式立法

　　由於各黨對優先審議法案，意見不一，協商又難以平順達成，以致在議程設定上雜亂無章，審議的順序不斷變動，讓有些委員無法參與自己關照的法案，錯失貢獻法律見解的機會。何況，法案之審議順序，有時亦受到職司機關的遊說，不能執行先到先審的原則，因而時常通過時效上並非急迫性的法律，而時機迫切的法案反遭遲延，有賴事件的發生，方能得到委員們的眷顧與審議。

九、宰制式立法

過去立法的慣例，行政院的版本往往居主導地位，並動員執政黨委員通過，他黨的思維與看法常無由注入法案的內容。何況，立法院長期由國、民兩黨掌控，在立法過程上，總有思辨不足之處，表決重於對話的情形。於是，就有立法不夠周延，執行力不高的法案被製造出來。甚至出現對話歸零，一直表決的宰制現象。

十、重複式辯論

立法院委員會的法案審查，由於不具有權威性，未能達及委員會院會化的威信，以致話題一再重複，增加立法時間。這種以院會翻案的法案，更常在最後面臨到輿情壓力，快速草率通過一些法案交差，根本無法講究立法品質。

上面10項有關浮躁性立法的屬性，足可顯示台灣的立法品質，著實令人堪憂，已到非澈底翻轉不可的地步。蓋每件立法均有可能呈現正反的效應，如未能在審議過程，將會產生反面效應的規定或內容排除，則法之尊嚴、法之威信就難以建立。

浮躁性立法有礙立法院形象的建立，更到了人民的忍耐度快到極限的地步，委員們應自覺到這項情勢的演變，設法轉型立法的屬性，由浮躁轉爲靜穩，以獲致信任，贏回以政策合法化爲中心的使命地位。

參、靜穩性立法

台灣立法的亂象爲時已久，議事效率不彰可能也已到了容忍度不高的地步，再加上國際競爭力的強大壓力，立法院恐已沒有正當性再扮演拖棚、懈怠、延宕及草率的立法行爲，有必要速速加以轉型，由悲情的浮躁性立法，邁向樂觀性的靜穩立法。而靜穩性立法應有下列數項屬性。

一、感知性

　　立委應感知到台灣現階段的處境，國際體制環境對台灣的衝擊，中國大陸的黑洞影響，世界競爭力的無情，適時立下配合推動亞太營運中心的法案，因應提升國家競爭力、加入多元貿易組織的條例。再者，香港地位轉變的歷史時刻，已對台灣帶來偌大的衝擊，有關因應這項變局的港澳互動機制，應列為最優先審議的法案。因之，立委應透過對話或詮釋的過程，發現具共同價值意義的立法方向，以增進相互間的瞭解，進而獲致趨同的法律見解，完成對應歷史演變的法律（Linder & Peters, 1995）。

二、回應性

　　立法之所以受到人民的支持與認同，並能付諸有效的執行，關鍵在於立法的內容得以回應人的需求、偏好或價值，而非只反映單一黨派的利益而已。因為立法本就不在乎數量之多寡，但關切立法是否對應標的團體的所好、所求及所愛，執行落實責任的追求。

三、配合性

　　立法並非在眞空管內爲之，而是在相關的體制結構內進行，因之法條間要相互對應，不可出現矛盾性，替執法者提供高度的自由裁量空間，進而產生執法不公平的現象，抑或裁量不正義的情景。而在立法之前，更應熟知相關的體制結構，認眞體會立法的原意，不任意引用作爲阻礙立法之藉口。

四、妥當性

　　立法所根據的假定相當合理，因果論斷具有關聯性、經驗性及理論基

礎，並非基於立法者主觀的臆斷或揣測。比如，《公職人員財產申報法》之訂定，乃為「端正政風，確立公職人員清廉之作為，建立公職人員利害關係之規範」，但自該法實施以來，似乎陽光政治也被謀殺了（趙永清，1996），並未呈現上述那些目的之達成。因之，該法於2007年全文修正後，導致陽光政治較可能落實。

五、將來感

法律的制定為未來取向的，施行時間很長，且又構成未來法律變遷的限制，所以法律制定之前，要注意政府的財政負擔，政府的施政財源，又要顧及未來世代所享有的權益，賦予和當代人的同等價值考量，不可只慮及當代人的享福或需求，而為後代子孫留下不適生存的環境，累積龐大的債務負擔，用掉大量不可再生的資源（林水波，1995）。

六、周全性

靜穩的立法最忌諱片面的論斷，抑或單獨受制於政治帝國主義（由意識形態宰制，隨意牽扯統獨，而不對法條內容從事對話）、經濟帝國主義（以經濟的考量，決定法律的制定）（Schwartz, 1990）、本位帝國主義（只堅持己見，無法容納他人意見）、群眾帝國主義（動員群眾，壓迫立法議事）。蓋在這四個帝國主義的宰制下，立法者恐無法認真思考較為有效的方案，過早封殺法條的文本，忽視富活力的內容，無法防止立法定制的不良溢出作用。

七、共識性

表決雖是解決議事衝突的最後武器，但由於政黨間的實力懸殊，或因合縱連橫結果而宰制立法的過程，最後決定的法律內容可能就存有扭曲

性,並未能反映實際社會的現象,遭致難以執行的命運。因之,在政黨生態改變之今日,在政治性質不濃的領域,盡可能以共識的方式做成決定,增強法之權威性。

八、論證性

立委可能有自己見解或法律主張,也希望讓自己的主張納入法律的內涵中,除了聯合具共同見解者支援外,本應由合理的因果、比較及倫理論證,利弊得失的分析,外國立法例的考量,本土社會配合的調整,以爭取多數的支持。因之,立法或政策合法化,千萬不可憑恃所屬黨派之多數,而以力不以理服人。

九、後果性

立法行為除了要斟酌法律內容的妥當性,即注意其穩定性、秩序性、可測性及適應性外,也須顧及法條的後果性。如若法條所帶來的後果,非但不能滿足人們的偏好與期望,而且產生嚴重的後遺症,則這樣的文本就應加以割捨(March & Olsen, 1989)。單一選區兩票制,如在政黨比例代表的額度不提高,立委總額減少時,由於選區擴大很多,恐不利於小黨的生存。因之,將來在修改《公職人員選舉罷免法》時,應著重這種選制之轉型,對政黨數目之衝擊詳加分析,才能下最後的決定。

十、傾聽性

法律施行於人的日常生活中,因之立法者應熟知人民平日互動的實際情形,並在立法時傾聽被規範者的心聲,瞭解重要的行為面向、價值追求及關係所在,藉以消除立法者主觀的幻想、自欺及自我中心思想,進而透過傾聽的過程,表示對主權者的尊重,讓制定的法律,呈現人文的素養、

人性的尊嚴（Forester, 1989）。

　　靜穩的立法是主權在民時代，人民所最冀盼的。而在財政逐漸困窘的時代，資源相對稀少的境域，靜穩的立法更是面對、應付的主要處方。台灣在面對強大國際體制環境的制約下，為了爭取較為寬裕的立基，乃要對應環境的演變，審慎立法，以利政府競爭力的提升。

　　靜穩的立法期可找到共同利益的所在，調適原本根據的立法前提，修正過往不當的立法立論。因之，這種立法是一種原理發現的過程，奠定立法者間妥協及諒解的基礎，促使議事者決定：法的哪些層面，是可談判諮商而獲致共識的。

　　靜穩的立法是一種集體的議事過程，由議事者進行反思性的批評與對話，不斷評論各自所持的立論理由，所支持的決定，並由評論中，彼此瞭解意見衝突的所在、所處，進而共同協力而加以整合，以及探究最具吸引力的文本內容。

　　總之，議事者從靜穩互動的過程，反省自己抑或相互反省，以追求哪些規範適於涵蓋在法律之內，何種觀點應納入，何種主張有衝突，何種面向應關注，何種功能應獲致，哪種後遺症應避免（Landy, 1993）。然而，這些正面價值的產生，立法者具有立法倫理的素養，就非常迫切及必要了。

肆、形塑立法轉型的推動力量：政策合法化的倫理

　　由浮躁性立法轉型為靜穩性立法，當然有諸多的策略，或由選民監督下手，或由選舉制度更調，再由議事規則強化，政黨協商法制化。不過，合法化倫理的形塑與體認，有其所在的地位。

　　國內亦有人主張：重視倫理以為健全國會，及強化議事功能（內政部編，1994；朱志宏，1996），但其所論述之焦點，集中於國會議員所應遵守之禮儀與規範上，強調輩分、敬業、專業、禮貌、互惠及對國會的忠誠。然而，此處所關注的焦點在於：議員於立法行為上所提出的

立法論述，以及國會議事運作應採取的取向。綜觀知名立法倫理的學者
Thompson（1987, 1995）的論點及筆者的看法，本文將其歸納為七個取
向，茲分述如下。

一、普遍取向

國會議員於立法時應站在整體公共利益的立場，推銷立法主張。不
過，公共利益無法單由各個議員主觀偏好的結集，其必須透過立法過程才
能產生。這種產生的過程，分成四個步驟，不斷重複運作而得。即議員
首先表述代表選區選民的特殊觀點，再根據其他議員的論述改變原述的論
點，積極推動已改變的觀點，最後再向選區選民合理化這個整合性觀點。
經由這項互動整合的議事過程，將原本特殊的訴求，轉化成追求公益的普
遍觀點（Thompson, 1987）。

大凡有三種議事行為不能符合普遍取向的倫理原則：一為各項特殊訴
求未能相互整合吸納；二為議員基於向選區選民服務的理由而忽略同仁的
不當議員行為；三為個別議員表現立法的個人主義，無法為議會的集體品
質盡職負責（Thompson, 1987）。換言之，立委在立法上，有義務強化或
改善與不同對立人士或人群的關係（bridge-building），以達到立法議事
交集的境界（Bowman & West, 2018）。

二、瞭解取向

立法者論述旨在：增加對立法的需要性、立法的目的與內容之瞭
解，俾以發現法益的相同處或可折衷處，而為公共利益的誕生鋪路。反
之，立法的論述若只在反映特定成員的利益，或企圖宰制整個立法的局
面，則見解間的相互融合就不可能，議事就會處在激烈的衝突之中，一則
延宕立法的時程，二則一方若以表決意圖化解僵局，那麼議事就難以和
諧，甚至造成惡性循環（林水波、王崇斌，1996）。萊豬開放進口行政命

令的審查到准予備查的過程，就是前半段國民黨完全宰制，後半段由民進黨掌控，勢將影響往後政策合法化的順暢度。

　　現今多元化的社會裡，對一項立法總會有不同的聲音出現，也會有立法盲點存在，因之各種論述之雜陳，不在相互打壓，而在增進對問題的瞭解，在解決方案的整合，在融會各方利益，在形塑共識。唯有心懷瞭解的論述動機，才能降低或化解議事的抗爭或衝突，以利於議事效能的提升。

三、功績取向

　　立法人員從事立法，所要考慮的重點，在於法律或政策本身的利弊得失，一則為公民福利之維護，二則為公民權益的保障，三則為問題之解決。至於遊說者的壓力，或競選捐助者的影響力，不能以單獨或唯一一方作為立法行為的合理理由。蓋在壓力及影響力之左右下，立法者可能忽略法的邏輯性、功效性及配套性，只增加法體系之紊亂而已。換言之，有倫理取向的立法者，不因壓力而影響自己的立法判斷，不因金錢的誘惑而扭曲法的真義；而是在選民強烈的付託下，表現出獨立自主的立法判斷。

　　總之，立法者應重視獨立的價值，服膺具妥當性理由的命令，遵行或信守法的實益，不在乎個人由立法可能獲得的利益，只在乎問題的本質、公平的標準、法律的系統及公共利益的所在。

四、規律取向

　　國會議員應對其同僚、助理、挑戰者、其他官員及整個機關盡應盡的義務。這個取向首先強調保護同僚們的合法訴求，讓他們享有平等參與的議事權，履行每一人的立法差事，正當使用機關資源，接受維護機關信譽的責任，尊敬行政及司法部門的合法利益，提升機關能力俾便進行開放性的溝通，裝備創造力及為機關奉獻之心志，建立各項議事程序以促進議員的倫理行為，且要求個人和機關對其自己的行為負責（Thompson, 1995;

Van Wart, 1996）。換言之，國會議員若忽視自己的機關責任，不能分擔國會內共同的大小差事，對機關及成員中傷，濫用議員的特權，均會對立法過程造成有形或無形的傷害。總之，國會議員在議事過程中，應妥當運用議事策略或規範，達成立法目標。

五、負責取向

議員的行為要以創造公共信任為己任。他們不僅要根據正確的理由和大數據從事立法論述，更要提供合理的保證，確實從事行事根據理由的作為。事實上，議員應對選民負責，反映他們的心聲，訴求他們的權益；也應對行政部門負責，適時立行政執行所需的法律，準確監督行政部門的執行行為；進行人才社會化及培訓的工作；從事利益表達、集結與解決議事衝突事宜；化解群眾對峙緊張、充當安全瓣的角色（Norton, 1993）。

六、迴避取向

國會議員及其關係人：「不得與其監督之政府機關或公營事業從事交易；不得為圖自己或他人不當利益，向政府機關或公營事業關說、請託；不得向前二者推薦人事；不得接受前二者，或與政府有簽訂公共契約者，及外國或中國大陸之法人、團體、個人之捐贈；不得參與審議及表決涉及議員本人或其關係人利益之議案；不得接受任何財產上利益於進行遊說或接受遊說委託時；不得利用職務或因職務上知悉之祕密，為本人或他人圖謀不正利益。」（立法院院會審查通過《立法委員倫理法》）蓋議員如不利益迴避，極可能做出有偏頗的決策判斷，或影響不甚公正的法案通過。總之，金錢雖不是所有立法罪惡之源，而意識形態、野心及無能，可能才是議員立法曲解之本源，但是金錢在我們的文化上，卻是立法自主最重大的障礙。是以有倫理觀念的立法者，絕不能讓金錢安排爭論議題的優先順序、委員會及院會的議程、嚴肅要考慮的資訊，甚至宰制到他們的整個立

法生命（Thompson, 1987）。

七、公開取向

　　議事公開是一項檢驗議員道德行爲的利器，它亦是檢驗普遍取向及功績取向的標準。蓋一項議事如要祕密進行，就難以通過上述那兩個取向的評定。公開之眞義在於，公民有權知悉他們的代議士之所有立法行爲。蓋代議士在決定他們如何詮釋自己的立法角色時，每每擁有相當大的裁量範圍；設若裁量的範圍愈大時，公民就必須知悉他們所採的各項決定，有無違反倫理規範。不過，弔詭的是，代議士行爲愈公開，他們愈可能會面對更多特殊利益的壓力，抑或致使行爲更受制於外在的團體。茲爲解決這種衝突矛盾，理論上與事實上承認議員在某些情境下，可採議事不公開的原則，但在做這樣的抉擇就非公開不可。因爲，決定議事不公開，決定本身不是祕密，該決定要向公民合理化，亦只能以公開的方式爲之（Thompson, 1987）。

　　立法倫理指出：一些代議士在代議機關內的行動原理原則，其目的在於導正浮躁性的立法行爲，規範議員間及議員與外界互動的行爲標準，導引議員在扮演立法角色的適當舉措，而達成立法機關表現之至善地步。

　　立法倫理雖限制立法者的行爲，但絕不阻礙他們扮演正當代議士角色的作爲。然而，處在現今複雜的政治社會裡，立法者會面對倫理要求及政治要求的雙重壓力，他們可能會滿足特殊的訴求，訴諸於與功績無關的立法理由，隱匿個人及政治的活動。這種衝突最好由立法過程來加以解決，由公開的決定過程，在公民監督下，以減少背離倫理規範的行爲。

　　立法倫理最終的目的在於達到靜穩性的立法，防止立法者及立法機關的腐化行爲，立下永續可用的法律，減少有效資源的浪費，讓立法機關也向行政、司法及選民負責。總之，立委代表人民行使立法權，不得違反公共利益及公平正義原則。

伍、提升政策合法化倫理的他律之道

　　政策合法化倫理深化之後，即立法者對七大取向有了體認與熟悉時，靜穩性立法就有滋生的空間，議員的當為與不當為也有了明顯的區隔，野台戲般的國是論壇該是結束的時機，立法時間虛耗於不急之務的爭議應是到達了歷史的終結點，抗爭、作秀、媚俗討好之議事行為，也該收網了。然而，立法倫理的培塑為一項重大課題，更是立法有序，績效有成，形象轉變的前提。至於，立法倫理之形塑，議員本身的自律當是最基本的啟動器，但自律恐會受到自利影響，而限縮倫理發揚的機會。是以，他律的設計乃現階段不得已的措施。

一、落實健全委員倫理規範

　　為了維護民主政治之發展，確立政治倫理之風範，嚴肅國會議事，健全立法品質，規範委員之權利義務，合理導引正當的立法行為，在完成倫理規範的制定後，如能加諸必要的罰則，對委員有效的信守或有增強的作用。

二、期初訂定會期立法計畫

　　議事效率不彰與議員的出席率有關，也與一人否決的議事案例有關，更與雜亂無章的立法議程脫不了關係。因之，在會期一開始，便由相關黨派協商優先審議法案，並屬行委員會中心主義、院會政黨協商主義，打造優良的立法成績單（盧修一，1996）。

三、減低議員對金錢的依賴

　　由於競選經費的昂貴，議員當選後在立法時，欲他或她完全排除與立

法理論無關的影響力就相當困難。一旦金錢成爲立法的重大影響力之一，則立法品質就堪慮。因之，盡量提高政黨比例的名額，或往全面公費選舉的方向規劃，以減輕金錢對議員的誘惑。

四、優質化公投制度的落實

立法的懈怠或延宕，以致政府因應環境變化的立法，無法適時應運而生，進而波及政府競爭力的提升。如能建立另一套合法的立法管道，一則敦促國會加速立法的腳步，一則在國會失職時，猶有途徑完成具時效性的法律。而公投在破除萬難完成立法之後，如能扮演催促政策合法化的工程，發揮公投原本的效應，則立法遲延現象，或有改善的空間。

五、提名充分適格的參選員

政黨的競爭愈來愈激烈，選民的要求也愈來愈高，所以各政黨應提名適格的人員參選，不得再受制於派系，或政治分贓的考量，一舉淨化國會的結構，尊重制度，遵守協商，重視職責，立下與環境鑲嵌、社會發展需要的法律與命令。

六、選民的充分覺醒與監督

議員的連任與否取決於選民的決定，適度的淘汰也是議員議事獨立自主的機制。如選民平日留意議員的立法作爲，並不斷施加監督，以爲投票繼續支持與否的決定。換言之，自主之養成，有待議員接受嚴肅監督，暴露於各方的不同意見之中，讓其具有誘引力量，來反省檢討自己的角色扮演，與服膺的原則是否已過時，進而改變自己的角色定位。

立法倫理之提升，爲靜穩的立法開一扇機會之窗。而這個機會之窗開啓的幅度，則要依選民、議員、政黨及制度的充分配合。任何一方的失

靈，均會縮小幅度。如今，《立法委員行為法》的健全，致使立法行為有一定的規範可資遵循，更在極端化政治可能降低下，產出人民所需的法制體系或政策。

陸、結論

　　浮躁的立法已到人民無法再忍受的臨界點，更是阻礙政府發揮競爭力的絆腳石，該是積極設法轉型的時機，以彌補逐漸流失的國會正當性。

　　靜穩的立法是人民的冀盼，更是面對財政緊縮時代，必要追求的目標，國會向人民證明有權存在的策略，迎向民主國家決策中心地位的有利工具。因之，此時此刻，正是國會透過靜穩立法來持續取得、維持及修復正當性的關鍵點。

　　立法倫理為立法型態轉換的樞紐，是改造國會不可或缺的一環，防止國會失靈的煞車器，形象管理必要的良方，建立議事秩序的基本方案。

　　政策合法化的倫理，除了靠自律來形塑外，更賴他律的制度來社會化之。不過，議員自己並非最佳的判斷者，恐無法公正判斷自己的行為是否符合倫理規範，因為自己的利益恐會扭曲自己的判斷，進而腐化自己的正直行為，那就有賴他律或外控的機制來輔助自律的弱點。

　　選民在政策合法化倫理形塑的過程中，絕不可扮演缺席者的角色。由選民依照議員在任期內的表現，決定其去留，讓其負起責任，進而改變委員的素質。須知，選民並非只有投票的義務，更要扮演制衡的角色。天下根本沒有白吃的午餐，因在選民失職下，欲求高品質的立法倫理，似乎並不容易。

　　國會議員的倫理規範，立法院或法院盡力執行該法的角色，亦不容忽視，亦不得讓該法成為裝飾櫥窗，落入形式主義的陷阱。

參考書目

一、中文部分

內政部編，1994，《議會倫理論述專輯》，台北：內政部。

朱志宏，1996，〈遵守規則、重視倫理──健全國會根本之道〉，《理論與政策》，秋季號，頁14-20。

周萬來，2020，《國會議事策略101》，台北：五南圖書。

林水波，1995，《追求理性政治》，台北：作者自刊本。

林水波，1996，〈新任用法的價值矛盾與制度補救〉，《公務人員月刊》，第5期，頁27-31。

林水波、王崇斌，1996，〈公共政策論述的倫理〉，公共政策倫理研討會。

趙永清，1996年12月6日，〈陽光政治也被謀殺了〉，《中國時報》，第11版。

盧修一，1996年12月9日，〈立法計畫可以改善立院議事效率〉，《中國時報》，第11版。

二、外文部分

Bowman, I. S. & West, I. P., 2018, *Public Service Ethics: Individual and Institutional Responsibilities*, New York: Rutledge.

Forester, J., 1989, *Planning in the Face of Power*, Berkeley: University of California Press.

Landy, M., 1993, "Public Policy and Citizenship," in Ingram, H. & Smith, S. R. (eds.), *Public Policy for Democracy*, Washington, D.C.: The Brookings Institution, pp. 19-44.

Linder, S. & Peters, B. G., 1995, "The Two Traditions of Institutional Designing: Dialogue v.s. Decision?" in Weimer, D. (ed.), *Institutional Design*, Boston:Kluwer Academic Publishers, pp. 133-160.

March, J. G. & Olsen, J. P., 1989, *Rediscovering Institutions: The*

Organizational Basis of Politics, New York: The Free Press.

Norton, P., 1993, *Does Parliament Matter?* New York: Harvester Wheatsheaf.

Schwartz, B., 1990, "The Creation and Destruction of Value," *American Psychologist*, vol. 45, no. 1, pp. 7-15.

Thompson, D. F., 1987, *Political Ethics and Public Office*, Cambridge, MA: Harvard Univ. Press.

Thompson, D. F., 1995, *Ethics in Congress: From Individual to Institutional Corruption*, Washington, D. C.: The Brookings Institution.

Van Wart, M., 1996, "The Sources of Ethical Decision Making for Individuals in the Public Sector," *Public Administration Review*, vol. 56, no. 6, pp. 525-533.

|第三章|
政府計畫管理的倫理：
程序正義的追求*

陳志瑋

壹、前言

　　現代民主政府為追求公共利益的實踐，必須運用各種資源、工具與服務，實現各個不同職能。大致而言，政府透過管制、服務、金錢和賦稅等四大工具來影響社會與經濟，並達成公共目的（Starling, 2011: 386）。而為了完成種種公共任務，政府往往透過政策、計畫或行動方案的形式，進行目標設定、資源配置、人力運用與期程安排，以將抽象的政策目標轉換為實際的行動方案。例如，我國目前以計畫為名的法律有《國土計畫法》、《區域計畫法》、[1]《都市計畫法》，其他涉及政府計畫的作用法（例如，《水土保持法》、《環境影響評估法》等），以及各行政機關為執行各種法律、政策和預算而訂定的計畫，更是不計其數。

　　政府在種種計畫運作的過程中，往往需要經過一連串審議、規劃、執行、評估與回饋等階段。不過，這些政府計畫如何上承國家策略發展，

* 本文初稿發表於中國政治學會2020年會暨「新媒體時代下的解構與重構：公共治理、民主政治與國際安全」國際學術研討會（2020年10月31日）。筆者特別感謝林水波教授對本文的修正與指導，另感謝廖洲棚教授的剴切評論，提出許多有價值的建議，惟所有文責仍由筆者自負。

1 《國土計畫法》第45條第3項規定：「直轄市、縣（市）主管機關依前項公告國土功能分區圖之日起，區域計畫法不再適用。」依據此規定，《區域計畫法》未來將停止適用。

橫向連結不同計畫和機關，下啓所屬政府、機關及附屬方案，往往需要一套管理機制和工具，以達到預定目標，甚至發揮不同機關或計畫整合之後的綜效。就此而言，我國政府早在1960年代就透過管制考核制度，逐步形成一套結合預算和計畫的計畫管理制度，目前並分成公共建設、社會發展與科技發展三類個案計畫類別。2017年初，民眾透過國家發展委員會（以下簡稱「國發會」）所設的公共政策網路參與平台，提案要求政府參考美國《計畫管理改進課責法》（*Program Management Improvement Accountability Act*, PMIAA），[2] 希望訂定屬於台灣本土社會的計畫管理法，[3] 此爲近年來有關我國計畫管理制度的發展背景。

至於圍繞在政府計畫管理制度的核心問題，主要在計畫的管考，特別是針對院管制或部會管制的計畫，執行較高強度的監督與考核，並評估其績效與成果。尤其近十多年來公共建設所產生的「蚊子館」議題，不但引發民眾要求訂定計畫管理法的呼聲，嗣經國發會檢討2012年至2016年的公共建設計畫預算達成率發現，每年約有500億元未如預期投入市場（國家發展委員會，2017）。爲使計畫管理更加周全，2015年國發會開始推動我國中長程個案計畫的「全生命週期績效管理機制」，2018年起又賡續推動行政院「公共建設計畫審議、預警及退場機制」，希望能更有效地運用政府資源。國發會近年來更著手改善公共建設計畫執行狀況。至2020年，整體公共建設經費規模約5,046億元，其中228億未執行，達成率已達到95.48%（國家發展委員會，2021），顯示政府透過計畫管理流程的改善和介入，確實有達成一定程度改善計畫執行的成效。

然而，在政府的這些努力背後，隱含的是一種管理主義（managerialism）的思維，也就是試圖透過更嚴謹有效的管控作爲，來達到提升績效與成果的目的。例如，郭昱瑩（2018：7）指出：

---

[2] 有關該法的重點內容，可參見陳志瑋（2017）。

[3] 筆者當年也參加此提案之附議，並與提案人周龍鴻先生及參加附議的相關人士，曾就計畫管理法之立法推動議題進行意見交換與討論。

施政績效管理制度，以目標管理及結果導向為原則評估機關整體績效，促使行政院所屬各機關積極落實績效評核及管理工作，並結合既有的中程施政計畫、年度施政計畫的制度，冀望充分整合各機關的策略規劃、計畫執行及施政成果評估等三大環節，進而全面提升政府施政效能。

換言之，在我國政府計畫管理架構中，已經內嵌了績效評核與管理流程與工具，這可謂是一種績效管理的體現。尤有甚者，不同的研究也顯示：績效管理和計畫評估之間，具有實證上的正關係（Kroll & Moynihan, 2017）。再從公部門的精算角度來看，任何政策或計畫，除了希望降低成本、增加產出外，實則也期待公共價值的實現。不過，從現行政府計畫管理架構、流程與工具來看，似乎欠缺這方面的重視與努力。

本文試圖檢視：我國現行政府計畫管理過程架構中，有關程序正義的關注為何？和程序正義之間的關係又為何？當政府計畫管理者在追求程序正義的目標時，其可能涉及的倫理議題或要素是什麼？基於這些問題意識的鎖定，本文除了檢視我國政府計畫管理的架構與程序，以作為本文討論的基礎外，主要處理的三項議題為：第一，探討政府計畫管理架構與程序。第二，檢視倫理與程序正義的原則與內涵。第三，分析政府計畫管理，如何體現程序正義的原則，並說明不同階段所涉及的要素。

在內容安排上，本文第貳部分將探討政府計畫管理架構與程序，第參部分討論程序正義的原則及其應用。第肆部分討論程序正義的內涵，如何契合於計畫管理過程中，最後則是結論。

貳、政府計畫管理架構與程序

計畫管理的主要宗旨：希望達成計畫目標，避免偏離或失靈的狀況出現。其中的一個途徑，乃從計畫設計與執行的角度，來探討計畫失靈（program failure）的原因和本質（Robertson, 1984: 391-405）。目前政府

的構想，乃為了進行計畫管理，政府機關必須發展出一定的管理架構、流程、工具與方法，作為審查、管控、評估之依據。[4]

　　所謂「政府計畫」，泛指政府為解決特定問題而訂定各種包含目標、範疇、推動者、時程、預算等內涵的文件，其類型與型態可謂林林總總，不一而足。茲為了討論聚焦且有所本，本文將政府計畫限定在中長程個案計畫的範疇，又可分為政府科技發展計畫、行政院重要社會發展計畫和政府公共建設計畫三大類型，而三者的差異可參見表3-1之比較。

■ 表 3-1　「科技發展」、「社會發展」及「公共建設」計畫要項比較

	政府科技發展計畫先期作業實施要點	行政院重要社會發展計畫先期作業實施要點	政府公共建設計畫先期作業實施要點
權責機關	主計總處彙整 行政院核定	國發會陳報 主計總處彙整 行政院核定	國發會審議通過後陳報行政院，並副知主計總處
中長程個案計畫編審作業	應事先全面考量，通盤規劃，研提其未來四年之科技發展中程綱要計畫書（以下簡稱「綱要計畫書」），並逐年滾動修正。	重要社會發展計畫原則需依行政院中長程個案計畫編審相關規定完成報核程序。	重大公共建設計畫之各次類別主管機關應就該次類別政策方向，研訂未來四年之次類別綱要計畫，內容應包含發展方向、策略、計畫項目及衡量指標，作為預算審議之參考。
預算先期作業	欠缺明確規定。	須提報先期作業，始得編列年度預算。	同上。

---

[4] 有關我國計畫管理制度沿革及類型，請參見陳志瑋主持（2018）的研究。

■ 表 3-1　「科技發展」、「社會發展」及「公共建設」計畫要項比較（續）

	政府科技發展計畫先期作業實施要點	行政院重要社會發展計畫先期作業實施要點	政府公共建設計畫先期作業實施要點
執行管控重點	綱要計畫書之可行性、過去績效、預算額度等事項。	計畫需求、可行性、效果（益）、協調與影響（含社經及自然環境影響）及是否需民間參與投資等項目。	應參酌施政優先性、民間參與可行性及計畫執行能力等進行評估。此外，重大公共建設計畫經費之編報，應衡量是否具自償性，並考量預算執行能力等。
計畫成效評估方式	由各主管機關辦理自評，並送科技部會同財政部、行政院主計總處等相關機關審議。	由各主管機關適用國發會所訂注意事項進行初評，並登載於作業系統傳送審議。	依國發會所頒定之時程、填報內容及方式，將資料上網登載，並傳送次類別主管機關辦理初審。各次類別主管機關對於所屬計畫，應就各評估事項，提出個案計畫初審意見及優先順序表，上網登載，並傳送國發會辦理複審。初審結果列為免議者，應通知原提計畫主辦機關。

資料來源：陳志瑋主持（2018：28-29）。

　　從表3-1來看，這三種計畫類型的主要差異是在權責機關，至於編審作業、預算先期作業、執行管控和計畫成效評估等項目，在基本流程上並沒有太大差異。依據「行政院管制計畫評核指標」的規定，其評核項目包

含計畫管理（20%）和執行績效（80%）兩項，其中的計畫管理項目，又包含行政作業、進度控制情形與結果、經費運用三個分項指標；執行績效則包括年度目標達成情形、指定指標達成情形，以及特殊績效三個分項指標（國家發展委員會，2016：6）。至於目前所採的「全生命週期」績效管理制度，是我國計畫管理體制的主要核心（國家發展委員會，2019）。不過，這項「全生命週期」機制僅適用於公共建設計畫，其主要階段有「編審作業」、「前置作業」、「工程執行」、「屆期或營運」。

　　然而，有鑑於過去有些公共建設興建完畢之後，恐淪為所謂的「蚊子館」，國發會於是再訂定「公共建設計畫審議預警及退場機制」。這也就是要在初始的編審作業階段，各機關應依照行政院所訂定之上位計畫與施政方針，規劃相關政策。此時，對於可行性研究之審議強度也應隨之增加，而綜合規劃作業也需要進行更全面的考量。至於在公共建設計畫流程末端，則新增「屆期」及「營運階段」的評估點，致使預警功能得以發揮，退場機制也能適時啟動。此外，這套流程將「重排序」作業，往前移到前置作業階段，並在先期作業時，就可以按照計畫執行的效能與進度，對下年度經費進行重排序。然而，若為專案型的計畫，則將退場預算遞補分配；若為補助型預算，則調整其補助之優先次序。吾人從圖3-1可知，「公共建設計畫審議預警及退場機制」，乃融合了「全生命週期」的內涵，促使整套計畫管理程序的績效評估作業更加周全，且避免未來資源浪費的情事發生。然而，如同前言所述，這樣的計畫評核架構，是以計畫達成度作為主要目標，但未能含括計畫管理程序中的倫理議題，這對公部門而言，實為一項有待補足的缺憾。因此，本文試圖依據政府計畫的重要階段，進行程序正義面向的探討。

　　雖然我國政府計畫管理涉及不同期程、類別、機制與流程，但圖3-1的管理流程，相當能代表政府目前計畫管理的目標、架構與方法。因此，本文係依據圖3-1的這套公共建設計畫的管理流程，來推論探究政府計畫管理的程序正義問題。而從這套計畫管理流程及內涵來看，政府計畫管理的焦點是放在績效提升之上，至於消極面乃希望減少預算執行不力的問題，以及透過退場機制，避免出現「蚊子館」情事；積極面則希望提升

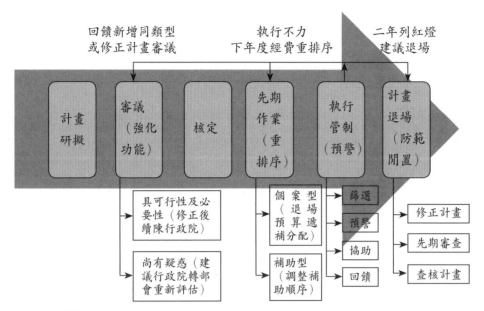

■圖 3-1　公共建設計畫審議預警及退場機制與全生命週期

資料來源：國發會網站，https://www.ndc.gov.tw/Content_List.aspx?n=9C8594B47FAC5D51。

計畫成效，達到公共建設的預期目標。在績效導向的思維下，和倫理有關的議題（例如，對於環境或社會層面的影響）並未直接形諸於計畫管理流程中，而是展現在研擬或審議階段，經由程序法或作用法的規定來進行的（詳第肆部分說明）。

參、倫理與程序正義的關注

一、倫理的途徑與分析層次

「倫理」（ethics）一詞雖普遍應用於日常生活中，但有關其定義卻往往莫衷一是（Menzel, 2010: 8-9）。無論採用何種定義，倫理通常和人

與事的規範性原則相關，也就是「應該做什麼」與「不應該做什麼」之間的界線與標準所在。問題在於這樣的界線或標準，無論是在個人或集體層次，都可能隨著時空背景的不同，而有相異的價值內蘊。例如，當代公私部門就愈來愈重視永續發展的追求，相關概念例如，三重底線（triple bottom line）、ESG（Economic, Social, Governance）或聯合國提出的永續發展目標（Sustainable Development Goals, SDGs）。這些倡議的共通點是：重視經濟與其他公共價值之間的平衡，避免偏頗單一經濟發展層面，導致公共利益的受損，或滋生外延效應所帶來不相干第三者的利益受損。蓋政府的所有決策和行為，無論是在政治、經濟、法律、社會等層面，每每都會造成影響，而形成政治、經濟、法律、社會等責任的課求，這乃是政府計畫在追求倫理的目的時，本就必須滿足各種公共價值的需求。

此種以公共價值為導向的途徑，可稱為「倡廉」（pro-integrity）的追求，但當代落實公共倫理的主要途徑，仍重於法規導向途徑，也就是「反貪」（anti-corruption）的觀點（Heywood & Rose, 2016: 181-196）。相類似的分法亦可稱為廉潔途徑（integrity approach）與順服途徑（compliance approach）（Menzel, 2010: 5-7; Bowman & West, 2015: 145-147; Ireni-Saban & Berdugo, 2017: 4-10）。以下介紹的三個分析層次，除了個人內在道德層面和專業規範可歸類為價值或廉潔途徑，其餘主要都是落在法規或順服途徑，也就是透過外在規範，要求計畫作為符合倫理性的目標。

承上所述，本文從分析層次（level of analysis）來看，將公共倫理研究區分為個人層次、組織層次和系統層次。個人層次是指公務員個人行為層面的倫理規範，包含個人的內在道德感、專業倫理，以及外部的行為規範。具體例子是公務員的公共服務動機（public service motivation）、美國公共行政學會（ASPA）《倫理典則》（*code of ethics*），以及我國現行的《公務員服務法》、《公務員廉政倫理規範》、《公職人員財產申報法》、《公職人員利益衝突迴避法》等。

在組織層次，倫理分析的焦點是確保行政機關的運作，是在既定的倫理規範下行使權力、辦理業務以及提供服務。具體而言，各機關內部的

主計、政風、法制、人事等輔助單位，以及組織外部的審計單位，都被賦予維持機關廉潔的任務。[5] 這和個人層次所重視的心理層面不同。至於，組織層次的倫理行為，則更重視集體與社會層面（Bowman & West, 2015: 142），因此個人層次的責任歸屬問題，在組織層次就成為機關的課責問題。

在系統層次，倫理分析的焦點是確保公部門整體系統的運作，消極面能夠減少貪污、浪費、舞弊的行為，積極面則是至盼建立廉能政治，計畫管理就是在這個層次上進行倫理分析。和前兩個層次最大不同之處，在於政府計畫的本質是政府採取介入手段（intervention）達到公共目標，介入過程往往涉及跨域議題，使得倫理考量愈趨複雜（Lawton & Rayner, 2016: 216-217），以致在公私部門之間的「節點」，倘若中介者（broker）試圖在公私交界之處牟取私人利益，就可能造成倫理的「破口」。

總之，傳統的倫理分析是以「人」為對象，希望區辨對與錯的行為，或界定應為與不應為的界線。從組織的分析層次來看，「組織倫理」（organizational ethics）或「倫理管理」（ethics management），乃結合「人」與「事」為對象，希望組織內的人員依循內在規範或外在規則，進而達成組織目標。而在系統層次，則結合「人」、「事」與「組織」，希望這些要素能在既定的軌道上協調運作。

二、程序正義

所謂的程序正義（procedure justice/fairness），是指規範分配過程的社會系統中，個人對於其程序要素的公平性認知（Leventhal, 1976: 16）。儘管程序正義的背後，涉及了價值主張與倫理判斷，但實務上仍能

---

5 不可否認地，這些內部與外部單位在維持或促進機關廉潔的同時，有可能涉及個人層次的倫理規範，例如，主計流程促進機關整體預算運用的合法性，但亦可能使得個別公務員的不法情事因而遭到揭發與查處。因此，不同層次的倫理分析之間，仍存在彼此重疊或交互影響的可能。

歸納出可資依循的原則。從組織／制度的角度來看，顯示計畫主管機關或計畫管理機關在計畫過程中，若要符合程序正義的倫理，乃需要利用制度化的方式來加以確保。換言之，它使特定體系中的成員，對這個體系據以做出決定或規制分配過程的程序，達到公平合理的程度（林水波，1999：469-470）。在這個前提下，有六項關於程序正義的判準，可從個人層次引伸到計畫層次，以作為判斷計畫管理過程是否符合程序正義的依據，這些判準包括（Leventhal, 1976: 25-33）：

（一）一致性（consistency）：決定所根據的程序不因人、因時而異。

（二）無誤性（bias-suppression）：計畫本身不因個人自利或偏狹的成見而影響決策結果，抑或造成計畫選擇的謬誤。

（三）有據性（accuracy）：任何計畫決定都應根據良好的資訊和充分意見交流，致使決定結果的精確。

（四）矯正性（correctability）：決策結果具有可回復的可能，因而對於難以矯正或回復的政策或計畫（例如，以破壞環境為代價的開發案），則必須有周詳的規劃、審議及影響評估機制，以及由更高層次的決策者進行決策，才能避免無可挽回的錯誤發生。換言之，決策過程重視前瞻、後顧及內省，隨時矯正錯誤之所在，以求決策的正面效應。

（五）代表性（representative）：重視計畫過程的利害關係人，都有一定的代表性可提出權利主張，且計畫所展現的價值，能夠反映利害關係人的基本關懷與價值。

（六）倫理（ethicality）：分配程序必須和利害關係人所接受的基本道德或倫理觀相吻合。

這些程序正義的判準在落實到操作層面時，顯示其和利害關係人管理的良窳息息相關，而判準的第一步就是辨識利害關係人，例如，金錢提供者、資源分配者、成果交付者（the deliverables），甚至計畫流程中的簽章者（the signatures），都屬於利害關係人（Brown, 2008: 54-55）。換言之，計畫管理者應在完成辨識利害關係人之後，確認計畫過程中是否符合上述六項判準，以達成程序正義的要求。

　　總結本節討論，計畫管理所追求的程序正義，乃是達成政府計畫倫理的其中一個重要層面或環節。不過，雖然程序正義不能保證實質（分配）正義的結果，甚至程序正義和實質正義之間的關係尚有待討論或連結，但政府計畫倘若缺乏程序正義，就無從實現倫理的可能。

肆、計畫管理的程序正義

　　何謂計畫管理的倫理？Melé（2012: 28）引用孔子所言：「己所不欲，勿施於人」，[6] 引伸出倫理議題的核心原則：「己所欲，始施於人」（Treat others only as you would be willing to be treated in an identical situation）。經由前一節的討論，可瞭解：我國政府在計畫管理過程中，可能涉及程序正義的階段，包含了計畫研擬和計畫審議兩個階段。事實上，《行政程序法》第164條第1項已規定：「行政計畫有關一定地區土地之特定利用或重大公共設施之設置，涉及多數不同利益之人及多數不同行政機關權限者，確定其計畫之裁決，應經公開及聽證程序，並得有集中事權之效果。」另外，《環境影響評估法》第1條則規定：「為預防及減輕開發行為對環境造成不良影響，藉以達成環境保護之目的，特制定本法。本法未規定者，適用其他有關法令之規定。」由上觀之，《行政程序法》對於跨域或涉及不同利害關係人的行政計畫，程序上要求進行公開及聽證程序；《環境影響評估法》則課以開發行為應經環境影響評估之要求。這兩部法律都不是針對一般性的政府計畫進行規範，圖3-1所示也只規範公共建設計畫程序，這正足以說明我國尚未形成一套系統性的政府計畫管理機制與架構，亦不如美國直接訂定PMIAA，這般完整而全面的法制架構。

　　但從《環境影響評估法》第4條對環境影響評估的定義來看，它包含

6　《論語・衛靈公》：「子貢問曰：『有一言而可以終身行之者乎？』子曰：『其恕乎！己所不欲，勿施於人。』」

了「生活環境、自然環境、社會環境及經濟、文化、生態等可能影響之程度及範圍」。就某種程度而言，其實已涵蓋人文與社會層面，這乃是社會影響評估的範疇，而且和計畫管理的程序正義內涵不謀而合。所謂社會影響評估，是指：「針對計畫性措施（政策、計畫、方案、專案），以及因為這些措施所引起的任何社會變遷，對之所進行分析、監控與管理可欲及不可欲之正面及負面社會結果的過程。」[7]（Vanclay et al., 2015: 2）

根據國際影響評估學會（International Association for Impact Assessment）出版的《社會影響評估》（*Social Impact Assessment*, SIA）準則，其中特別強調課責與透明，而其行動基礎就是尊重人權的理念（Vanclay et al., 2015: v）。該準則列出SIA從業者的18項倫理原則，這些原則多數都可應用於計畫管理，包括：

一、尊重參與者。

二、知情同意。

三、錄音時獲得特別許可。

四、自願參與而沒有強迫。

五、退出的權利。

六、完全公開資金來源。

七、不傷害參與者。

八、避免不當侵入。

九、不使用欺騙手段。

十、匿名性。

十一、檢查與修正紀錄稿的權利。

十二、個人事務的保密。

十三、資料保存。

十四、鼓勵參與。

---

[7] 原文為：the processes of analysing, monitoring and managing the intended and unintended social consequences, both positive and negative, of plannedinterventions (policies, programs, plans, projects) and any social change processes invoked by those interventions.

十五、倫理治理。

十六、申訴管道。

十七、適切的研究方法。

十八、完整說明研究方法。

　　Esteves、Franks與Vanclay在一篇探討SIA現狀的研究中，提到SIA的六個趨勢，和計畫管理追求程序正義的原則可交叉討論，其分別是：

一、自由、事先與知情的同意（free, prior and informed consent, FPIC，或簡稱「知情同意」）。

二、高度關注人權。

三、社會績效標準的演進。

四、擴大供應鏈的社會績效管理。

五、改善資源開採專案的治理。

六、在地成分要求（local content requirements）的提升。

　　在這六個趨勢中，尤以知情同意及人權兩者最值得討論，也可作為計畫管理倫理的指導原則，使得所有政府計畫的規劃、審議及後續各個流程，都符合知情同意且保障人權的要求。在社會績效標準及社會績效管理的議題上，則涉及社會影響評估的指標與內涵；在資源開採專案的治理層面，乃涉及資源開發議題，並和永續發展的觀念有關，且愈來愈密切（Gârboan, 2006: 49）。最後，有關在地成分要求層面上，則涉及世界貿易組織（WTO）的貿易規範，不見得能完全適用於SIA流程，顯示倫理議題和外部制度限制之間，存在著無法兼容並蓄的困難。由此，吾人引申出來的一個問題，就是倫理原則和其他價值之間（例如，自由貿易），如若出現不相容的情境，倫理原則是否猶具備更高的優越性？又其判斷的基準為何？現實世界中的這些問題，顯示計畫管理過程中的程序正義議題，並非簡單就可以解決。

　　除了SIA展現的趨勢，圖3-2顯示社會影響評估，在每個階段所涉及的各項活動。這些階段包含：一、瞭解所提計畫；二、預測、分析及評估可能的影響路徑；三、規劃與執行策略；四、擬定與執行監測方案（Vanclay et al., 2015: 7）。對照圖3-1的計畫管理流程，「瞭解所提計

畫」相當於計畫研擬；「預測、分析及評估」相當於審議階段；「規劃與
執行策略」相當於計畫研擬階段與執行管制階段；「擬定與執行監測方
案」相當於執行管制階段。換言之，我國的政府計畫管理流程涵蓋更為完
整的計畫生命週期，特別是預警與退場機制的設計，可將不符預期效益的
計畫加以汰除。然而，如前所述，我國目前計畫管理在各階段內容，所強
調的是績效指標設計與達成，其「程序正義」的內涵是績效導向、成果導
向的分配正義觀點，並非社會影響導向中更重視的程序正義觀點。

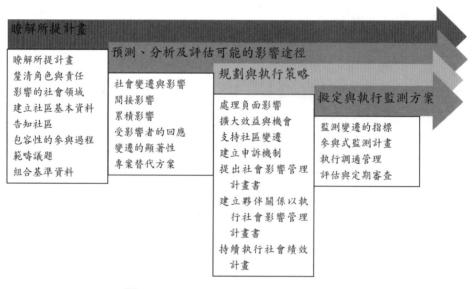

圖 3-2　社會影響評估的不同階段

資料來源：Vanclay et al. (2015: 7).

　　進一步言之，加入社會影響導向的程序正義內涵，本需要在各個階段
都能符合知情同意、人權、參與、救濟及回復機制等原則。茲以圖3-1的
政府計畫管理流程，簡併為四個流程來闡述程序正義的內涵。

一、審議與研擬

在審議階段，應該瞭解計畫目標、計畫範疇、辨識利害關係人、資源投入的類別與數量、時程規劃與計畫成效等。類似「倫理委員會」（ethics councils）的設計，或加入倫理審議的內涵，均可作為確保政府計畫具有倫理性的機制。

Klikauer（2010: 199-208）在討論倫理委員會這項議題時，說明這種組織設計應該具備10個要素，才能達到倫理審議的功能。其中涉及程序正義者包含：參與（participation）、溝通理性（communicative rationality）、時間、地點和委員會組成方式（time, places and layouts）及衝突解決（conflict resolutions）等。簡單來講，政府計畫的審議過程需要納入利害關係人的參與，而且參與過程也要講究溝通理性，並遵循一致性的溝通規則，且能符合溝通協調以建立共識的原則（例如，以對話取代命令）。

二、核定

參考SIA的內涵，核定階段應考慮那些受計畫影響的團體或個人，使其具有發聲或補償的機會，並在核定計畫階段提出配套整合方案。而利害關係人代表性、參與性及論述能力，即為此階段的重要課題。為此，計畫管理者必須遵守利害關係人知情同意原則，並確定監測方案，以確保利害關係人的權益能夠貫徹。

三、先期作業與執行管制

這兩個階段涉及計畫注重排序和執行過程監控，和全生命週期的屆期評估與營運評估。其中辨識利害關係人並且與之合作是很重要的事，如此才能設計與管理評估的流程，致使評估作業得能讓預期的使用者達成其預

期的目的（Bryson & Patton, 2015: 59），這和新公共管理途徑強調的「顧客導向模式」（client-oriented model）若合符節（Barzelay, 2001: 41）。

四、退場

　　計畫退場是政策終結（policy termination）的一種情況，其意味著計畫效益不佳，未能達成預計目標，因此在完成屆期評估或營運評估之後，在不考慮增加沉澱成本（sunk cost）的前提下，適時結束計畫以減少未來更多的浪費。如同計畫擬定涉及不同利害關係人的得與失，因而需要保障人權、知情同意、參與等程序，以符合倫理的要求。同樣地，計畫退場也涉及利害關係人的得與失，而經過評估後的計畫退場決策，是否等同於符應程序正義的原則？因計畫退場導致對利害關係人的傷害，有無提供補償或救濟管道？此為現行計畫管理程序上往往忽略之處。同樣地，倘若在計畫審議與擬定過程時需要社會影響評估，那麼計畫退場的決策，是否也應該進行社會影響評估，以瞭解其所帶來的社會變遷及影響為何？由此可知，程序正義的要素與進行，本應該貫穿整個計畫管理過程，而不僅存在於規劃及執行階段。

　　總之，本文認為現行政府計畫管理，過於著重於績效評估而忽略程序正義的倫理要素。因此，在各個計畫管理流程中，可在信守程序正義原則的守護下，參考社會影響評估的原則，建構一套「計畫倫理檢查清單」（checklist of program ethics）。這份清單始於辨識利害關係人，並特別著重於參與者的知情同意與人權保障，藉此具體實踐計畫管理的倫理觀。再者，從程序正義的六個判準來看：首先，政府計畫管理中的程序正義，就是在討論每個決策點，都是程序正義可以介入的點。這在公共建設全生命週期的各個階段，即可瞭解其重要性。而這種強調或重視，也符合程序正義中的一致性、無誤性與有據性之判準。其次，本文主張計畫管理過程必須具備救濟程序，使得利益受到侵害的利害關係人，有管道得以主張其權益，此乃符合程序正義中的矯正性判準。最後，本文分析指出，計畫管理

程序正義的焦點是利害關係人管理，也就是要考量每一個利害關係人，在政府計畫中的地位與得失，以免其聲音受到淹沒，以符合程序正義中的代表性與倫理性判準。

伍、結語

計畫管理過程所顯示的是一種委託人與代理人的關係，主要目的是要使委託人的利益獲得確保，而程序正義的講求，正可強化這個缺口。本文發現無論從美國PMIAA的立法，抑或我國中長程個案計畫的架構與流程體系，雖顯示計畫管理是政府具體達成施政目標的重要單元，但其主要關注的重點，均在計畫目標或績效指標的達成，以致缺乏從倫理的觀點強化程序正義的課求。因此，本文參考SIA的原則及程序正義的判準，指出計畫管理的各個階段，都應在利害關係人的人權保障、知情同意、參與及影響評估上，得以導入制度化的設計與保障。這對政府計畫的本質而言，無疑更能彰顯公共價值與倫理的實踐。

其次，文獻上的倫理分析雖從傳統的個人倫理擴大到組織倫理，致使倫理也成為組織管理的課題之一。然而，藉由檢視計畫管理的倫理圖像，本文認為從系統層次來瞭解計畫管理倫理，更可彌補個人層次和組織層次分析的不足，也能彌補目前過於偏重計畫績效導向的不足。

最後，本文主張在現行政府計畫管理流程中加入「計畫倫理檢查清單」，作為計畫管理的另一工具，以實踐程序正義的要求。蓋程序正義的追求，可讓涉入其中的多元利害關係人，對計畫的認同與支持，進而參與計畫的造就，十足完成計畫的推動。

參考文獻

一、中文部分

F. Vanclay等著,王鼎傑、何明修譯,2017,《社會影響評估:開發行為的社會影響評估與管理指引》,台北:巨流圖書。

林水波,1999,《制度設計》,台北:智勝文化。

國家發展委員會,2016,《行政院管制計畫評核作業手冊》,台北:國家發展委員會。

國家發展委員會,2017,《公共建設計畫審議、預警及退場機制報告》,國家發展委員會內部資料。

國家發展委員會,2019,《政府重大公共建設計畫全生命週期績效管理手冊》,台北:國家發展委員會。

國家發展委員會,2021,「109年度整體公共建設計畫執行情形」,取自:https://www.ey.gov.tw/Page/448DE008087A1971/b2685391-f8ec-4126-8281-67ca1f2148be。

郭昱瑩,2018,〈績效管理思維驅動之執行力〉,《國土及公共治理季刊》,第6卷第3期,頁6-15。

陳志瑋,2017,〈計畫管理體系下的人才管理芻議〉,《T&D飛訊》,第229期,取自:http://www.nacs.gov.tw/NcsiWebFileDocuments/7d8a92a28b2169f3ded4f4d365feb228.pdf。

陳志瑋主持,2018,〈我國政府計畫管理制度革新〉,國家發展委員會委託研究計畫,台北:國家發展委員會。

二、外文部分

Barzelay, M., 2001, *Public Management as a Design-oriented Professional Discipline*, Cheltenham: Edward Elgar Publishing.

Bowman, J. S. & West, J. P., 2015, *Public Service Ethics: Individual and Institutional Responsibilities*, Los Angeles, CA: Sage.

Brown, J. T., 2008, *The Handbook of Program Management: How to Facilitate*

Project Success with Optimal Program Management, New York, NY: McGraw Hill.

Bryson, J. M. & M. Q. Patton, 2015, "Analyzing and Engaging Stakeholders," in K. E. Newcomer, H. P. Hatry & J. S. Wholey (eds.), *Handbook of Practical Program Evaluation* (4th ed.), Hoboken, New Jersey: John Wiley & Sons, Inc.

Gârboan, R., 2006, "Social Impact Assessment: The State of Art," *Transylvanian Review of Administrative Sciences*, vol. 17, no. 2, pp. 43-50.

Heywood, P. M. & J. Rose, 2016, "The Limits of Rule Government," in Alan Lawton, Zeger van der Wal & Leo Huberts (eds.), *Ethics in Public Policy and Management: A Global Research Companion*, New York, NY: Routledge, pp. 181-196.

Ireni-Saban, L. & Galit Berdugo, 2017, *Ethics Management in the Public Service: A Sensory-based Strategy*, New York, NY: Routledge.

Klikauer, Thomas, 2010, *Critical Management Ethics*, New York, NY: Palgrave Macmillan.

Kroll, A. & D. P. Moynihan, 2017, "The Design and Practice of Integrating Evidence: Connecting Performance Management with Program Evaluation," *Public Administration Review*, vol. 78, no. 2, pp. 183-194.

Lawton, A. & Julie Rayner, 2016, "Public Service Motivation in a Complex Public Sector," in Alan Lawton, Zeger van der Wal & Leo Huberts (eds.), *Ethics in Public Policy and Management: A Global Research Companion*, New York, NY: Routledge, pp. 215-237.

Leventhal, G. S., 1976, "What Should Be Done with Equity Theory? New Approaches to the Study of Fairness in Social Relationships," retrieved from: http://files.eric.ed.gov/fulltext/ED142463.pdf.

Melé, D., 2012, *Management Ethics: Placing Ethics at the Core of Good Management*, New York, NY: Palgrave Macmillan.

Menzel, D. C., 2010, *Ethics Moments in Government: Cases and Controversies*, Boca Raton, FL: CRC Press.

Robertson, D. B., 1984, "Program Implementation versus Program Design: Which Accounts for Policy 'Failure'?" *Policy Studies Review*, vol. 3, iss. 3-4, pp. 391-405.

Starling, G., 2011, *Managing the Public Sector* (9th ed.), Boston, MA: Wadsworth.

Vanclay, F., I. Aucamp, A. M. Esteves & D. Franks, 2015, *Social Impact Assessment: Guidance for Assessing and Managing the Social Impacts of Projects*, Fargo, ND: International Association for Impact Assessment.

|第四章|
「推力」政策工具的倫理省思*

石振國

壹、前言

　　政策工具是政府落實政策意向、實現政策目標的關鍵，也是政策規劃與執行研究中必須考量的重要課題。隨著資訊與網路社會的來臨，資訊型政策工具（information-based policy tools）已被視為是當代最具影響力與發展潛力的工具類型（Hood & Margetts, 2007；林水波，2007）。若再由公共政策研究的整體發展來看，近年整合公共政策、行為經濟學（behavioral economics）、心理學等領域所發展成的行為政策學（behavioral public policy）正在日增影響力，其中推力方式（nudge）[1]因

---

* 本文刊登於《文官制度》（原《文官制度季刊》），第13卷第2期，頁33-64。筆者衷心感謝《文官制度》的協助及兩位匿名審查委員的細心指正。

[1] Nudge一字在中文尚無一致翻譯方式，國內較常見的譯法為「推力」，如曹書華（2018）、賴怡樺、林水波與陳敦源（2018）、張四明（2020）、賴怡樺（2021）等；范振煦（2019）及羅清俊（2020）譯為「輕推」；蔡昌憲（2016）則以「引導／推力」兩者併陳；大陸地區則普遍譯為「助推」（梁本彬、于菲菲、潘翠翠譯，2018）。如同李瑞華在Nudge一書中文版序所說：「Nudge原意是用手肘輕碰對方，以達到提醒或推動的作用，那是一種似有若無的、很輕的、不可能推動對方的力道；但在關鍵時刻，卻能在無形中產生作用而明顯影響結果。」（張美惠譯，2014：4）據此而言，譯為「引導」會失去其提醒並保留自主選擇的意涵；譯為「推力」或「助推」可能被誤解為用力或使勁協助，較無法顯示輕輕提醒的原意，且在前述中文版中，其完整書名為《推出你的影響力》，「推力」可能是封面編輯特別強調首尾兩字的結果，該書內文對於nudge一詞則將「輕推」與「推力」穿插並用，本文雖認為採「輕推」譯法較能明確接近英文原意，但為便於與國內學界多數用法接軌，仍採「推力」譯法。

實際運作樣態多元且具高度有效性（Howlett, 2019; Sunstein, 2020），更受到許多討論。

在國內，以推力為基礎的政策工具，也逐漸受到關注與採用，試舉近年三例說明：其一，2019年5月1日由總統公告施行之《學校法人及其所屬私立學校教職員退休撫卹離職資遣條例》（以下簡稱《私校退撫條例》）第10條規定：未選擇退撫儲金投資標的組合者，由儲金管理會按教職員年齡配置在適當之投資組合。私校退撫儲金管理會即據此於2020年啟動「人生週期預設選項」措施。[2] 其乃因私校退撫儲金管理會雖自2013年起提供保守型、穩健型及積極型三種投資組合可資選擇，但因預設採保守型，以致至2017年選擇保守型之教職員多達84%，因而收益較低。茲為使多數私校教職員能享有較高之投資收益，乃在制定《私校退撫條例》時，一併將「人生週期預設選項」措施入法。[3] 此種「預設選項」（defaults）的規定及立法理由，明顯運用了推力工具推動標的團體更大利益而進行的預設值措施。

再者，2019年5月時任副總統的陳建仁於出席器官捐贈感恩音樂會時指出，台灣可考量器官捐贈默許制，也就是歐洲國家施行的器官捐贈「推定同意制」（opt-out），意即除非確認死者生前表示反對，或有人知道死者曾明確表達過反對器捐，否則推定願意器官捐贈。但在該主張提出後，立刻引發政府器官捐贈制度恐將有重大變革的說法，甚至引起政府將強摘器官的疑慮，迫使衛生福利部於三天內立刻澄清並無此規劃，[4] 不過在新

2　所謂「人生週期基金」係採隨年齡增加逐漸降低投資風險的投資策略，以現行保守型、穩健型及積極型三種投資組合作為基本架構。根據教職員年齡自動調整三種投資組合配置比例，即年輕時選擇積極型，隨著年齡逐漸提高穩健型的投資比重，愈接近退休年齡，則配置於保守型組合。

3　「私校退撫儲金制度」可參見財團法人私校退撫儲金管理會網頁之《私校退撫條例》修正（新三法）專區，2021年6月25日，取自：http://www1.t-service.org.tw/detail/news/30080。

4　請參閱衛生福利部即時新聞澄清專區，「澄清『生前未反對器捐視為同意，衛福部擬

聞稿中也指出：根據2018年統計，各國每百萬人口器官捐贈率，實施「推定同意制」國家普遍較「選擇同意制」（opt-in）高。主管機關雖然強調這兩種器官捐贈制度各有優缺點，卻也顯示政府相關主管機關，應該考量過運用預設值的政策工具以提高器官捐贈的比例，只是憚於多數民眾的反對，並不敢貿然推動。

其三，為因應2020年新冠肺炎（COVID-19）對於經濟活動所產生的停滯性衝擊，行政院依據《嚴重特殊傳染性肺炎防治及紓困振興特別條例》第9條規定，撥用紓困特別預算中約510億，針對全民發放每人3,000元額度的「振興三倍券」，預計可產生1,000億的消費效果。輿論對於三倍券的政策的主要質疑之一在於：為何政府要民眾先自掏腰包1,000元，再大費周章排隊買回價值3,000元的三倍券，何不由政府直接匯款至個人帳戶，如此豈不更加便利與好用？行政院對此的回應為直接發放現金易產生儲蓄效果，無法達到短期內刺激消費的振興經濟目標。若由工具設計角度觀察，此種方式所使用者正是推力工具中的預先投入（pre-commitment）方式（Corr & Plagnol, 2018; Howlett, 2019）。該方式指出，相較於天上掉下來的禮物會讓人輕忽，人們對於經由自己努力或已投注資源方得來之物，往往會更加注意並審慎使用。因此，既已花費時間排隊，又已投入1,000元成本，民眾當會更加重視並善用這已先投入沉澱成本的三倍券，從而有助於達到政府期待之振興經濟目標。

在前述三個案例中，各隱含了值得深思的政策倫理議題。第一個案例的倫理爭議在於：當政府覺得民眾無法做出最佳選擇時，是否能主動運用帶有引導方式的制度設計，以獲得較佳的成果？第二個案例的爭議點則在於：政府在追求公共利益極大化的前提下，能否以行為經濟學所發現的個人不完全理性為基礎，設計特定制度，以引導民眾做出目前尚未能普遍接受之觀念的決定，達成改變社會規範或習慣的長期目標？第三個案例的問題在於：當政府沒有對於政策工具的重要作用機制明確與民眾進行溝

推器官捐贈默許制』報導：現階段無推動器官捐贈默許制或推定同意制之規劃」之說明，2021年6月25日，取自：https://www.mohw.gov.tw/cp-17-48021-1.html。

通，而將宣導焦點放在政策效益時，民眾仍可能無法接受或招致反彈，致使政策推動受阻，由隔（2021）年政府規劃「五倍券」時，即因反彈聲浪更大，而不得不改爲免費領取方式，可得知溝通與透明對該類工具的重要性。

由前述三個案例所啓發的政策倫理議題，可知推力雖逐漸成爲當代各國政府經常採用的政策工具，對於此類工具所可能產生的倫理議題仍值得深思，以避免可能的爭議與不良副作用。Sunstein指出：行爲政策學主要關注議題可區分爲三大類，其一爲工具的類型與內涵，其二爲政府的角色與功能，其三爲此類工具所能帶來的福利與效益（Sunstein, 2020）。由政策倫理角度觀察，可發現這也是思考推力工具倫理議題的重要面向，包括：第一，釐清推力作爲一種政策工具的內涵與實際運作方式；其次，此類政策工具介入民間社會的正當性與程度（John, 2018），特別是部分推力工具類型所具有的隱性引導或操控（tacit manipulation）方式，是否會存在不利於民主參與與課責的疑慮（Alfano & Robichaud, 2018）；第三，此類政策工具所能帶來的效益與價值，包括個人與社會間價值取捨與價值衝突的問題（Sunstein, 2016）。這些也是本文所嘗試釐清的重要問題。

對於此種在歐美國家廣受採納與重視的政策工具（John, 2019; Sunstein et al., 2019; Sunstein, 2020），國內相關研究似仍在起步階段，多數以特定政策或個案導入之推力工具或行爲經濟學的應用爲主，如范振煦（2019）探討推力工具對於資源回收政策的影響，曹書華（2018）、吳宓穎（2017）應用行爲經濟學，探討理財顧問機器人對投資人決策與行爲的影響等。其中賴怡樺（2021）應用行爲推力政策工具的設計，透過角色模擬的實驗檢證該工具的成效與運作，爲最接近行爲經濟學研究途徑者。但由理論角度探討行爲政策學的發展脈絡，並對推力政策工具的內涵進行完整論述者，目前僅見賴怡樺等人（2018）及賴怡樺（2021）兩文，特別是前者，曾指出推力工具所面臨的倫理爭議與正當性議題，但因受限於論文主題，並未進一步深入探討。

由於推力工具的主要倡議者Sunstein，他曾多次爲文對推力工具的倫理議題進行辯護（Thaler & Sunstein, 2008; Sunstein, 2014, 2015, 2016），

但辯護的妥當性值得三思，於是本文即在前述賴怡樺等人（2018）一文的基礎上，釐清推力工具的性質與操作內涵，進而引介Sunstein對於推力工具的倫理價值辯護，最後並嘗試由工具與倫理的角度，重新審視推力工具的倫理議題，期能對此政策工具，如要在國內頻繁應用時提供更審慎而周延的思辨觀點。由於本文主要以文獻分析方式進行相關理論與論述的整理與爬梳，相較於行為政策學所強調的實驗方法與循證（evidence-based）分析（Lepenies & Małecka, 2019），實務性與創新性較為不足，此為本文的主要限制。

貳、推力的工具特質、操作類型與面臨的質疑

一、推力作為政策工具的特質

推力可說是行為經濟學最核心的概念之一，根據Thaler與Sunstein的說法，其乃指透過選擇結構（choice architecture）的設計，在未禁止其他選項或改變經濟誘因的情況下，讓標的對象的行為朝著預期的方向改變（Thaler & Sunstein, 2008）。Sunstein也以更精鍊的方式將推力界定為：一種包含私部門及公部門制度介入方式，以影響個人的行為，但同時能完全維持其選擇的自由，如GPS設備即為經常被用以舉例說明的案例（Sunstein, 2020: 4）。故推力應該是一種更易於達成目標，且成本較低的工具選項。

當推力的應用由商業部門延伸至公共部門，即成為行為政策學的研究主題，並受到當代執政者的重視，試圖將此種成本低但效用大的做法，由政府部門應用並加以落實。就如英國前首相卡麥隆（Cameron）於2010年成立的「行為洞察團隊」（The Behavioural Insights Team, BIT），及美國前總統歐巴馬（Obama）所成立的「社會與行為科學團隊」（Social and Behavioral Sciences Team, SBST）（Halpern, 2015; Sunstein, 2016），就透

過政府部門與專家團隊的協力，再經由社會實驗的方法，找出許多有效選擇結構的設計方法。

　　就政策工具觀點探究推力工具，主要議題包括：推力是否可視為政策工具的一種？若是，與既有的政策工具類型關係為何？其主要的工具特質為何？關於第一個議題，根據前述Sunstein的界定，推力的操作者包含私部門與公部門，一旦公部門採用推力方式作為達成政策目標的手段，其為政策工具的一類殆無疑義，這也是多數文獻的共識（Peters, 2015; John, 2018; Howlett, 2019；賴怡樺等，2018；張四明，2020；賴怡樺，2021）。推力作為一種政策工具，不僅是一種不需要透過管制，也不需要經由強制力，甚至不需要豐厚的物質誘因，只需透過引導或鼓勵，或說是影響力的方式，就能有效達成政策目標的方法（Thaler & Sunstein, 2008; Sunstein, 2020）。其更具說服力之處，在於這些方法通常具有實證基礎作為支撐，可說同時滿足政策工具選擇的效能性與效率性標準。

　　關於推力工具與既有政策工具類型的關係，因推力工具具有不使用強制力、保持個人選擇自由、透過自動化（automatic）而非深思熟慮的個人決策過程、偏重軟性的資訊提供及選擇結構的制度設計方式等特質（Howlett, 2019；賴怡樺，2021），若以傳統普遍受到重視的NATO[5]四種政策工具分類方式區分（Hood & Margetts, 2007），在性質上當與資訊類型工具較為接近，如John（2018）就直接將推力視為資訊型政策工具的一種，Peters（2015）和Howlett（2019）也歸類在資訊工具類型中討論，但後兩者也都指出推力類型工具指涉內涵頗多，與資訊工具的性質還是有些差異。

　　若不侷限於傳統政策工具類型的區分方式，也可將推力工具視為一種特殊的工具類型，如Howlett（2019）雖將推力與資訊工具共同討論，但也說明這是一種較新型態的工具類型，且在實際運作上通常會與其他工具搭配使用，Farmer（2020）將政府推力工具的內涵更加擴張，並強調必須

---

[5]　NATO分別指資訊（nodality）、權威（authority）、財政（treasure）、組織（organization）等四種政策工具類型。

與特定的政經社文環境鑲嵌，方能發揮有效治理的作用，國內學者張四明（2020）、賴怡樺（2021）等也認爲推力工具是一種與資訊工具有部分類似，但作用機制與性質有所不同的政策工具。如果推力工具與資訊工具性質不同，其主要差異爲何？賴怡樺（2021：27）由基本假設、預期效果、成本、利益、政策後果等五個面向對於資訊與溝通工具及推力工具進行比較，如表4-1所示。

▣ 表 4-1　資訊與溝通工具及推力工具之特性比較

	資訊與溝通工具	推力工具
基本假設	1. 偏好與個人價值及信仰一致的政策 2. 偏好有正向象徵的政策	1. 人的理性有限，可能做出錯誤的決策與行爲 2. 政府有介入處理有限理性行爲的必要性
預期效果	政策順服、投入與支持	標的行爲自動化的改變
成本	成本較低	成本最低
利益	對個人有特殊利益、對社會有普遍性的利益	對個人有特殊利益、對社會有普遍性利益
政策後果	1. 一致的偏好 2. 通常需較多時間改變	1. 以最小的成本達致較大的成效 2. 個人內部選擇結構的自動化調整 3. 基於自由家長主義爲個人定義並引導產生對其最佳的選擇與行爲

資料來源：節錄自賴怡樺（2021：27）。

由表4-1可知，推力工具與資訊型政策工具雖有相似之處，其基本的理論基礎仍有極大的差異，資訊型政策工具認爲只要政府所提供的資訊與個人的偏好、價值、信仰一致，標的對象就較容易支持、順服與投入，此與傳統經濟學對於個人理性的假定一致；推力工具則在行爲經濟學的個人理性有限基礎上，認爲政府透過標的行爲自動化的選擇結構設計，即可有

效改變標的對象的行爲，且政府有責任引導個人進行最佳選擇，以達社會
福利極大化（賴怡樺，2021：27）。由於推力工具對於政府的責任與落實
方式較資訊工具更爲積極，在倫理層面也引發更多的質疑與討論。

二、推力工具的操作類型

推力的實際操作方式，Thaler與Sunstein指出有效設計選擇結構的六
項原則，分別是誘因（iNcentives），指呈現出某些選項的眞實成本，
如碳足跡；瞭解對應關係（Understand mappings），指提供選項與效益
之間對應關係的充分資訊。又如RECAP，也就是紀錄（record）、評估
（evaluate）、比較不同價格（compare alternative prices）的相關資訊；再
者，預設選項或預設推定值（Defaults）；鋪設一條無作爲，也就是不需
要改變，致使該狀況得能讓人接受的路徑，也就是指出阻力最小的路；提
供回饋資訊（Give feedback），即透過系統設計讓人們知道自己做得好或
不好，是否出了什麼差錯；預期可能的錯誤（Expect error），乃指事先
預期使用者可能發生的錯誤，並盡可能設法避免或寬容，比如各種防呆裝
置；簡化複雜的選項（Structure complex choices），指提供琳瑯滿目選項
中的簡化選擇標準。這六項原則各取一字母，剛好可以合成NUDGES這
個字（Thaler & Sunstein, 2008；張美惠譯，2014）。

隨著推力工具種類的日益多樣化，Sunstein將之簡化歸納爲10種主要
的類型：（一）預設值；（二）簡化資訊；（三）運用社會規範；（四）
增加便利性；（五）揭露資訊；（六）運用警告、圖形化或其他類似方式
警示；（七）引導小規模的預先投入；（八）提醒；（九）引發實際行動
的意願；（十）將先前選擇結果的資訊進行回饋（Howlett, 2019: 36）。

張四明由政策工具觀點檢視2020年台灣的新冠肺炎防疫措施後，曾
指出：「口罩供需資訊平台」等類似推力（quasi-nudge）原理的資訊型工
具頗具成效，並認爲積極開發應用推力原理的新型態政策工具是值得政府
努力的方向（張四明，2020：24）。本文認爲，在2020年國內推動新冠

肺炎的防疫作為中，已應用一些推力工具的技術，以下即根據英國政府將此類不需強制的行為改變技術所歸納為九項主要原則（Corr & Plagnol, 2018），配合國內狀況，對這九項原則的特質進行闡述。

（一）訊息傳遞者影響傳播成效

例如，透過穿著白袍的醫師進行防疫宣導，其效果遠較穿西服的官員，對民眾更具說服力，也就是「因人廢言（或立言）」本是人之常情。

（二）心理捷徑左右對誘因的回應

誘因是政府經常使用的政策工具，但民眾對於誘因的回應，卻經常受到各類心理捷徑（mental shortcut）的影響，據行為經濟學指出，在不確定的情境下，個人進行判斷與決策，經常會出現系統性的盲點與偏差，乃簡化判斷，將複雜、模糊的訊息精簡為容易判斷的訊息，因此時間點、類型、規模、社會環境等參照架構（frame of reference），均會影響誘因工具的成效。例如，一般人可能具有「離苦」甚於「得樂」的傾向，因此同樣數額的負面誘因（如違規記點或罰款），其效果較正面誘因來得佳。這是進行防疫工作時，除了宣導外，也必須透過專法提高各類處罰或強制措施的強度，如高額罰鍰、強制進檢疫所隔離等方式，以突顯出特別時期進行較嚴厲措施的必要性，用以提高民眾的遵循意願。

（三）應用社會規範的從眾壓力

民眾的行為深受他人眼光的影響，提供民眾瞭解社會規範的訊息，也因此可以產生行為改變的作用。但須注意的是，此類外界壓力可能具有正反兩面的作用，例如，讓民眾瞭解，為了防疫而進行隔離對於社會具有正面的貢獻，這雖可提高民眾配合的意願，但來自他人的異樣眼光，同樣會讓民眾畏於誠實提供旅遊史或接觸史，反而影響防疫的成效。

（四）預設選項可提高改變的成本

　　一般人會習於順從預設選項的設定，因為民眾傾向採取簡單、改變成本較低的選項，而不會細思預設選項的成本。例如，由健保署主動在醫師就診病例上，提供病患旅遊史資訊，就可讓醫師更願意配合主動注意病患的動向，從而提高篩檢高風險病患的成效。

（五）以顯著性的訊息提高接受度

　　透過訊息的顯著性，可有效抓住訊息接受者的眼球，蓋民眾對於具新奇性、可近性、簡化可理解的資訊有較高的接受度（Sunstein, 2020），相對而言，具重要性但反覆出現的資訊則會讓民眾忽視。例如，疫情指揮中心記者會中，均會出現重要資訊的手板，以吸引閱聽大眾關注，手板以簡要方式傳達關鍵資訊，因效果顯著，在後續各類記者會中，手板成為重要的表現方式。

（六）潛意識的線索會觸發後續的行為

　　透過視覺、聽覺、味覺等感官的刺激，以連結相關的記憶，可以觸發相關的行為，而不需要透過直接的提醒來改變行為。例如，餐廳擺放更多愉悅笑臉的照片或調整音樂類型，或可有效刺激顧客更多消費；同樣，疫情流行期間，各類新冠肺炎病患的畫面，也會激起民眾的危機感，對於各項防疫資訊更加注意。

（七）情緒狀態明確影響決策行為

　　人類的情緒狀態本會自動且迅速影響決策行為，因人在正面的心理狀態下，會讓他或她在進行決策時偏向樂觀取向。反之，負面心理狀態下，則會偏向悲觀主義。例如，友善且正面的態度，本就可以增加貸款的需求額度。在疫情持續不斷時，會讓民眾陷入緊張且不安的情緒中，恐對於事情發展偏向悲觀，因而其風險承受能力亦會降低，此時要求增加來自疫區

的包機返台，民眾自然會傾向拒絕。

（八）公開承諾或投入以確保行為的一致性

知難而退常常是事情無法完成的原因，但如透過公開承諾或投入某項計畫，縱使沒有任何誘因或懲罰，也較能有效抗拒執行成本的提升。例如，疫情流行期間，各類口罩短缺，可能導致真正有需求者無法買到口罩，於是有民眾發起「我OK，你先領」活動，把口罩留給有需求者，公開參與者，通常較能克制搶購動機，以維持自己的承諾。

（九）以外在行為影響自我的形象與信念

一般認為，外在行為是內在個性或信念的展現，但是當兩者衝突時，民眾也可能改變內在信念，以符合外在行為的形象。例如，幾次受迫於外在壓力的捐款行為，可能讓人覺得自己原來是個慈善的人，從而持續慈善捐款，這可說是「自我實現預言」的印證。例如，疫情流行期間，民眾為避免感染而勤於消毒與洗手，讓民眾認為自己是個注重衛生習慣的人，進而養成相關的習慣。不過，此類自我實現的現象，也可能往負面發展，例如，有司機剛好不戴口罩而被質疑，其回答我較健康不易被感染（風險承擔能力較高），可能就讓不戴口罩行為持續下去。

三、推力工具所面臨的質疑

推力工具雖具有成本低廉、效果顯著、樣態彈性多元等政策工具選擇上的優勢（Sunstein, 2020），但由於其有效作用機制係建立在人會因理性的限制而做出錯誤決策的基礎上（賴怡樺，2021），且政府使用此類工具時往往是引導方式為之（Alfano & Robichaud, 2018），因此也受到一些的質疑。這些質疑的主要面向包括：

（一）對於引導性操控的疑慮

由於推力工具係以人類決策上的偏誤爲基礎，決策者透過引導方式改變其行爲，以矯正「行爲市場失靈」（behavioral market failures）現象（Roberts, 2018），帶有隱性操控的性質，但如Peters（2015: 160）指出，推力此類具隱蔽性強制（covert coercion）特質的工具，在倫理上可能較直接強制更糟，因其完全剝奪標的對象的自主性。

對於推力工具的操控質疑，可由操控主體、範圍與動機等三面向說明。其一，決策者以操控方式，改變其所認爲的行爲者之不理性或不符合自身利益的行爲，表示決策者較行爲者更瞭解其利益或偏好，此與理性主義主張之自己才是自身利益的最佳判斷者相牴觸（White, 2013），且此舉更深一層的意涵，意味著決策者較一般人更理性或聰明，才有資格去影響或矯正他人，此亦牴觸民主社會的平等原則。其二，自由主義所能接受的政府干預範圍爲避免「傷害他人」（harm to others），避免傷害自己並非政府介入的範圍；因此，即使維持不健康的生活型態亦屬自身的選擇，政府不該介入。但推力以「自由家長制」（libertarian paternalism）爲基礎，爲求整體社會福利極大化，引導一般人做出最符合自己長期利益的決策，成爲政府的責任。此實逾越自由主義的界線，Korobkin（2009）即據此認爲，自由家長制根本是重視整體社會福利，更甚個人福利的「自由福利主義」（libertarian welfarism）。其三，操控常受到訾議之處，在於透過影響別人以達到自己的目的，也就是操控動機的問題。自由家長制認爲，只要動機良善，如同家長爲子女長遠利益考量，操控就有其正當性，Sunstein即強調民眾對政府官員信任感（trustworthy）的重要性（Sunstein, 2016: 13），但要求民眾相信甚至仰賴政府，卻與民主政治所強調的參與及自主原則相悖，更會剝奪民眾選擇與成長的機會（White, 2013）。

（二）對於政府角色或功能的不信任

政府利用人類的理性限制遂行其隱而不顯的政策目標，對於人的基本自由權已經造成傷害（Goodwin, 2012），即使Sunstein強調推力工具已

保留個人選擇自由，但這些自由的空間也僅是取決於決策者。推力工具往往出現資訊不透明或民眾參與不足的問題，出現「民可使由之，不可使知之」的狀況，這些往往是決策者自課責體系中脫逸的來源（Alfano & Robichaud, 2018）。

（三）推力工具範圍的模糊

John（2018）雖承認推力工具為當代社會無法避免的政策工具，但他認為，在缺乏民眾有效知情及參與的情況下，民眾所能接受的政府介入程度才是此類工具主要的問題所在；Mongin與Cozic（2018）也指出，推力至少包含三種不同政府介入強度的意涵，在缺乏明確界定下，往往會出現溝通對話上的失焦。

（四）對於行為政策學基礎的質疑

行為政策學強調以實驗方法及循證分析為基礎，但此種延續行為科學（behavioral science）客觀中立的理論觀點，實際上往往帶有特定的價值取向，而在行為政策學中，更因缺乏對標的團體的告知，而具有行政權宰制的特質（Lepenies & Małecka, 2019）。

上述幾個層面的質疑，可發現與倫理層面的探討息息相關，也是Sunstein所關注的政府角色與功能及個人價值取向的主題（Sunstein, 2020），以下即針對此倫理爭議加以引介與分析。

參、推力工具的倫理爭議與回應

推力工具以其非強制性、有效性及簡約性的訴求，從經濟領域走向政策領域，且普遍獲得各國的重視與採納，美國、英國、德國等國政府都曾成立專門團隊，致力於進行該工具適用的議題與方式的研擬，使其在理論界與實務界蔚為風潮（John, 2019; Sunstein et al., 2019）。

這股風潮不禁讓人聯想起20世紀後半期曾風起雲湧的「新政府運動」。若比較這兩者，或可以發現有些相似之處。例如，兩者都以政府花費更少、成效更好爲主要訴求；兩者都有可明確指認的引領風騷者與關鍵著作。新政府運動的「聖經」爲奧斯本與蓋柏勒（Osborne & Gaebler, 1992）的《新政府運動》（*Reinventing Government*）（丘昌泰，2013：2），而推力工具的主要來源則爲Thaler與Sunstein的《推出你的影響力》（*Nudge: Improving Decisions About Health, Wealth and Happiness*）（張美惠譯，2014）。兩者都在理論界與實務界引起巨大迴響，也讓理論與實務兩界的連結更爲緊密。而在實務界的主要支持者下台後，其政策上的影響力也開始消退，如新政府運動在柯林頓（Clinton）總統卸任後趨於式微，而推力工具在歐巴馬總統卸任後也出現衰退的現象。當然，以資訊爲基礎的推力工具（John, 2018），若能與當代資訊社會的環境密切鑲嵌，長期而言亦可能成爲一種重要的政策工具（Farmer, 2020）。

　　值得注意的是，兩波運動的發展雖有雷同之處，但影響的政策類型卻有著顯著的不同。新政府運動的主要訴求在於政府結構與流程的改變，主要的政策場域發生在政府內部，可說是構成性政策（constitutive policy）類型，對此可以用效率性或效能性作爲主要評判標準。然而，推力工具的對象多數以一般或特定民眾爲主，且通常與管制性或誘因性等其他類型工具配套使用，而成爲組合性的工具型態（Howlett, 2019）。既然與標的對象直接相關，其政策倫理的面向也出現更多的爭議。Sunstein後來陸續出版的*Why Nudge?*（2014）與*The Ethics of Influence*（2016）等書，就有相當比例的篇幅在釐清或回應相關的倫理爭議與質疑。

　　Sunstein將行爲政策學的主要議題區分爲工具內涵、政府角色、福利效益等價值問題三大類（Sunstein, 2020）。從國家理論觀點而言，在分析層次上應爲先確認政府角色與功能，如民主國家通常偏好規模較小的政府，其次探討此國家所追求的主要價值與偏好，然後再對具體政策進行規劃與取捨（Dunleavy & O'Leary, 1987）。以此架構分析推力工具的倫理爭議與回應，可由三個層面進行，第一個層面爲國家進行操控是否違反倫理原則？而隱含的問題即爲國家干預的必要性與程度問題；第二層面爲這些

推力的政策工具,是否與民主政體與社會的重要價值相互衝突?Sunstein
逐漸彙整相關質疑觀點後,認爲可就福利、自主、尊嚴、自治等四項價值
進行討論(Sunstein, 2014, 2015, 2016);第三個層面則就具體計畫或政
策進行倫理價值或手段進行考量,如前述私校退撫儲金或器官捐贈的預設
制度,但此層面涉及個別政策的價值取捨及判斷,並非本文以整體政策類
型層次爲焦點所論述的範圍。因此,本文以下僅就前兩個層面進行說明。

一、由政府操控的推力工具是否違反倫理

對於推力工具最根本的疑懼爲:此工具來自政府操控是否恰當?有
沒有違反人民自由意志的問題?此問題也是公務倫理最根本的出發點之
一,蓋民主的權力分立體制本來自對政府的不信任,因此建立各種人民直
接或間接制衡與監督的體制。政府利用心理學對於一般人思考或行爲盲點
與誤區的發現,而透過公權力對於民眾的思考或行爲進行隱晦的控制,是
否會從根本摧毀民主體制的基礎?這是評論者認爲推力工具或行爲政策
學最爲危險之處,也因此有人稱同時在理論界與實務界均有重大影響力的
Sunstein,爲「全美最危險的男人」(the most dangerous man in America)
(洪靖,2015)。

對於政府操控的質疑,Sunstein先就「操控」進行定義,他將操控
界定爲「無法讓人民充分展現或應用其反思與深思熟慮能力的程度」[6]
(Sunstein, 2016: 82),他認爲:「充分程度」雖然帶有模糊,但已經可
以作爲識別是否操控的基礎,例如,洗腦式的廣告是操控,道路標誌則不
屬於操控。

此外,此定義以「反思與深思熟慮能力」的展現爲判準,乃反
映了推力工具背後的行爲經濟學基礎,而行爲經濟學的理論來源之一
爲Kahneman(2011)所提出大腦運作「雙系統理論」(dual system

---

[6] 原文爲:the extent that it does not sufficiently engage or appeal to their capacity for reflection and deliberation.

theory）：系統一為自動化或反射性（reflexive）思考，也就是習以為常的慣性選擇，跟隨他人的從眾選擇，或是無意識地受條件或環境影響的選擇方式；系統二則是深思熟慮（deliberative）或反思性（reflective）思考，也就是傳統理性選擇、反覆思辨的選擇方式。不過，操控通常意味著選擇設計者（choice architect）巧妙應用人性思考的盲點，去影響人們採用系統一的思考方式，甚至是剝奪採用系統二思考方式的機會（Sunstein, 2015: 445）。

在這個定義下，Sunstein認為推力工具的許多型態並不符合操控的特質，其中包括各種資訊揭露的要求。例如，要求食品包裝上明確標示出成分或熱量；各類提醒或警告措施，例如，在稅單上以特殊字體或顏色標示截止日期，或在鄰近學校的道路標示顯著的兒童標誌或照片，以提醒駕駛人要減速。至於透過某些事實的陳述，例如，在道路旁豎立「超速會致命」（Speed Kills!）的標語；稅單上提醒「九成以上納稅人按時繳稅」；電費單上標示出同地區平均用電量，這些不同樣式影響民眾行為的措施，是否屬於操控的範圍，可能就容易落入模糊空間。

Sunstein以表4-2說明操控特質與可接受程度之間的關係（Sunstein, 2015: 108）。表4-2右下欄通常指自利或貪腐官員的檯面下作為；右上欄則指只提供部分真相、無法合理化自己決策的拙劣官員作為；左上欄為民間企業的廣告或部分政府機構作為；左下欄則為如前述資訊提醒之類的政府作為。Sunstein進而指出，推力工具操作類型雖然多元，但是均落在表4-2左方兩欄內，經由表4-2也可顯示，在福利、自主、尊嚴等重要倫理價值考量下，即使推力工具有操控的疑慮，多數仍在可接受範圍（Sunstein, 2015: 108）。

由於推力工具的立基為行為心理學的研究，因此這種有意識或無意識的操控行為，在日常生活中也經常出現，包括家人之間的善意提醒，各式各項經過精心設計的商業廣告，政治領域中經常出現的選舉策略。想想2020年，美國政府發給所有國民的新冠肺炎的紓困支票中，均出現時任總統川普（Trump）的簽名，不也具有顯著的操控意圖，甚至誘引選民投票支持的傾向？如果我們對於生活中的各式推力策略習以為常，不認為這

表 4-2 操控特質與可接受程度關係表

操控手段強度＼操控意圖	善意且知情	惡意或不知情
非高度操控	基於福利考量可接受；涉及自主與尊嚴仍可能可接受	不可接受
高度操控	基於福利考量可接受；涉及自主與尊嚴可能受到反對	極為不可接受

資料來源：Sunstein (2015: 108).

些事情嚴重違反倫理原則，為何對於政府出自善意的推力會有高度的疑懼呢？此時，目的性、意圖性與成效性成了Sunstein建構其「自由家長制」的重要論據（Sunstein, 2014）。

Sunstein以「自由家長制」作為推力工具的理論依據，同時對於政府操控的疑慮進行辯護。而所謂的自由家長制，乃指政府所推行的推力工具，通常保有民眾的自主選擇權，乃至具有退出制的設計。當標的團體具有使用經驗或經過深思熟慮後，仍保有選擇或拒絕的機會，因其並未強制剝奪民眾的選擇權，所以是自由主義式的誘引。不過，對於政策的適用範圍或選項的設計，本來自於少數專家或決策者透過循證方式精心擘劃而產出，以確保工具的有效性。這些專家或決策者若透過政府資訊的公開，以確保其動機乃出於公共利益，且目的在提高總體社會福利，因之就決策過程與目的來說，又帶有家長制的特色（Thaler & Sunstein, 2008）。

申言之，自由家長制具有幾項特色（Sunstein, 2014, 2016）：首先，Sunstein指出推力工具的重要特質在於：「非強制性」，也就是其仍然保有民眾自由選擇的權力，這與傳統家長制強制要求不可變更完全不同。故傳統家長制可以說是硬性的家長制，而推力則屬於軟性的家長制，因此並未違反自由主義的精神。

其次，在較具爭議的家長制部分，Sunstein及其支持者提出幾個支撐論點，之一在於推力工具具有重要地位的預設值部分，論者認為預設值類

似環境或條件，例如，地心引力也可看成是人類無可避免的預設值。而憲法對於憲法制定後的遵循者而言，同樣亦屬預設值，只要保持可以改變選擇的空間即可。此即爲Sunstein所述，所有人類生活選項均需設定預設值，由政府進行較佳的預設值有何不可？

第三，就適用範圍而言，由政府發揮推力的影響力，以達成選擇設計者的預設值或設定的目標，是否具有侵害人民自由權利的疑慮呢？對此，Sunstein及其支持者認爲，家長制可以分成對於手段的介入與對於目的的介入。而推力工具主要在於對於手段的介入，因此其介入的乃偏向於技術性的事物或普遍性的價值。如*Nudge*一書副標題所提到的健康、財富、幸福等，這些都是民眾不會反對的事項，更何況在行爲經濟學的引導下，還能有效祛除民眾的思考盲點，增加民眾福祉。

第四，評論者質疑家長制是否有滑坡現象（slippery slope）的可能，致讓政府逐漸掌控人民生活的各個面向，進而走向威權。例如，爲了杜絕菸害，政府可能強制在菸品包裝標示警語，到設置禁菸區、劃設吸菸區（由預設可抽菸到預設不可抽菸），最後可能走向完全禁止。對此Sunstein則指出，透過資訊公開的監督與可改變的制度設計，乃在民主制度中仍保有可在滑坡煞停的可能，更何況會走向滑坡，更可證明該工具的有效性（Thaler & Sunstein, 2008）。

二、推力工具與主要倫理價值是否衝突

Sunstein除論證國家介入或操控人民生活具正當性，並認爲福利、自主、尊嚴與自治等四大價值爲當代國家重要的倫理價值基礎（Sunstein, 2016: 3），因此他也由這四個價值回應他人對於推力工具的質疑（Sunstein, 2014, 2015, 2016），進一步鞏固其自由家長制的倫理基礎。

（一）福利

就福利價值而言，雖然Sunstein承認「福利」是個具有歧義性的概念

（Sunstein, 2016: 53），但其所立基的立論，本較偏向經濟模式效用主義的想法，這也可由*Nudge*一書所標舉的健康、財富主題來印證。此時，同樣持效用主義立場的古典自由主義代表人物彌爾（John Stuart Mill），他主張除非會對別人造成傷害，否則應聽任於個人自由決定，因為自己才是福利或偏好的最佳決定者，這也就是所謂「傷害原則」（the harm principle）的指涉，蓋由此原則可推論國家為必要之惡，而政府所執行的事物愈少愈好，此種小政府的觀點，顯然與Sunstein的自由家長制相左（Sunstein, 2015: 434；洪靖，2015）。那麼，政府透過推力工具的介入，對於個人福利是增加或減損呢？

Sunstein以三個理由說明：推力工具有助於個人福利的增加。首先，Sunstein並不否認個人才是自身福利的最適決定者，且當代行為經濟學的研究成果也明確顯示，個人會因為各種決策過程的偏差或盲點，以致無法選擇較佳的目標完成方式，於是透過選擇設計者的協助，如適時的提醒或提供必要的資訊，便更能有助於促成個人目標的達成，俾讓福利更為提升。此即Sunstein所稱的「軟性」或「工具性」的家長制（Sunstein, 2014；洪靖，2015），也就是：在不透過強制與保留選擇自由的條件下，協助個人達成目標（Sunstein, 2015: 433）。以GPS導航系統為例，GPS並不會對使用者決定的目的地進行干涉，卻能在過程中協助使用者做出更佳的選擇（Sunstein, 2016: 58）。

其次，自由主義者強調：個人可以經由自主決定的試誤過程中，進行各種經驗的學習，以得到成長的機會，但如果都由選擇設計者進行安排，是否會剝奪個人經由學習而增強追求幸福的能力呢？對這個提問，Sunstein認為，透過保留選擇自由的安排，個人並不會喪失經驗學習的能力（Sunstein, 2015: 436），雖然透過各種推力工具的協助，可能會讓學習的項目或路徑與過往不同，但這並不意味著個人就會失去學習的機會。再以GPS導航系統為例，GPS使用者的學習型態，雖然與使用地圖者不同，但並不能否認這也是一種適應時代演變的學習方式，更何況在工具輔助下，可以避免一些錯誤的發生，以利提高學習的效率（Sunstein, 2016: 60）。

第三，每個人雖然都有自由選擇的機會，但不意味著所有的人都想要或需要對所有的事情進行選擇，因對於一些個人並不覺得特別重要的事情上，也許順從預設值的設定，本就是一種便利的選項，一旦經由選擇設計者的有效安排，可以讓個人的基本福利值提高，同時保留更多的精力，去學習處理更重要的事項，這對於福利的提升即具有積極的作用（Sunstein, 2016: 62）。

（二）自主

就自主性而言，尊重個人自主性，讓每個個體可以依照自由意志選擇人生發展路徑，乃是民主社會中的重要價值。此時，政府的介入是否會影響人民的自主性呢？在此與福利價值的辯護類似，Sunstein以軟性、工具性的自由家長立場（Sunstein, 2014；洪靖，2015）說明：推力工具只是輔助個人進行知情的（informed）決定與善意的提醒而已，其並未干涉個人的選擇（Sunstein, 2015: 438）。此外，每個人終其一生所需進行的決定何其多，並非所有事情都需貫徹其自主性，因某些事情可能只依循慣性而做成決定，因此對於這些不是深思熟慮的決定，若能透過有效預設值的協助，更能有助於提高個人福利（Sunstein, 2016: 64）。

此外，Sunstein認為，個人無法脫離社會進行決定，因涉及公共生活領域事務的自主性，應該在社會脈絡中落實，此即「真實成本」的問題。例如，選擇是否要吸煙，看似個人自主判斷問題，但政府是否應當將吸菸所增加的社會成本，以「健康捐」或其他方式附加在菸品價格上？一旦健康捐達到一定程度，又可能影響個人的選擇，那麼是否可以說：政府藉由某些手段影響個人的自主性呢？Sunstein主張適度反映或提醒社會成本增加，但仍保留個人選擇的自由，才是有助於提升社會整體福利的做法。最後，Sunstein還提出一個以子之矛攻子之盾的論點，他質疑，如基於人性，有許多人會傾向於不選擇，或選擇接受預設值，此時，某些質疑自由家長制論點者，若強迫其一定要做出選擇，以符合自主性的價值，這樣是否也算是一種家長制呢（Sunstein, 2016: 67）？

（三）尊嚴

就尊嚴價值而言，尊嚴一樣是具有歧義的價值，其內涵有一部分與自主相似。例如，剝奪個人選擇自由的同時，我們也會認為這樣會傷害個人尊嚴。Sunstein以反面呈現方式主張：對於尊嚴的侵害，是對於個人的不尊重或羞辱。更具體而言，則指涉個人被預設為能力不足、容易犯錯，無法做出正確的決定。因此，他或她在從事一些活動時，乃必須徵詢另一方的同意，這就是把標的對象當成不經事的小孩（Sunstein, 2015: 441）。

對於侵害個人尊嚴的質疑，Sunstein認為推力工具僅具工具性的作用，多數人並不會認為使用GPS導航系統是侵害尊嚴的行為，而是透過資訊的提供，讓人們得以做出對自己更佳的決定。同樣地，認為推力工具有礙尊嚴似為過慮。因為，即使運用前述系統進行某些帶有情緒性或煽動性的提醒作為，如強制要求菸品包裝必須帶有警告性的文字或圖案，似乎會被質疑有不尊重標的對象的恐嚇，但若能藉此減少個人或社會整體成本，就福利主義觀點而言，也是具有效益的價值取捨（Sunstein, 2015: 440）。

再就預設值而言，政府對於許多選項的預設值是否剝奪個人選擇權，而侵害其尊嚴呢？Sunstein認為：尊嚴議題必須以個案方式進行程度或具體情況來判斷。例如，退休金計畫的預設方案，一般人並不會認為與個人尊嚴有關，而是更關注其對於福利的影響。更何況，再次運用前述的反質疑邏輯，強制要求每個人對於每件事都必須進行考慮與判斷，不也是一種對於個人的不尊重（Sunstein, 2016: 71）。

（四）自治

最後，就自治價值而言，Sunstein由兩個角度檢視推力工具與自治的關聯性，其一為民主參與觀點，民主制度的核心價值在於：民眾透過自我決定與自我管理生活方式參與公共事務。就此而言，自治的內涵與自主及尊嚴又密不可分，而透過推力工具的採行，可以有效降低投票與決定成本，從而有助於公民參與的實現。例如，美國已有部分地區採行預設的選

民自動註冊方式，無需另外進行選民登記，以鼓勵民眾積極投票；而競選活動的宣傳、辯論，也可視為促使政黨或候選人提供選民更充分的資訊，以促成其投票的制度設計。這種經由民主參與，不但可為這類推力工具注入正當性，經由民意的制約，也可讓推力工具的適用範圍受到限制，如前述器捐制度的預設值，就會受到當代民意接受度的影響（Sunstein, 2016: 74）。

　　與自治價值相關的第二個角度為透明，蓋經由對推力工具公開揭露相關資訊，可有效化解決策者黑箱決定的疑慮。由於行政與立法部門的分立，於是在法律層次的推力工具，因立法必經公開辯論與決定過程，較無隱匿的疑慮；但行政部門自行決定採行的推力工具就較容易受到質疑；於是Sunstein贊同行政部門在執行推力工具計畫時，除了公開審議、聽證會等行政公開程序外，尚應遵循最大範圍的資訊公開原則，包括做法與理由，都必須清楚揭露，以確保行政部門不致因特殊利益或外界壓力而扭曲民意。以部分退休金組合的預設值為例，除了必須說明預設值的內容，還必須充分說明：採取這些預設值的理由與好處，以符合透明原則。不過，有些觀點認為，讓標的團體瞭解自己正在接受推力工具，可能影響該工具的效能，但Sunstein認為：許多推力工具原本就有公開的性質，如提醒與警示，以致多數推力工具也不致因透明而影響到預期結果（Sunstein, 2016: 157）。就此而言，推力工具與自治的內涵並不相悖。

肆、推力工具的整體評估與省思

　　關於政策工具的規劃與選擇是否涉及與倫理及道德層面的問題，Hood與Margetts（2007: 161-165）主張，政策工具如同交通工具或日常生活中所使用的各類工具相似，其本身與價值判斷並不相關，其價值的涉入在於使用者的意圖，或許受此種政策工具中立主張的影響，在Salamon（2002）、Hood與Margetts（2007）、Howlett（2019）等對於政策工具的著作中，極少出現對於政策工具倫理的探討。但若持此政策工具價值中

立的觀點，恐出現前述Lepenies與Małecka（2019）對於行為政策學所持行為主義立場的批判與困境，也就是政府施政與日常工具終究有本質上的差異，即使政府宣稱價值中立（value-free），實際上已隱含一些價值偏好。Peters（2015）則認為，若僅由工具的基本概念，即手段與目的連結來看，效用將成為唯一的價值判準，但這顯然是過於狹隘的觀點，應由整體性的角度關照政策工具的倫理議題。本文即延續此種整體性的觀點，由政策工具的評估角度，對於推力工具進行省思。

政策工具在經過審慎規劃後，尚必須通過決策者的評比與採擇，抑或立法機關的審議，方能落實為實際的政策。Peters（2015: 115-120）由經濟、行政、政治、倫理等幾個主要面向，提供評估政策工具的主要標準，我們可由這幾項標準，瞭解推力工具的優劣勢所在。

在經濟面向上，Peters（2015）提出經濟與效能兩項基本指標，前者指能以最少的花費獲得最大的成果，後者指能有效達成政策目標。推力工具帶有資訊政策工具的特質（Howlett, 2019），本具有花費成本小、普及性及穿透性高等特質，以致政府不用付出高額的強制及監督成本，即可獲得顯著的成效；且資訊工具可明確鎖定標的對象，進行精準與迅速的資訊提供，有效發揮政策影響力。例如，各式提醒與警告資訊的提供，就可發揮「微小的行為改變而產生重大影響」的作用。因之，從經濟面向來講，其可說是推力工具最具優勢之處。

在行政面向上，Peters（2015）提出了多項判斷標準，包括能明確射準標的團體；有效落實工具的執行度，並進而獲取民眾的支持，以提高正當性；能迅速短期見效，以獲得民眾先期的支持；執行組織與標的團體，對工具的熟悉程度而增加順服程度等。就此面向而言，推力工具仍有顯著的優勢。以台灣防疫過程中，政府適度使用的細胞簡訊為例，確實能有效達到提醒高風險民眾注意，又能得到民眾支持與順服的作用。雖然在過程中也曾出現因執行組織對於該項工具的不夠熟悉，有時出現錯誤訊息的狀況，但整體而言，政府使用該類工具可說瑕不掩瑜。

在政治面向上，Peters（2015）指出與多數民眾價值的一致性、資訊能見度及課責等標準，也就是該工具應該具有水土相符的特性，不應隨意

移植（林水波，2001），並透過相關資訊的公開透明，讓民眾瞭解政府的意圖與做法，對相關主事職司者也有適度的責任追究管道。而就政治面向而言，雖然Sunstein也一再強調推力工具與資訊透明並不相悖（Thaler & Sunstein, 2008; Sunstein, 2016），但是該類工具對於透明與課責的主張或做法，確實較為不足。例如，由前述政府關於器官捐贈預設值的議題為例，可看出決策菁英與一般民眾，對於某些議題的價值取向可能並不一致，但在缺乏同理對話的情況下，民眾不但無法支持，也缺乏適當的課責管道。由此可見，支撐推力工具的自由家長制，要通過政治面向的標準可能較為不易。

在倫理面向上，Peters（2015）認為自主性與公平性（equity）是諸多倫理標準中較為重要者。自主性的主要內涵在於：盡可能保留民眾自己生活方式的選擇權。例如，以現金支付的老人年金，可以讓老人們有較大的選擇自由，即使他們可能因此選擇買酒而非健康的食物。這樣的情況好過監獄內的囚犯，每日被迫吃低脂低油的健康三餐（Peters, 2015: 120）。公平性則指涉：相同條件的標的對象受到平等待遇的程序公平，以及透過政府施政減少社會不平等的結果公平。

在前文中已引介Sunstein自己所歸納對於福利、自主、尊嚴與自治等四種主要倫理價值的辯護，對照Peters所提的自主性與公平性兩個倫理標準，可以發現兩者觀點明顯不同。但就政府施政角度而言，公平性顯然是無法忽略的重要政策價值（Dunn, 2018），不論是程序正義、分配正義、世代正義與互動正義，均為政策倫理所不容忽視的主題（林水波，2001）。

正如Roberts所指出：Sunstein在*The Ethics of Influence*一書中，以涵蓋福利、自主、尊嚴、自治四個面向所建立的價值多元主義（value pluralism）分析架構雖然精密（Roberts, 2018: 1054），但缺乏對分配正義這個重要價值的足夠關懷，即使行為經濟學的前提是所有人都是可受推力工具影響的（people are nudge-able），在現實生活中，卻可發現有部分標的對象，可能受制於教育、資訊、經濟等外在基本條件限制，使推力工具無法對其發揮有效的作用，Roberts（2018: 1057）稱這類團體為「抗

推力人口」（nudge-proof populations），這類對象通常是中低收入、少數族群、單親家庭等傳統定義上的弱勢團體。例如，退休金提撥預設制度，可能因爲弱勢團體缺乏必要的知識與能力，無法評估退出的優缺點與可能性，使得選擇退出對於抗推力人口成爲難度較高的選項，更遑論推力試圖達成的優先選擇綠色能源與健康生活型態，對弱勢團體而言更是奢求。Roberts（2018: 1062）更進一步指出，雖然由柏瑞圖最適狀態（Pareto optimality）的標準而言，縱然抗推力人口無法選擇決策者認爲的較佳方案，但只要社會優勢團體透過推力工具改善其福利，仍然可以達到整體社會福利增加的效果。但從分配正義觀點而言，此舉無異加劇貧富差距，甚至形成相對剝奪感，這顯然不是合理的社會狀態，因此，Roberts（2018: 1065）主張：在Sunstein的價值多元主義架構中，增加第五項分配正義價值，確實有其必要性。在Sunstein關於推力的相關著作中（Thaler & Sunstein, 2008; Sunstein, 2014, 2015, 2016），也可看出公平或分配正義並非其所關注的重要議題，可見推力作爲一種政策工具，在倫理面向仍有值得省思的空間。

伍、推力作為政策工具的倫理省思

推力工具及作爲基礎的行爲經濟學，每每對於自由主義的公共哲學形成顯著的挑戰。就傳統倫理哲學的範疇而言，在認識論上，自由主義下的公共哲學肯定：所有成年人均具有理性判斷的能力，可以瞭解何謂好或善，以及如何促進自己或大眾的福利（或避免傷害自己或他人的福利，即彌爾所稱的傷害原則），政府毋須過度介入；但自由家長制質疑：個人是否具有充分的能力或知識，以瞭解什麼才是眞正的或長期的好或善，且由各種實證實驗說明人理性判斷能力的不足。此種人類天性的缺陷，不僅提供資本家、政客等有心人士的操作空間，也讓政府提供資訊或引導成爲實際上的需要。

在行動論上，自由主義下的公共哲學認爲：人有實踐理性或道德行

動的內在動力與能力，願意積極參與公共事務，以追求社會公平正義或共善的理想。不過，自由家長制則主張作為行動主體的個人，即使知道什麼才是好或善，也可能因為缺乏行動的意願或能力，無法落實福利或倫理原則，此時同樣需要政府透過引領工具，才能導引個人落實倫理行動（White, 2018）。

　　而在方法論上，自由主義下的公共哲學較重視後行為主義的觀點，認為人類社會與自然現象無法等同，科學研究也無法完全價值中立，行為經濟學則將人的行為視為研究的客體，更重視實驗而非論理的方法，以發掘人類行為的模式與偏誤，其立場反而與行為主義較為接近，且在政策價值取向上，乃強調效果是政府工具選擇的重要標準（Lepenies & Małecka, 2019）。

　　由於自由家長制對於自由主義的修正，也激起一些質疑或批判的聲浪。作為推力工具與自由家長制的主要理論建構者與倡議者，Sunstein以法律學家的雄辯方式，對於來自各方的質疑，提出強力而周延的辯護。若跳脫這些論辯過程，而將推力工具定性為政府推動政策的方式之一，從政策工具的觀點重新審視，或許能發現推力工具除了價值論辯之外，猶有一些可能需要進一步思考的倫理議題，而這些議題包括以下幾項。

一、概念模糊

　　推力工具雖具有明顯的資訊政策工具特質，但Sunstein認為自由家長制才是推力方式的共同特徵。為了涵蓋這些類型殊異的進行方式，Sunstein對於家長制給了一個寬鬆而籠統的定義，其認為「家長制乃指透過政策影響人們的選擇，致使人們享有更好的生活，而所謂的『更好』係依據人們自身的判斷」（張美惠譯，2014：13）。因之，Hausman與Welch（2010）指出，此定義不僅概念模糊，而且簡化了該書所引用之Van de Veer的說法，忽略原文中所強調的家長制乃帶有違反當事人意志的定義。因強調更好的結果與生活的寬鬆定義，讓推力工具的內涵變得極為廣泛，可說只要政府為了人們得到更好的結果，其所從事者皆可視為推力

工具，因此圖形化的表示、顯著的提醒、增加便利性等，在此寬鬆定義下均屬於自由家長制的類型，但這些具資訊屬性的政策工具，一般人顯然不會認為屬於家長制的範疇，Mongin與Cozic（2018）即指出，推力指涉三種不同內涵，在使用上應注意釐清。此外，Sunstein在回應政府操控，以及由福利、自主、尊嚴與自治等四大價值回覆對推力工具的質疑時，忽略了操控概念的多元性（Wilkinson, 2013），並選擇性地以不同類型工具回應各種質疑，這也應當與Sunstein對主要概念的界定籠統有關。

二、忽略條件

政策工具的使用有其鑲嵌的條件、脈絡與氛圍，資訊政策工具也是如此（Farmer, 2020；林水波，2007），但在Sunstein等的倡議過程中，往往聚焦於推力工具的神奇效果，忽略該工具有效發揮的前提或條件（Thaler & Sunstein, 2008）。蓋推力工具中的一項作為，係應用社會規範的壓力，以從眾心理為基礎，讓標的對象自動順服。如在稅單上說明有九成的民眾會按時繳稅，讓高中生知道有超過七成以上不吸菸等，都可有效達成影響標的對象行為的目標。對此，Peters（2015: 107）就一針見血地指出，此類推力工具要奏效，必須在多數民眾都願意接受社會規範的共識型社會才有可能。Howlett（2019: 230）更具體地說明，包括不同偏好的對象、工具適用的環境條件等，均會影響推力工具的接受度，也就是在一個社會規範較為分歧，民眾對於政府資訊信任程度較低的社會中，此類工具的效用可能會大打折扣，因此，規範工具仍需有強制力工具作為後盾，如稅款逾期繳交會受到處罰。此種過度樂觀或部分真實的倡議方式，可能會讓主事者對工具效益有過高的期待。

三、隱含價值

推力工具在行為經濟學、循證政策分析的支撐下，普遍獲得執政者的青睞，而其最具說服力理由，在於可提出各類實證作為政策工具選擇的

基礎，在Sunstein的著作中（Thaler & Sunstein, 2008），乃充斥著許多有效的實驗與案例，其隱而不顯的台詞，當是這些方法都這麼有效，爲什麼不肯模仿、採用呢？此種以能「有效」改變標的對象行爲，成爲優先於其他價值考量的標準，恰也是實用主義（pragmatism）的重要論點。此種政策工具選擇標準的改變，可能是行爲政策學對傳統政策工具理論的重要衝擊，讓主事者在選擇政策工具時，將社會公平、世代正義等重要價值的排序往後直落。

四、菁英取向

推力工具雖然宣稱可以在不使用強制力，並能保持民眾自由選擇權的情況下，讓民眾或社會獲得更佳的福利。然而，在選項的提供或行爲操控的過程中，幾乎完全由政府官員或專家學者進行資訊的壟斷以做成決定，並不向民眾進行合理化的論據說明，且在「有益處的推力」（nudge-for-good）大帽子下，將各類推力工具的採擇，都可以說成是技術性或無關緊要的技術設計問題，這是典型菁英主義的想法（Lepenies & Małecka, 2019）。對此，Peters（2015）直接表達，用掩蓋或是隱密的方式，對民眾進行操控，其對民主的傷害，比公開控制更大。而在政策工具倫理的標準中，民眾知情參與是經常被提及的要素（Peters, 2015; Howlett, 2019；林水波，2007），因透過多元的民眾參與，不但可降低決策菁英可能出現的思維盲點風險外，也可增加標的對象的認同感與向心力，提高政策的正當性。這本是解決民眾對政府信任感低落、增加社會規範作用的有效方法。

五、社會孤立

推力工具以個體經濟學及行爲心理學爲主要理論依據，這兩者的分析單位皆偏向個體主義，形成論者所質疑的原子化途徑（atomistic approach）（Goodwin, 2012）。這就是將政策標的對象視爲孤立的社會個體，只能成爲政府工具應用（或操控）的對象，無法也無能參與政策工具設計或選擇的決定。此種狀況可類比爲單一消費者，只能是市場價格的接受者，雖然有選擇其他商品或拒買（即退出）的自由，但個人對市場是無直接影響力的。再者，推力工具強調政府在選擇結構上的善意及優越性，加上保留個人選擇的自由，雖能有效增進個人與社會福利，但如同習於使用GPS者，可能會減損理解地圖的能力。習於接受政府推力的公民，可能也會流失思辨複雜公共問題的能力，如同習於做選擇題的學生，要求其回答申論題，可能會面臨無法適用的困境。更進一步言，民主政治的精神，應是公民在自由選擇的過程中，得到賦能（empowerment）的機會，而不僅是單純的選擇而已，而這是推力工具亟待補強之處（Goodwin, 2012; Engelen, 2019）。第三，推力工具無法提供公民共同進行對話與審議的機會，只強調以個人福祉進行選擇，這就等於剝奪民眾思考與解決如社會公平、貧富差距、程序正義等整體性社會議題的機會，恐對民主政治造成根本的傷害（Goodwin, 2012; Howlett, 2019）。

陸、結論

推力工具雖然極具發展潛力，但如同各類政策工具皆有其行爲假定與適用的情境與條件（Howlett, 2019；林水波，2001），熱衷使用者若能由政策工具角度細思其優勢、劣勢、機會、威脅，在運用上或許更能增加民眾的認同。推力與其自由家長制基礎，經常受到來自倫理層面的質疑，Sunstein宣稱可由福利、自主、尊嚴與自治等四項主要倫理價值加以回應。吾人若由政策倫理層面反思，難免會發現僅針對這四項價值討論，難免有乞求論點（begging the question）謬誤[7]之嫌。例如，對於公平正義

---

[7] 乞求論點謬誤（fallacy of begging the question）指在論證主張的前提裡預設了結論（Dunn, 2018: 383），筆者在此指Sunstein預設了推力僅涉及四項倫理價值，且未說明

或公民對話、賦能等民主制度的重要基礎，在相關論述中顯然有所不足。本文先釐清推力工具的主要內涵，繼而由Sunstein觀點引介其對於推力的倫理價值的辯護，再嘗試由政策工具倫理觀點，省思推力工具可能面臨的倫理問題，或可獲得以下幾項重要啟示。

一、有效政策工具需跨域思考

隨著當代政府任務日益複雜，政策工具箱內涵蓋的種類也應更加多樣化，方能進行有效治理。因此，來自不同領域的啟發，透過跨域思考，以開創新的政策工具整合型態乃具必要性。推力工具即為跨域思維下的產物，其匯集經濟學、心理學、政策學的研究成果，佐以商業行銷的實務經驗，讓決策者體認標的對象的非理性因素，以及政策可對此的施力方式，為政府提供有效的新型工具。

二、推力具資訊政策工具特質

Sunstein雖認為推力的理論依據為自由家長制，但從政策工具觀點來看，該工具實際上具有資訊政策工具的特質（John, 2018; Howlett, 2019）。而資訊政策工具被視為當代最具發展潛力的工具，具有廣泛性、精確性、即時性、回應性、經濟性等特質（Hood & Margetts, 2007；林水波，2007）。而推力工具中的揭露資訊、增加便利性、簡化及使用圖形化、提醒等方式，均可視為資訊工具的落實應用，而使用資訊工具所必須注意的資訊倫理難題，也是推力工具同樣必須面臨的問題。

為何僅限於這四項推力較具優勢的價值，對於公平正義等其他重要的公共價值卻略而未談。

三、推力工具倫理爭議多面向

　　行為經濟學的部分基礎，乃建立在人類決策行為的缺陷上。當選擇設計者試圖利用這些缺陷以遂行其目的時，倫理爭議自然無可避免。而當選擇設計者為具有公權力的政府時，其倫理爭議亦會在多個層面出現，包括工具設計者的操控意圖、工具選擇過程的菁英取向、執行過程的缺乏參與、執行結果對社會整體的影響等。而化解這些倫理爭議的方法，或許仍在尊重民主制度的基礎上，以開誠布公、真誠對話的方式進行溝通，如此可能會減損本項工具的效用，卻是維繫民主價值的必要代價（John, 2018）。

四、以工具配套化解倫理爭議

　　因公共問題往往複雜難解，僅賴單一工具有時難以有效處理，若能透過多種工具組合的方式因應，發揮綜合效應（synergy），彌補單一工具缺失，或許更能有效達成目標，也就是混合式工具（mixed instruments）或瑞士刀模式（Swiss army knife of government）（Peters, 2015），但在進行配套使用時，需注意工具間的相容性及互補性，避免相互抵銷彼此的效用。推力本屬於強制性較小的軟性工具，若能與權威型工具搭配，讓標的對象瞭解決策者顯性與隱性的意圖；或是與參與型及能力養塑型工具搭配，賦予民眾更積極的角色，都能化解部分倫理層面的疑慮。

五、倫理思考為工具選擇關鍵

　　在經濟理性與工具理性思維的主導下，政府政策工具的選擇，往往偏好能立竿見影與節省成本的速效型工具，而以人性弱點作為槓桿的推力工具，確實符合此種快速又有效的潮流。然而，公共政策所要處理的經常是多元價值衝突的難題，速效型工具或許短期有效，但對長期而言，卻可能是民主制度崩壞的源頭。因此，以涵容（inclusion）與平衡為目標的價值

衝突處理方式，或許需要付出更高的協商成本，長期來看，卻是民主政治
得以穩定運作的重要基礎（陳敦源，2014）。因此，以倫理觀點思考政策
工具的選擇，確實有其無可替代的重要性。

　　政策工具的選擇，不能只以便利的主軸思考，還要兼具倫理與整
合，方能達及較佳的目標。尤有甚者，政策不僅在引領標的順服而已，更
在養塑他或她的能力，且必須能與各國特定的環境系絡密切鑲嵌，才能有
效發揮政策工具的效能，並維持民主社會的運作（Farmer, 2020），此時
還要仰賴多元不同的工具整合，才是邁向政策成功之途。

參考文獻

一、中文部分

Halpern, D.著，梁本彬、于菲菲、潘翠翠譯，2018，《助推：小行動如何
　　推動大變革》，北京：中信出版集團。

Thaler, R. H. & Sunstein, C. R.著，張美惠譯，2014，《推出你的影響力：
　　每個人都可以影響別人、改善決策，做人生的選擇設計師》，台
　　北：時報文化。

丘昌泰，2013，《公共管理》，三版，台北：智勝文化。

吳宓穎，2017，〈機器人投資顧問法治之建構：以行為經濟學為觀點〉，
　　國立臺灣大學科際整合法律學研究所碩士論文。

林水波，2001，《公共政策論衡》，初版二刷，台北：智勝文化。

林水波，2007，《公共政策析論》，台北：五南圖書。

洪靖，2015，〈幸福人生全因政府助推？評《Why Nudge?》及其翻
　　譯〉，2021年5月25日，取自：https://blog.hungching.com/2015/11/
　　book-review-on-why-nudge.html。

范振煦，2019，〈輕推對資源回收的影響力〉，國立臺灣大學經濟學研究
　　所碩士論文。

張四明，2020，〈臺灣2020年新冠肺炎防疫大作戰之啓示：政策工具觀點分析〉，《文官制度季刊》，第12卷第4期，頁1-32。

曹書華，2018，〈行爲財務學在機器人理財顧問的運用、實務與挑戰〉，國立政治大學經營管理碩士學程碩士論文。

陳敦源，2014，〈公共政策規劃與評估：角色、思維、與制度環境下價值衝突管理的倫理問題〉，《公共治理季刊》，第2卷第3期，頁12-28。

蔡昌憲，2016，〈我國股權性質群眾募資之管制發展：從創櫃板到民間募資平台〉，《臺大法學論叢》，第45卷第1期，頁249-313。

賴怡樺，2021，〈行爲經濟學觀點的政策分析與工具設計：以我國文憑主義爲個案之探究〉，國立政治大學公共行政學系研究所博士論文。

賴怡樺、林水波、陳敦源，2018，〈行爲主義導向的公共政策研究：以政策工具「推力」爲核心的初探〉，《行政暨政策學報》，第67期，頁1-37。

羅清俊，2020，《公共政策：現象觀察與實務操作》，二版，台北：揚智文化。

二、外文部分

Alfano, M. & Robichaud, P., 2018, "Nudges and Other Moral Technologies in the Context of Power: Assigning and Accepting Responsibility," in D. Boonin (ed.), *The Palgrave Handbook of Philosophy and Public Policy*, Cham, Switzerland: Palgrave Macmillan, pp. 235-248.

Corr, P. J. & Plagnol, A. C., 2018, *Behavioral Economics: The Basics*, New York, NY: Routledge.

Dunleavy, P. & O'Leary, B., 1987, *Theories of the State: The Politics of Liberal Democracy*, Basingstoke, Hampshire: Macmillan Press.

Dunn, W. N., 2018, *Public Policy Analysis: An Integrated Approach* (6th ed.), New York, NY: Routledge.

Engelen, B., 2019, "Ethical Criteria for Health-promoting Nudges: A Case-bycase Analysis," *The American Journal of Bioethics*, vol. 19, no. 5, pp. 48-59.

Farmer, D. J., 2020, *Beyond Public Administration: Contemplating and Nudging Government-in-context*, New York, NY: Routledge.

Goodwin, T., 2012, "Why We Should Reject 'Nudge'," *Politics*, vol. 32, no. 2, pp. 85-92.

Halpern, D., 2015, *Inside the Nudge Unit: How Small Changes Can Make a Big Difference*, London: Ebury Press.

Hausman, D. M. & Welch, B., 2010, "Debate: To Nudge or not to Nudge," *The Journal of Political Philosophy*, vol. 18, no. 1, pp. 123-136.

Hood, C. & Margetts H. Z., 2007, *The Tools of Government in the Digital Age*, New York, NY: Palgrave MacMillan.

Howlett, M., 2019, *Designing Public Policies: Principles and Instruments*, New York, NY: Routledge.

John, P., 2018, *How Far to Nudge: Assessing Behavioural Public Policy*, Cheltenham, UK: Edward Elgar.

John, P., 2019, "The International Appeal of Behavioural Public Policy: Is Nudge an Anglo-American Phenomenon?" *Journal of Chinese Governance*, vol. 4, no. 2, pp. 144-162.

Kahneman, D., 2011, *Thinking, Fast and Slow*, New York, NY: Farrar, Straus and Giroux.

Korobkin, R., 2009, "Libertarian Welfarism," *California Law Review*, vol. 97, no. 6, pp. 1651-1685.

Lepenies, R. & Małecka, M., 2019, "The Ethics of Behavioural Public Policy," in A. Lever & A. Poama (eds.), *The Routledge Handbook of Ethics and Public Policy*, London: Routledge, pp. 513-525.

Mongin, P. & Cozic, M., 2018, "Rethinking Nudge: Not One but Three Concepts," *Behavioural Public Policy*, vol. 2, no. 1, pp. 107-124.

Osborne, D. & Gaebler, T., 1992, *Reinventing Government: How the*

Entrepreneurial Spirit Is Transforming the Public Sector, Reading, MA: Addison-Wesley.

Peters, B. G., 2015, *Advanced Introduction to Public Policy*, Northampton, MA: Edward Elgar.

Roberts, J. L., 2018, "Nudge-proof: Distributive Justice and the Ethics of Nudging," *Michigan Law Review*, vol. 116, no. 6, pp. 1045-1066.

Salamon, L. M. (ed.), 2002, *The Tools of Government: A Guide to the New Governance*, New York, NY: Oxford University Press.

Sunstein, C. R., 2014, *Why Nudge? The Politics of Libertarian Paternalism*, New Haven, CT: Yale University Press.

Sunstein, C. R., 2015, "The Ethics of Nudging," *Yale Journal on Regulation*, vol. 32, no. 2, pp. 413-450.

Sunstein, C. R., 2016, *The Ethics of Influence: Government in the Age of Behavioral Science*, New York, NY: Cambridge University Press.

Sunstein, C. R., 2020, *Behavioral Science and Public Policy*, New York, NY: Cambridge University Press.

Sunstein, C. R., Reisch, L. A. & Kaiser, M., 2019, "Trusting Nudges? Lessons from an International Survey," *Journal of European Public Policy*, vol. 26, no. 10, pp. 1417-1443.

Thaler, R. H. & Sunstein, C. R., 2008, *Nudge: Improving Decisions About Health, Wealth, and Happiness*, New Haven, CT: Yale University Press.

White, M. D., 2013, *The Manipulation of Choice: Ethics and Libertarian Paternalism*, New York, NY: Palgrave MacMillan.

White, R. F., 2018, "An Introduction to 'Nudge Science'," *Politics and the Life Sciences*, vol. 37, no. 1, pp. 114-119.

Wilkinson, T. M., 2013, "Nudging and Manipulation," *Political Studies*, vol. 61, no. 2, pp. 341-355.

第五章
政策復原：以老年農民福利
津貼暫行條例為例

林水波

壹、前言

政策在特殊政經社文脈絡的推波助瀾下，由相關制定職司，經由問題建構、方案設計及合法化的過程，致使政策取得付諸執行的正當性地位，以成就政策形成者原本構想的目標，得到標的團體的認同與支持。不過，這項執行順境的冀想，並不一定如預擬般地完成，更恐在執行過程上的諸多政策遊戲中，衍生不少的問題，增加許多資源的消耗，甚至擠壓有限的資源，無法從事他項政策領域的研發、推展及運營。

這種政策解決方案，在初始設計時，由於設計者的注意赤字、思維盲點與制定者在急就章的情況完成合法化工程，於是滋生了不少的政策漏洞，得讓自主管理不佳者取得受益的機會；再加上執行機關與人員在政策把關上不嚴或鬆懈，抑或在適格標的團體的審核上過度寬鬆或查核不實的狀況下，亦使政策目標的成就受到阻礙，導致原本設定要解決問題的方案，順勢演化成另類迫切待解決的問題，迫使政策職司者非進行另一階段的政策翻轉或政策復原工程不可（Hartlapp & Kemmerling, 2008; Hwang, 2014）。

1995年制定的《老年農民福利津貼暫行條例》，雖在「照顧老年農民生活，增進農民福祉」的目標襯托下，呼應在尚未建立農民老年給付或農民年金制度前，為暫行填補斯時制度空隙（institutional void）的階段性安排。然而，這種暫行性的制度安排，卻在政黨政治角力的狀況下，一直

無法進行制度邏輯的檢討，政策論證合理性的驗證，內隱假定系絡對應性的評估，造成政策不可承載之重，乃成為當今農業委員會努力克服且列為序位優先的政策任務。換言之，階段性的政策安排，由於受制於政治力的驅使，專業知識完全退位，全在乎選票爭取的考量，而設定標準寬鬆的適格認定，甚至在每遇選舉又再加碼的政治遊戲制約下，老農津貼乃漸成為錢坑的陷阱，而完全演變成另一類政策問題的現象，有必要加以調適或翻轉。換言之，政策復原或翻轉的動力，不見得是來自於外在的力量攻擊，反而根源於政策本身的破壞因子、連帶滋生的沉重問題，導致自身正當性的消蝕，而引發政策賡續的變遷工程（Hogwood & Peters, 1983）。

因之，政策合法化之後，除了機關及人員的政策落實之外，相關職司為了政策信度與效度的維護，防止政策本身成為另類問題的源頭，滋生不堪負荷的代價，充滿潛伏政策風險，失去主權者的政治支持，乃至須反省政策的各種面向安排，其中有無制度脫鉤的問題，以為政策復原的啟動、準備及部署。

而在推動政策復原的工程上，主事者一定要立基於關鍵的基礎上，不能單憑主觀的臆斷，而要講究說服的影響力以引領各方利害關係人的支持，完成多數聯盟的建立。換言之，政策復原本非易舉，而是啟動為他人認同復原主張的扳機（Granger, 2008）。

不過，政策復原要在過程上排除抵制力，設計上安排圍堵不良副作用產生的路徑，射準切實適格的標的對象，既不溢出（spillover）夠多的團體，也不過度限縮符合的標準，更要協力認定標的而不任由單一組織為之，以防過度寬鬆的審核現象又再度乘機而起。

上述三個主題，乃是政策復原必須關注的面向，其間再配以《老年農民福利津貼暫行條例》為分析的課題，俾能在理論與實務上的結合，引領政策復原的探討、研究及解析的風氣，填補這方面的關注落差。

貳、原本政策的反省

政策的制定，原本皆抱持遠大的理想，試圖以配對的政策工具，加上執行機關在正軌上將抽象的政策內容，轉化爲具體的政策行爲，攻克由各利害關係人認定的問題（Howlett et al., 2009; Wu et al., 2010）。這恐是制定者一廂情願的想法，蓋政策所立基的內隱性假定，無法抗衡政策系絡的巨幅轉變，再加上執行人員的偏差解釋，抑或形式資格的審核，每每會出現過度涵蓋標的團體的情勢，大幅增加政府的財政負擔，排擠到更具遠景性的政策推動。因之，政策適時適宜地反省，知悉政策本身的缺陷，學習應興應革的政策要素，俾能維持政策的永續發展。

《老年農民福利津貼暫行條例》在推動的近三十年歲月裡，之前雖有十次的修正（前七次請參閱薛立敏，1995；鍾美娟，2012；黃文照，2006；蘇煒翔，2008），但主事者均將重點放在發放金額競相加價的遊戲，蓋主流政黨深恐加碼不如對方，而在選戰上敗陣下來，這種注意偏差未聚焦於認定標的對象的資格上，以致不斷擴增請領的對象，增強了政策問題的嚴重性。因之，爲了澈底復原政策的實質正義目標，翻轉政策內容的結構，審愼運用有限的政策資源，職司者有必要反省下列面向。

一、政治考量壟斷

本條例於制定初始，以及先前的十次修正，皆爲國會主導修正，行政院只擔當配合的任務，無法展露政策制定所要顧慮追求的分配正義。蓋國會議員爲了照顧選區選民的利益，回應他們的需求，不顧他黨國會議員的調整主張，掌控全體的議事過程，而將立法績效歸由一黨獨享，於是立法過程就易陷入類似市場叫價、比價及加價的情況中，未能考慮到這樣相互的加碼行爲，在兩黨的選舉效益追求上，因雙方在額度加碼的力道相當，所以並未增加兩黨在該項加碼提議所冀望的政治效益，但卻大大增加政府的龐大財政負擔，強化人民請領的誘因，推動民眾的積極作爲。

須知，政策的內容配置，工具的排列組合，均要有專業的知識作基

礎，一定的邏輯思維為準據（Bähr, 2010）。這本是非高度政治性質的國會所能完全勝任，猶須行政專責單位的專業協力，才能降低注意赤字或思維盲點。蓋任何單一面向的著力，致使全局的政策視野、全觀的政策部署，恐就無力可及。

二、內隱假定失靈

政策有效執行的根基，在於支撐的假定健全、有效與對應政策本身存在的系絡。不過，政策系絡並非恆定，而是時時在演化之中，以致支撐政策的假定，一則逐步走向失靈之境，另則出現脆弱性而遭遇到挑戰或面臨風險，導引立基其上的政策，也會出現漸進失靈的情況，致使原本的政策目標失去成就的系絡，反而因政策的持續推動而使管徑出現非預期的不良作用（Light, 2005）。

為了維持政策績效的穩定，主事者就要有永續的警覺性，時時注意提防政策環境或系絡的變遷，發覺政策支撐假定的失時或失境，而順時順勢調整政策配置，以防政策資源的浪費，甚至延緩序位優先的政策發展。蓋一項充滿善意且具正向的政策，只因少數人過度逐利的心理，捉住資格審核機關或組織的寬鬆，可能讓原本政策的美意大打折扣，甚至引起另外嚴重的問題。

三、適格規範失準

當初（1995年）行政院函請審議的「老年農民福利金暫行條例草案」，規定老年農民申請的標準一為「年滿六十五歲且參加農民健康保險年資合計六年以上者」；二為「最近一年度其綜合所得總額不超過該年度免稅額及單身標準扣除額之合計數者」。不過，草案一送進立法院，主導權就落入國會議員掌控，行政院完全無法左右立法的審議，而任由議員自由裁量。

當立法管轄由國會壟斷之際，其審議的考量標準，就在標準能否適用及更廣泛的選民，以擴展自身支持的社群，鞏固連任的空間。這種政策思維在出身農業縣的立委，展露得最為明顯，乃透過締結多數聯盟的工程而一舉將適格標準調降到只參加農民健康保險年資合計六個月以上者。這樣的大幅翻轉，乃釀下大量短期從農者、有小額農地持有者加入申請的行列，耗費不貲的農業預算，致使真正老農未能領受足夠保障生活的津貼。尤有甚者，這種設計漏洞，更引發各類人民投機濫用的情勢，無法避免福利津貼之發放產生浮濫的風險。

四、政策死角殘留

政策本來就是極端複雜的排列組合；工具與目標之間的因果關係推定，也不易拿捏準確；政策所指涉的標的團體，亦有多元不同的類屬，承擔審議工程者，如未能深諳箇中的眉角，多方地探究，就會出現注意的瓶頸，殘留不少的死角，而未設計或配置防堵疏漏的機制，很可能就出現不少人民利用的缺口，而增加政府的財政負擔（Ingram & Schneider, 1991; Schneider & Ingram, 1993, 1997, 2005）。

本條例由於國會幾乎完全掌控最終的審議權，行政部門又不願應用退還覆議權，更改國會的決定，於是國會的單眼視框就幾乎決定本條例的政策部署，就連行政院所提議的條例名稱也不被接受，逕行討論立法委員所提的立法議案。在這樣的政策形成下，實際租地耕農者，由於未能取得租賃契約，因農地所有者深怕三七五減租的政策陰影，只以口頭方式答應租用，於是承租者就無法加入農保，進而取得老農津貼。尤有甚者，長期旅居國外者，也有不少人因過往符合規定而持續領納津貼。凡此，均顯現條例本身的分配不正義現象。

五、制度衍生虧耗

由於條例所定津貼請領資格過於寬鬆，請領金額又有偌大的誘因，於是就有不少的人，利用購買一分農地的條件，依附在老農津貼這個制度裡，扮演政策吸血的角色，虧耗農委會已至爲稀少的財政資源，延宕其他農業創新、開展漂鳥計畫促使離鄉青年進行鮭魚返鄉的建設性工程。

前監委沈美眞就指出，根據主計處提供的農業人口只有54萬4,000人左右，但農委會農保人數卻有140多萬人，就至少相差有91萬人之多；如這91萬人，一年就要花政府270億元津貼（聯合報，2014）。這種不按眞正需要者來申領的政策標準，已完全違反政策形成上的標的設定原則，設法排除優勢者侵權的機會，充分保障應得者的權益（Schuck & Zeckhauser, 2006）。如今的《老年農民福利津貼暫行條例》卻在標準設定的偏差上，產生維護「爛蘋果」、侵犯命運不佳的制度。須知，政治及政策的成功，全賴於標的認定效率的增進，以驅使有限的財政資源，確實用在刀口上，提升眞正農民的生活品質。因之，《老年農民福利津貼暫行條例》已到了轉型升級、提升增效的關鍵歷史時刻。

六、制度協力中斷

本來相關制度之間，應該形成相互支援、互補，彼此填補各自的疏漏或空隙，構造成完整的體制，以免政策吸血者的制度濫用、誤用或不當使用。這是嶄新公共治理迫切追求的軸心，以體制形構爲核心，建築綿密的制度網絡（Morgan & Cook, 2014），以發揮圍堵濫用的機率，抑或作爲風險管理的依據，減少盜領的可能性，降低過度適格的覆蓋率。

換言之，《勞工保險條例》、《國民年金法》的相關規定，均可納入申領老農津貼的規定體制，俾便已喪失國籍且長居國外者，猶可領取津貼的不合理情形不再存在。尤有甚者，《勞工保險條例》第58條第1項第1款規定，勞工參加保險須加保十五年以上始得領取老年年金給付，這是可資

參酌使致相近制度有了共同的規定，杜絕不公平的批判。須知，相關制度不可各自孤立，存在井水不犯河水的窘境，進而失去協力的空間，不能發揮合超效應（synergy effect）的效果。

七、逆向政策演化

政策演化的立論基礎，應是逐步的優質化，不僅解脫注意的瓶頸，消除政策的盲點，更能增強政策原定目標的成就機會，圍堵或封殺不當標的藉機利用的空間，致使有限的資源真正運用在刀口上。不過，《老年農民福利津貼暫行條例》在國會政治動機的強大牽引下，歷次的修正均在重大選舉之際，國會議員的視角就聚焦於鞏固選票的工具調整上，而未能學習到：在兩黨競相加碼之下，政策調整之功已無法落在單一政黨上，進而爭取到受益選民的政策支持。

這種行政失位的政策合法化工程，由於在標的定位浮濫的制約下，極易引發稀少資源的不當使用，進而侵蝕政策本身的效能，也可能腐化政黨的政治支持，快速流失政策存在的正當性。何況，這種政策逆向加碼的作為，簡直有把老農當成選票的提款機，製造短期從農者吃國家的巧門，引發更多不公不義的現象。換言之，逆向的政策演化導致政策失靈的情形有二：一為國會這樣的配置行為，真正老農無法在實質上分配到更多的利益；二為增加非真正老農乘機利用制度的寬鬆，分享到不該擁有的資源，掠奪其他合格受助者應有的分配權益。

八、超警戒問題滋生

政策本身既以提供不當使用的機會，尤其在主事者特別敏感於選舉利益的衡量下；何況，政治體系的資源也是不寬鬆的情況下，就會產生超越警戒線的資源排擠問題。比如教育部開辦「夜光天使點燈專案計畫」，旨在夜間照顧家庭的孩子課輔，即有這種需要的孩子，全國約有9萬名，但

教育部卻受限於財政資源，一年只能補助6,000人。然而，短期擁有農地者，申請老農津貼卻要消耗掉270多億元，簡直展現分配失衡的超警戒問題，非加以鎖定成為更調的對象不可。

選舉時治理者往往盤算有類似政策買票之舉，老農津貼的跟準加碼，似乎可歸類為這一類的政策行為。不過，這種競相加碼的政策變遷行為，很明顯地是在製造財政黑洞，更妨害到政府推展農業升級的預算，受害的恐是全國民眾。因之，治理者恐已無任何正當性，再為了選舉而綁架老農，有必要安排政策工具制止「老了才來的農民」啃噬農業預算。

政策於初始之際，雖無法一步到位，或多少存在一些漏洞，提供一些人利用而增加國庫負擔。然而，為了復原或回歸政策立基的合理邏輯，增強政策內隱假定的效度，抑或因不慎而存在的脆弱性，主事者就應責無旁貸地負起反省的擔當，學習到政策的弱點所在，認識到被不當應用的工具，進而挑起政策變遷的責任。換言之，政策的適時復原，才能保護真正的標的團體，使其分享應有的回饋效益。

參、推動復原的立基

政策持續運轉通常要比政策變遷更為平常，而且路徑依賴更是政策維持的動力（Schneider & Ingram, 2005）。不過，政策在歷經執行之後，相關利害關係人對政策總體的迴響如是極端負面，這種負面的評斷，恐可開創政策重構的機會，因為原本對標的團體的社會建構，在歷經一段時日的運作之後，如若業已出現過度涵蓋或低度涵蓋的情形，就可在社會上凝聚一股力量，試圖更動適格標的團體的認定標準，使政策回歸或復原到社會各階層得以認同的門檻。

這項復原的政治工程，並非易舉，非取得最後政策決定權者的首肯、認同與支持不可。因之，負責政策復原的策略規劃者，就須構築足夠的立基，啟動政策變遷的流勢，匯合問題、方案及政治三個流勢的發展，

伺機突破議事的障礙，完成復原的合法化工程，降低預算的配置，而將節省下的財政資源，投入農業升級的作為。不過，決定政策復原的立基幅度，乃取決於六項對應性的作為。

一、構築評估能力

　　影響政策變遷的動力，其中最基本的要件乃是展現或構築評估的能力（Rist et al., 2011），一來發現原本政策設計，受到注意赤字的影響，以及政治力全然掌控的氛圍，再加上選票極大化的企圖下，乃設定寬鬆的請領標準，帶進數量龐大的標的團體，共同分食稀少的財政資源。

　　這種長年為選舉所綁架的政策擴張，業已構成諸多人數，例如，具醫師、技師、會計師資格或其配偶，藉虛擬老農身分享有津貼。尤有甚者，這些請領者絕大半隸屬於高所得者，但因條例本身所定下的適格標準，多數極易符合，再加上執行機關的審核赤字，諸如資格認定不實，礙於人情作祟，難擋關說壓力，懲罰條款未備，司法審結未具，再加上專由農委會人員職司審查，乃在相關資訊未備下，竟然出現不少人士利用制度的漏洞，公然和真正弱勢者爭食津貼大餅。

　　評估能力的鞏固，旨在發掘政策受到濫用、誤用及不當使用的情形，從中設想杜絕三用的機制，以揚升政策維繫的回應力、充足力及妥當性。再者，評估的發現，協助相關政策層面的調整，解開政策慣性的內隱力量，重建政策優質的形象，鞏固政策持續、堅韌的立基（Baumgartner & Jones, 2009）。

二、依尋循證導向

　　政策復原是一系列說服的工程，職司者非擁有高度的說服智商，恐就難以成事。而最強的說服力，乃以證據為導向的政策分析，方能撼動傳統窠臼的政策認知，抑或已定而過時的想法。農委會為了推動這項條例的回

歸，乃使用這項政策分析，首先披露1995年至2012年以來每年發給福利津貼的數量，並將其彙整成表5-1。由表5-1的資料，可透露出幾項訊息：

█▣ 表 5-1　老農津貼歷年發放人數及金額

設定（調整）日期	津貼金額（元／月）	當年底核付人數	當年核付金額（億元）
84.05.30	3,000	315,192	56.3
93.01.01	4,000	688,840	321.1
95.01.01	5,000	703,238	412.2
96.07.01	6,000	707,045	457.1
101.01.01	7,000	674,870	563.6

資料來源：立法院（2014：158）。

（一）請領人數大幅增加，但真正從農者，並未隨之成正比式地出現。

（二）發放津貼數額，在選舉考量的助長下，國會競相加碼，由原本的3,000元一直跳升到7,000元。

（三）厚實的誘因，激起各方人士的拓尋路徑，找到門路申請這項津貼，以致爆衝加在先前的申領人士。

（四）規範的政策，其中適格標準的擬定，缺乏清晰明確的指標，以致提供許多人利用標準的漏洞，蜂湧提出申請。

（五）一項充滿善意的制度，但因人民自主管理的意識偏低，逐利心理又很強，乃造成過度的政策參與。

（六）請領人士的大幅增加，乃是「壞蘋果」的標的團體增加之故，因之為了政策目標的成就，恐要重新標定標的人口的界限，過濾出真正適格補貼的老年農民。

　　再者，根據2014年農委會預算概況說明，老農津貼編了494億元，居各項預算的首位。這更顯示出：其已滋生高度排擠積極農業作為的不良副作用，恐有邁向「老農版」十八趴的財政懸崖（立法院公報，2014；聯合

報，2014）。

最後，本條例若未調整，農委會所要面臨的問題有二：參加農保六個月，配合短暫從農者，即可自65歲起每月領取老農津貼；長居國外，但未居住於國內者，猶可領取老農津貼，凡此均已背反公平正義的治理目標，達到不能再容忍的門檻，有必要進行政策復原的轉型工程。

三、服膺問責訴追

監察院本於職責，針對行政院的施政，如認定有所偏差，造成國庫的損失，抑或滋生社會不公不義的現象，乃爲了匡正不當情勢的演變，導正政策的正軌運行，提出三次的糾正案，略謂：「行政院農業委員會明知老農津貼請領資格條件過於寬鬆等問題，卻未積極研謀改善，導致非從事農業者竟能享有老農津貼；……又未妥思如何避免津貼發放浮濫及防杜『假農民』之情事發生，致不論老農經濟生活之貧富狀況，持有農地者有無從事農業及長期從事農業之事實，均可領取7,000元老農津貼；又該會及內政部對假農民投保農保之防杜，仍乏有效之改善作爲，造成非實際從事農業者或已不符合農保資格者仍可加保，進而領取老農津貼，此完全悖離老農津貼之立法意旨；且在我國當前財政困難及老農津貼業已排擠其他農業發展等情形之下，行政院猶未積極督促所屬重行檢討老農津貼之定位並作適當改善，致老農津貼暫行條例施行迄今已逾十九年，政府仍以發放津貼方式照顧老年農民生活，不但增加國家財政負擔，亦不足以保障農民老年經濟安全，均核有疏失，……依法提案糾正。」

行政院在接到糾正案之後，深感如政策一直怠惰下去，不僅無法對監察院的問責有適當的回應，更對社會輿情無法交代，乃表現了回應型政府的擔當，試圖捉住社會政改呼聲的機會，進行迫切的政策復原工程，一舉堵住藉購買農地參加農保，進而申領老農津貼的制度漏洞。

四、行銷支持論證

　　政策之能站穩復原或變遷的基礎，一定要有強固的立論理由，說服可能反對的組織或團體，進而爭取到合法化的多數聯盟，一舉翻轉原本政策的不當之處。從老農津貼的復原工程上，吾人可發現職司農委會共用了五種論證，作為說服的理據。

（一）權威論證：主事者引用在農業研究傑出的學者，抑或在各級農會任職者，從實務經驗上所提出的經驗知識，不僅駁斥部分反對委員的見解，更說服眾多民眾獲得民意的向心支持。

（二）倫理論證：政府對有限資源的配置，所要講究的乃是分配正義的信守，不當得利的防止，確實將有限資源分配到真正有需要的標的，充分杜絕濫用的壞蘋果現象，確實射準居於劣勢的標的，使其避免不幸的困境，維持正常的生活。職司者乃提出老農津貼發放以來的不公情勢，引起相關人士的共鳴。

（三）比較論證：分散於各政策領域的制度規範，為了圍堵制度的濫用，乃設定了多元不同的防範政策工具，防止了長期人不在國內的標的，猶領年金或福利的風險。這是風險管理的事前準備，致使盜領情事不致發生，標的的覆蓋率不會太高，而虛擲有限的資源。

（四）動機論證：政策如能順利復原或扭轉，可節省下不少預算，進而將其分配到農業升級的事務，有助於糧食危機的解決，漂鳥計畫的拓展，精緻農業的研發。是以，這項政策的復原，其實有太多的政策效益可資追求。

（五）分類論證：針對《老年農民福利津貼暫行條例》施行以來，在標的團體的分類上有四類的情勢發生：務農申請者、務農未領者、境外請領者及購地偽領者。這種顯然出現極為不義的現象，塑造為數不少的壞蘋果，寄生於條例寬鬆的福蔭下，收取不當的效益。這種政策吸血的容忍度，恐已不高了。

　　這些論證乃構築有利的政策興革利器，足以力克復原的不當梗阻，打

通正式提出政策執行的最後一里路，和政策落地的最後一里路。

五、例證衍生後遺

任何政策若在初始之際，就因設計不周，視框有所偏差，而留下諸多政策空隙，成為申領的誘因，就會滋生標的適格不符者，趁審核專業不足的瓶頸，而人為製造諸多的購地者享受津貼的異樣發展。這種政策扭曲非但無法提升真正務農者的老年給付，更排擠了其他農業發展要項的預算，延宕、停滯或真空該提升品質增加效能的業務、轉型升級的發展事務，對國家競爭力的增強產生莫大的梗阻。

尤有甚者，由於只要購買一分農地就有資格申請老農津貼，於是形成一種新興的仲介業，登廣告誘引他人購買方位不明、座落不清的農地，就可憑之請領老農津貼，導引社會不正常發展。再者，農委會花費那麼龐大的預算，對選票的助益並不顯著，反而流向並不需要津貼的標的，強化M型社會的發展。

總之，《老年農民福利津貼暫行條例》執行以來，在設計及執行赤字雙重夾攻下，已衍生不少的不正常社會現象，無法任由其繼續存在，更已製造出問題的嚴重性、修正方案合理性及政經氛圍支持性的匯聚，可順時順勢加以復原到社會可接受的結構，轉移職司機關的視角，並將釘子釘在迫切、關鍵及優先的政策議程。

六、覓尋眾趨民意

政策的變遷，如能得到大多數民意的支持，就能證明此項政策提議已取得推展的正當性，職司者就可進行各項準備工程，邁向多數聯盟築造的事務。農委會為了取得這項修法的佐助之力，抵擋來勢不小的抵制力量，防止抵制力量的擴大，乃適時舉辦民意調查而得到這樣足以支撐的衝刺力量。這項民調有三個重點：

（一）有64.5%受訪者表示同意「應該修法把可以領取老農津貼的農保年
　　　資提高」，只有17%的受訪者表示不同意提高的建議。

（二）有52.5%受訪者認為「請領老農津貼的農保年資，比照勞保定為
　　　十五年」合理，只有29.3%認為不合理。

（三）「同一戶籍的家人有加入農保或已請領老農津貼」之受訪者，有
　　　60.5%表示同意修法把可以領取老農津貼的農保年資提高，20.5%
　　　表示不同意。（立法院，2014）

　　這項民調已明顯顯示，《老年農民福利津貼暫行條例》所規定的申
領適格標準已不受到認同，也是造成過多人請領的根本原因，更是因為設
計者或合法化者，為了選舉考量、爭取支持而寬鬆化適格條件。這是選票
追求的政策作為，並非政策追求品質嚴謹的舉措，導致人民過度的申領投
入，造成嚴重的財政負擔。

　　政策復原推動的立基，源自上述六項作為的交互影響，如若努力的方
向完全一致，匯聚的力量龐大，則可衝破復原之前的梗阻力量。如今，農
委會的第一線人員做足了的準備，足可因應來自立法院的阻力，致使政策
可以恢復正常而合理地運作，做到真正「照顧老年農民生活，增進農民福
祉」的原始政策目標。

肆、落實復原的作為

　　政策形成並無法保證：設計的健全性、執行的復印性及更改的自主
性，於是慎始可能是第一里路要鎖定的標的，執行的監測則是另一里路
要看緊的對象，反省評估更是政策復原、防止財政黑洞的迫切關卡。歷經
前述的八大反省的要務，並致力於復原立基的厚實、鞏固及拓廣後，業已
洞識到原本政策所隱藏問題的所在，職司者就要進入政策演化的另一個
循環，從事全局復原的工程，促使政策得能運行在正確的方向或軌道上
（Comfort et al., 2010）。這項復原的任務所要關切或聚焦的作為，可由
八個視角突破之。

一、瞄準適格標的

　　老農津貼之所以漸進成為一般所謂的錢坑法案，根源在於請領的標準過於寬鬆，呈現不少的制度漏洞，加上發放的金額又有極大的誘因，行政審核也不淘汰，就誘引太多人的申領。如這政策缺口，不設法堵住，再多的農業預算，也可能被啃噬。

　　如今，國會也於2014年6月27日，調高農保十五年的年資，才有資格申領，這可降低誘因的強度，增加申領者的交易成本，減少政策機會的提供，與利用機會的意願。換言之，一旦標的團體放棄政策的利用，不再採取與政策一致的行為，超額申領的情勢就可化解（Ingram & Schneider, 1991）。尤有甚者，有了更為正確的標的設定準據，執行機關的自由裁量範圍也就隨之減少，進而避免極端的現象發生。

二、排除投機旅鼠

　　台灣人民本擁遷徙的自由，是以全世界各地均有台灣的僑民。這些人在台灣時，因本身職業的關係，亦擁有資格申領老農津貼，從此就一直受益，不因加入其他國籍，抑或長住國外，致使權益受損。這也是標的設定的缺口，尤其在自主管理意識不高之際，增加不少的國庫負擔，更是申領者溢出的原因之一。

　　這是正當性至為匱乏的申領行為，更成為輿論批判的焦點，乃成為政策復原的另一個要項、專家提議修正的緊要課題。

　　過往已喪失國籍者，或長期旅居國外者，恐已很久並未履行國民納稅的義務，如猶可領取津貼，對比國內的國民，恐是不合情理之至。本次（2014年6月之修法）的政策復原工程，亦針對這項國人共批的問題加以導正，增加戶籍及居住期限的規定：申領者在國內設有戶籍，且於最近三年內每年居住超過一百八十三天者，才有資格請領；並在察覺申領者未符上述條件者，停止發放福利津貼，至其原因消失之當月為止。這也堵住另一類標的團體的對應性工具。

三、清查已領標的

　　過往在執行老農津貼的申領及發放，申領者只要一次行為就終身免疫再度受查。這種政策免疫，無法掌控人口的流動，查知其適格性猶否存在，肇至增加政府財政負擔的缺口。何況，資格不符者，或並未實際從農者大有人在，有必要認真對已申領者進行總體查察。

　　申領者在時間的變化下，身分資格均會改變，如若持續或慣性認定其適格不變，這本是天真且一廂情願的假定，更是錯誤的推理，有必要將這種思維翻轉過來，俾讓未得到立論理由支撐的假定，得到合理地推翻，以免製造另一個管徑，流出不少的財政資源（Damer, 1987）。換言之，情勢變遷，向來均是政策調適的重大依據，而在本條例施行近三十年之際，大幅重新檢視乃是情、理、法兼顧的全觀型作為。

四、防止自行分贓

　　原本條例並未明定哪個機關職司申領者的適格性審查，但因參加農保的核定向由各級農會職司，所以審核的責任就落在農會職員的身上。這批人員恐不止在專業知識上有所不足，且在可資參酌的資料上，並未享有利便的接近權。在這種雙重窘境的制約下，主事者只能就申領者所提的書面形式資料審查；再加上申領者如具有農會會員身分，則審查的密度或精準度就至為勉強。尤有甚者，有些農會會透過社會關係，或由相關結構孔道的連結，獲以門檻較低的方式開放社會資格的申請，因此造就不少的新鮮人老農（吳羿葶，2013）。

　　是以，為了遏止這項審批的偏差或落差，務必在農保資格審查上加入公務體系，並以實際勘查田地之後，再做最終的決定。再者，實際從農又對農業耕作創新的務農者，因拿不到租耕契約者，亦應設法加以彌補。歸結言之，過多或過少的標的定位，均是政策的缺陷，所以主事者一定要想方設法杜絕標的定位謬誤。是以，充足的資料蒐集與分析，並提供應用的

機會，或可圍堵原本的審核瑕疵（Ingram & Schneider, 1991）。

五、嚴禁重複領取

對於已具有領取相關社會保險老年給付資格者，職司機關應落實其領取資格被排除的相關規定（楊錦青，2014）。蓋各行各業本有自身規定的退休養老給付制度，這種轄區範圍限制不得有任何重疊之處，以免一人多份的養老給付保障，引發社會不正義的紛爭。

為了防範重複領取的情勢發生，這時組際之間的協力治理就顯得至為重要，彼此之間形塑共同的動機，以撙節財政資源為要務；信守原則或規範的投入，協力審核出適格領取老農津貼的標的，不致讓對農業有極大貢獻的人，因不易取得租約，而被排除在申領之外；培養聯合行動的能力，共享決定所要依據的資訊，防備過多或過少的標的認定（Emerson et al., 2011）。

六、落實排富條款

老農津貼設定的宗旨在於：照顧長期農業工作者的生存需要，是以它是需要作為分配的原則，千萬不可以均分的標準進行分配，否則就無法反映原初的立法目的，形成短暫或形式從事農業者即申領老年農民福利津貼的不合理現象，分食有限又稀少的財政資源，排擠序位更為優先的農業創新發展。

雖自2013年1月1日起，已對新申請案實施排富條款，然而規定與澈底落實之間猶有一段距離，因為執行之際有諸多遊戲可以把玩，比如認定寬嚴不一，象徵性地運作一番；推遲或使出妨礙作為；視為非組織管轄的業務，利用執行機會伺機擴充管轄事務；引發多元不同機關競相爭取審核職權而從中獲取政治資源（Bardach, 1977; Starling, 2005）。

七、締盟翻轉政策

　　政策的合法化工程，一則以具說服力的立論理由說服權責議員支持，還要抓住立法空檔的時機，更要由政策企業家堅持公平正義目標，根據第一線人員做足資料準備，再由他戴著鋼盔往前衝，並以精準的數字統計，堅持以理反駁反對意見，而構築了多數聯盟，完成政策復原的嚴峻工程。

　　反對黨當然擁有代表回應不同聲音的權利，但絕不能為反對而反對；何況，以條例爭取選票的效益已完全不靈，審視政經系絡的變遷，展現高度的情境智商（contextual intelligence）（Hurst, 2012），共同協力完成政策復原的工程，恐是當為或當仁不讓的作為。換言之，反對黨要培養實用的議事智慧，拿捏何時適宜議事杯葛，何時要順時順勢協力合法化的工程。尤有甚者，反對黨要有召喚、預期、控制與準備應付情境的能耐，照顧對社會有益、富建設性的法案通過。

八、善用省下預算

　　政策復原成功之後，長期旅居國外者已無再繼續申領之權，可以省下一筆不小的預算；再加上投保六個月以上，未滿十五年者減半發放，也可騰出可觀的費用，進行轉易移用的工程。比如科技研發、農村再生、生態永續、農業研發及拓展漂鳥計畫。而基因食品改造，克服糧食危機，降低糧食對外依賴幅度，更是當今刻不容緩的大事，有必要將其列為優先再優先的序位，採取行動加以履行與推廣。

　　如若辛苦撙節的預算，找不到運用的出口，提出令人有感的政策，創造可以感受到的政策成果，則農委會就有失職責，無能實踐主權者所交付的使命。而為了有效運用這筆溢出的經費，監察機關的課責、國會的質詢問責、媒體的議題揭露，均是不可或缺的角色。也唯有這些共同推動協力治理的工程，才不會再出現荊棘難理的議題。

　　政策復原的推動經緯萬端，職司者只要瞄準了方向，設定議題序位，部署協力機制，做好風險或意外管理，就可理出頭緒，按部就班地落實了。不過，組織本是聯合行動的體系，主事者要全神貫注這項行動的複雜性，務使各參與者體認到復原工程的迫切性，採取步調一致的作為，發揮合超效應的效果。

　　政策在規劃上及執行上，皆會滋生原本料想不到的問題，這次復原任誰也不能保證不再滲出問題，主事者要隨時有醒覺的意識，注意到不同執行階段的演變，若有另類問題發生就要立刻加以處置，不可聽任其蔓衍積堵（incrustation），成為荊棘難理的問題，還要再來一次的政策調整循環。

　　政策復原的工程，可以同步進行，不必以生產線的方式，只要確定議題的管轄機關，就可以投入推動的工程。不過，各方共同動機的社會化，聯合行動能力的培植，賦權意識的投入，才能建構協力治理的體制，共同為設定的目標來成就。這樣的政策復原工程，才能養成治理體系的成就文化，而將體系的人才成為稀少又有價值的人力資源。

伍、結論

　　《老年農民福利津貼暫行條例》二十七年來的運作，一直深陷在價碼競標的困境之中，箇中原因在於本條例形成發展的動力，集中在政黨選票極大化的競逐，深恐加碼額度與速度不如人，各黨乃盡力演出。再加上本條例的定性是誘因型的政策工具安排，極易引發潛在或偽裝的標的團體，爭取誘因的獲致，推動他們申領的積極性作為，造成超額的現象，從中擠壓了有限的農業資源。

　　從上述各節的分析中，吾人或可覺醒到任何政策，在設計與執行的環節上，均有大小不一的脫軌機會，更深受鑲嵌的政策系絡所影響。因之，政策本身亦是問題滋生的因素之一，而在問題的探勘上，絕不可忽略這一向度的深究，以免政策復原或翻轉之後，猶存發生問題的基因，還要對之

省、知、習。歷經前面三個面向的分析，從中或可透視出八個知識上的啟蒙。

一、政策慎始的關鍵性

政策既然可能成為問題的來源，即政策方案本身的不當設計，如未能在執行之際想方設法加以扭轉，就可能提供各類標的團體的利用機會，導致溢出為數不少的申領者，以致原本弱勢又適格者，未能領到適足量的照顧津貼。

二、政策主導的風險性

政策形成絕不能出現專業角色的缺席，任由政治代議士操控合法化的過程。因為，政治角色成為主角時，視角就可能會鎖定在自己選民的照顧上，轉為較為輕忽財政的配置，以及政策效應的衝擊，更很有可能注入不良基因，牽引政策快速成為問題的溫床。是以，政治與專業的適度整合，不可加以漠視。

三、執行脫軌的破壞性

執行是將抽象的政策轉化為具體的內容，發放津貼給標的團體的作為，所以對申領者的適格做務實的查核，將會過濾掉不少的非適格標的。反之，如若執行陷入紙老虎化，也未實地探勘查核，則超額的現象就會逐步擴大中，資源就有被侵蝕的可能性。

四、標的自義的衝擊性

雖然福利津貼的誘因，具有致命性的吸引力，斯時想要申領者，若能

深刻自主管理，體認申領的不當性或不義性，抑或察覺到申領的行為，可能增加政府的財政負擔，或擠壓適格的他人申領，就打消這種念頭。換言之，為了避免弱勢者的境遇未受到對應性的照顧，自我排除扮演壞蘋果的角色，乃是實現自義的行為。

五、逆向演化的失策性

前八次的政策翻轉，不在於關注政策出現問題的源頭，反而著重在加碼的議題上，逐步堆積政府的負擔，排擠農業創新的推展。於是，政策病態加深，無法提供實際務農者足夠的津貼，真正落實本條例的立法目的：照顧老年農民生活，增進農民福祉。這種逆向的政策演化，無法優質化政策的結構安排。

六、視框反省的學習性

決策者如向以自見自是的政策視框部署政策內容，就可能排除或壓制不同政策視框的存活。不過，這種單一視框的主宰政策形成，乃成為風險的寄生因子，有機會崩壞政策的效果。是以，不同視框的交流、參酌與反省，或可找到各自視框的盲點，而邁向政策健全化之徑，築構風險滋生的防火牆。

七、專業取經的糾誤性

政策通常無法一次決定就達到全局性部署，恐要歷經無數次的演變，才有可能達到政策淬鍊之境。不過，政策演變絕不可侷限在政治系絡之中，只著重在政治回應的追求上，還要強調權威的論證，取經於專業知識，而理性地安排各類不同政策工具的權重，不致產生失衡的困境。

八、根本復原的緊要性

　　《老年農民福利津貼暫行條例》之所以落入錢坑法案的批評，在於老年農民適格標準的設定上。由於過往太過寬鬆，太過模糊，造成諸多解釋或自由裁量的空間，衍生出不少人為製造的標的，抑或所謂的幽靈農民，無端增加政府偌大的負擔。因之，澈底在溢出標的團體上的分殊、範圍與界定，再排除長期旅居國外的申領者，減半發放農保未滿十五年者，就可省下不少的經費，進而從事當今迫切農業問題的解決。

　　最後，在講究網絡化治理的時代，為了鞏固職司治理的結構與運作過程的權威性，建構協調行動、步調的互動協力體制，用以扣緊基本核心價值的追求，以及信守政治體系的法律原則，杜絕適格性不足的個體，乘機取得不當利益，以免有限資源的無端浪費。在公共治理業已邁入嶄新的時代，公共價值的生產，要由多元網絡及合夥者合產，非能單由一個組織所能成就。因之，在這種新治理出現的歷史時刻，活化協力治理的才藝，俾讓每個治理者均成為可信任的政策中人，運用體制發揮影響，提升名聲，贏取信任。

　　總之，政策復原是政策形象的整頓工程，政策管轄協力體制的釐清與建構，致使政策名聲得以重塑，原本目標不被錯置，也不會太過肥胖，導致政治體系所能負荷。尤有甚者，這項形象整頓工程不可拖延太久，以致增加整頓的困難性，致讓政策堆積陳厚的「積垢」，毀損原本的政策旨意；政策工具也不宜競相加碼，而引起以假當真或以真當假的標的人口認定謬誤。

參考文獻

一、中文部分

立法院，2014，〈「老年農民福利津貼條例」委員會會議紀錄〉，《立法院公報》，第103卷第11期，頁158-164。

吳羿葶，2013，〈制度漏洞造就『新鮮人老農』〉，《新新聞》，第1389期，頁31-33。

黃文照，2006，〈老年農民福利津貼暫行條例之研究〉，國立中正大學法律研究所碩士論文。

楊錦青，2014，〈從老年農民福利談老年農民福利津貼之發放——兼評行政院老年農民福利津貼暫行條例第3條條文修正案」〉，《立法院法制局專題研究報告》，編號1178。

聯合報，2014年1月8日，〈勿讓老農津貼淪爲老農十八趴〉，社論。

薛立敏，1995，〈冷眼看老農福利金立法爭議〉，《台灣經濟前瞻》，第40期，頁90-93。

鍾美娟，2012，〈老年農民福利津貼立法沿革之探討〉，《主計月刊》，第677期，頁32-36。

蘇煒翔，2008，〈台灣老農津貼政策歷程之研究（1995-2008）〉，國立中正大學社會福利研究所碩士論文。

二、外文部分

Bähr, H., 2010, *The Politics of Means and Ends: Policy Instruments in the European Union*, England: Ashgate.

Bardach, E., 1977, *The Implementation Game: What Happens after a Bill Becomes a Law*, Cambridge, MA: The MIT Press.

Baumgartner, F. R. & B. D. Jones, 2009, *Agendas and Instability in American Politics*, Chicago: The Univ. of Chicago Press.

Comfort, Louise K., Arjen Boin & Chris C. Demchak, 2010, *Designing Resilience: Preparing for Extreme Events*, Pittsburgh, PA.: University of

Pittsburgh Press.

Damer, T. E., 1987, *Attacking Faulty Reasoning*, Belmont, CA.: Wallsworth Publishing Company.

Emerson, K., T. Nabatchi & S. Balogh, 2011, "An Integrative Framework for Collaborative Governance," *Journal of Public Administration Research and Theory*, vol. 22, no. 1, pp. 1-29.

Granger, R. H., 2008, *The 7 Triggers to Yes: The New Science Behind Influencing Peoples' Decisions*, NY: McGraw-Hill.

Hartlapp, M. & A. Kemmerling, 2008, "When a Solution Becomes the Problem: The Causes of Policy Reversal on Early Exit from the Labour Force," *Journal of European Social Policy*, vol. 18, no. 4, pp. 366-379.

Hogwood, B. & B. G. Peters, 1983, *Policy Dynamics*, NY: ST. Martins.

Howlett, Michael, 2011, *Designing Public Policies: Principles and Instruments*, NY: Routledge.

Howlett, M., Ramesh & A. Perl, 2009, *Studying Public Policy: Policy Cycles & Policy Subsystems*, Oxford: Oxford Univ. Press.

Hurst, D. K., 2012, *The New Ecology of Leadership: Business Mastery in a Chaotic World*, NY: Columbia Univ. Press.

Hwang, G., 2014, "When a Solution Becomes the Problem: Policy Reversals in Korea & Japan," in M. Hill (ed.), *Studying Public Policy: An International Approach*, Bristol, UK: Policy Press.

Ingram, H. & A. Schneider, 1991, "The Choice of Target Populations," *Administration & Society*, vol. 23, no. 3, pp. 333-356.

Light, P. C., 2005, *The Four Pillars of High Performance: How Robust Organizations Achieve Extraordinary Results*, NY: Mc Graw-Hill.

Morgan, D. F. & B. J. Cook (eds.), 2014, *New Public Governance: A Regime-Centered Perspective*, Armonk, NY: M.E. Sharpe.

Rist, R. C., M. Boily & F. Martin, 2011, *Influencing Change: Building Evaluation Capacity to Strengthen Governance*, Washington, D.C.: The

World Bank.

Schneider, A. & H. Ingram, 1993, "Social Construction of Target Populations: Implication for Politics and Policy," *American Political Science Review*, vol. 87, no. 2, pp. 334-347.

Schneider, A. & H. Ingram, 1997, *Polish Design for Democracy*, Lawrence, Univ. of Kansas Press.

Schneider, A. & H. Ingram (eds.), 2005, *Deserving and Entitled: Social Constructions and Public Policy*, Albany, NY: State Univ. of New York Press.

Schuck, P. H. & R. J. Zeckhauser, 2006, *Targeting in Social Programs: Avoiding Bad Bets, Removing Bad Apples*, Washington, D.C.: Brookings Institution Press.

Starling, G., 2005, *Managing Public Sector*, Belmon, CA.: Wadsworth.

Wu, X., M. Ramesh, M. Howlett & S. Fritzen, 2010, *The Public Policy Primer: Managing the Policy Process*, N.Y.: Routledge.

第二部分

行政倫理

- 第六章　行政風格與鑑賞系統：文化理論導向分析（張世杰）
- 第七章　新世紀地方治理的倫理探勘：接地氣的行政感動（林錫銓）
- 第八章　公務倫理的終極典範：香港公務員「反送中」集會的敘事與省思（鄭錫鍇）
- 第九章　貪腐關乎性別？性別刻板印象影響廉能治理之初探（周思廷、郭銘峰、林水波）
- 第十章　揭弊者保護法制的想定：制度結構與期待效應透視（邱靖鈜）
- 第十一章　考績正義論（林水波）
- 第十二章　考績謬誤論（林水波）

第六章
行政風格與鑑賞系統：
文化理論導向分析*

張世杰

　　管理階層的措辭用語，讓主管在發號施令時必須假裝一切都很簡單明瞭。他們自己也知道在管理上常會碰到曖昧不明、互相矛盾的情況，卻不能說出來。他們覺得自己的角色就是要避免別人面對含糊猶疑的狀況。雖然，明知管理其實充滿混亂與混沌，仍得明確地發號施令（黛安·庫圖，2006）。

　　陳時中更表示，決策有時會有兩難或痛苦的時候，都是在有限時間下做出不得不做的決定。「面對批評，有錯則改；對錯，時間拉長，歷史會有公斷。」[1]

壹、前言

　　在當前公共事務問題日形複雜且充滿不確定性的快速變遷環境中，公務人員如何針對問題做出正確的診斷，找出病理施予適當的解決方案，做到藥到病除的理想結果，乃是每個公共管理者的最佳想望。然而，事實卻

本文初稿發表於中國政治學會2020年會暨「新媒體時代下的解構與重構：公共治理、民主政治與國際安全」國際學術研討會（2020年10月31日），並曾刊登在《發展與前瞻學報》，第34期，頁3-30。

[1] 聯合新聞網，〈國台辦嗆隱瞞疫情的一把好手，陳時中：歷史自有公斷〉，2020年5月21日，取自：https://udn.com/news/story/6656/4580269。

非如此簡單，許多公共事務問題是所謂的棘手問題（wicked problems），因這些問題牽涉到多元利害關係人的利益與價值衝突情事，何況問題成因不甚清楚，沒有適當的知識判斷基礎可以告知決策者最佳的解決方案為何，大致上，只可能透過「試錯」、「實驗」或「黨派調適」的過程來找尋解決方案，而這些解決方案的產生，與其說是知識應用的結果，不如說是參與者社會互動的結局。然而，在這種情況下解決方案的執行，可能帶來另一些新問題的產生，也就是所謂非預期結果。這種情況下，需要重新尋找新的解決方案來解決新的問題。因此，政策變遷似乎是常態，只是變遷程度是大或小的問題。

　　然而，要突破這個多元價值衝突和問題成因不清楚的困境，殊非易事。因之，為求政策制定和執行可以順利推展下去，有時決策者恐會試圖將問題縮小範圍，劃分成部分可以解決和另外不可解決的部分，而致力於前者的方案找尋，這便成功地將問題做一移轉。有時決策者可能沒這麼聰明，或者真的無法做問題移轉，於是在面對價值衝突的情境時，可能就會訴諸一些經驗法則（林水波，2011：126-127），例如，採取「兩害相權取其輕，兩利相權取其重」的思考捷徑，或是選擇自己較為認同或熟悉的價值觀點作為判斷標準，以完成這個棘手問題情境下的決策任務。

　　基本上，公務人員做久了，對於自身角色和任務環境會形成一貫的認知與反應傾向，雖然政府會對公務人員的角色規約訂定倫理守則，但此處所欲討論的並非這種制式化角色的倫理戒律，而是想指出公務人員在碰觸到一些實務問題時，對於什麼是應該做？值得做？和該如何做？等規範性的價值議題進行思考時，會有一套認知方式和思考邏輯來影響其決策判斷，從而形成一種可供辨識的行政行為模式，這些模式便是此處所稱的行政風格（administrative style）。而在面對上述棘手問題的情境時，也容易受到自己行政風格的影響，形成以某種政策框架來界定問題，依循這種問題界定的方向來尋找解決方案，殊不知這已然有形成決策偏誤，進而可能產生更多非預期結果，而落入重新界定問題的循環。

　　由於前述這些棘手問題涉及多元價值衝突的問題情境，而所謂價值是判斷何者是可欲的標準（standards of desirability），大部分是透過好或

壞、可接受或不可接受、美或醜、適當或不適當等語意形式來表達；而人們又是透過社會化及社會經驗來習得這些標準，因此其預設一個共同的生活世界和文化系絡，在其中，人們會彼此尊重，並關心影響其在一起生活的觀念和價值（Gortner, 1994: 378），因此，吾人以為不同價值觀點的立場，預設了來自不同文化的系絡背景。

　　本文將從Mary Douglas（1982）的格道／群體文化理論（grid/group cultural theory，以下簡稱「文化理論」）的觀點，論述不同的文化類型會塑造不同的行政風格，從而在價值判斷上會較偏好某個面向，而不能接受其他面向的價值觀點，以至於影響決策判斷的方向。此外，也將借助Geoffrey Vickers（1970, 1995）的鑑賞系統（appreciative system）概念，來說明不同類型的行政風格是如何透過鑑賞系統的規範標準設定以影響決策判斷。並在本文後半段提出一些討論和建議。

貳、行政風格與文化理論的基本概念

一、行政風格

　　關於行政風格這個概念的介紹，本文是受到Michael M. Harmon（1981）和Michael Howlett（2003）兩位學者的指引，並深刻認為行政風格的討論，是一值得開發的研究方向。Harmon之所以討論行政風格，主要是他企圖建議在多元變遷激烈的行政環境中，公務人員應該培養的是一種前瞻型的（proactive）行政風格。而行政風格是「一組與主動性（initiative）和回應性（responsive）高低程度相互關聯的行動傾向。而這個行動傾向是透過行政人員的情感發展、價值、知識和經驗培育而來的」（Harmon, 1981: 140）。前瞻型的行政風格十分符合Harmon倡導公務人員應形成一種主動自我（the active self）和社會自我（the social self）的行動理論典範。而相應地，其在行政風格方面則要求高程度的主動性和回

應性。因此，這種行政風格偏好制度化的共識型決策過程，其所強調的回應性並非不加思索地滿足任何人的要求，而是得思考所發動之行政行為是否與所遭遇之決策情境因素互相配適。而這些因素可能和一些制度規範、價值選項和相關利害關係人之要求有關。尤有甚者，公務人員應該扮演促進對話與真誠溝通者的角色，致力於跟利害關係人面對面溝通，以達成共識型的決策。在這個過程中，公務人員也願意承擔主動創發的角色，對問題之理解和可能選項，與利害關係人分享，經由社會建構的過程導出對問題和解決方案之共識，共同承擔決策的結果與責任。

　　Harmon對行政風格的討論有其規範性的意圖，即有別於其他四個的行政風格：理性主義的、反應型的、被動型的和專業—技術型的，他倡導的是前瞻性的行政風格，是在高度回應性與創發性情形下，所產生的一種行政風格。相對而言，Howlett則是從比較公共行政和新制度論的角度，論述一個國家行政體系的制度結構，乃會對國家和社會行動者塑造一組特定的限制和誘因模式，從而也就界定了這些行動者的利益，引導了他們的行為。由於這些行動者是在一組既定特殊的制度結構、規則和價值規範、文化傳統中進行互動，久而久之，就形成長期穩定的行政行為模式，這種行政行為模式是其所謂的行政風格（Howlett, 2003: 471）。簡言之，行政風格是由結構和行為組合而成，乃在制度上和心理上有其根基的一種典型的做事方式，其會影響行動者的觀念，以及在某一既定情形下評估事務的可行性（Howlett, 2003: 474）。Howlett也提及，行政風格的概念可以適用在多層次的分析單元上，例如，國家（national）、部門（sectoral）和機構（agency）層次，他並指出行政改革若要成功，應該是要改變行政風格的制度基礎和行為特徵模式（Howlett, 2003: 485）。

　　針對前述兩位學者的行政風格概念，本文認為，雖然Harmon從建立規範性理論的角度，倡議前瞻型的行政風格，最能反映出公務人員健全的自我發展，即具備高度發展的主動自我和社會自我之間的互依特徵，一方面使得公務人員感受到命運是掌握在自己手中，但又要避免落入極端的原子論式之自我發展，而強調社會領域對自主性有某種程度的限制和影響，公務人員應考量到社會對他們的期待，進而應該以合作共識之決策模型決

定政策方案的選項（Harmon, 1981: 207）。但吾人發現，Harmon建構這五種行政風格的類型學時，幾乎沒有討論到各類型之間轉換的可能性，也就是說行政風格是否有改變的可能性？若有這可能性，是何種因素促成行政風格的改變？至於Howlett（2003: 484-486）雖有討論到行政風格的轉變，甚至針對三個層次（國家、部門、機構）影響行政風格變遷的因素皆有條列出來，並做簡短的說明和討論，但卻有意無意暗示：在某個時間點上，每個層次皆只存在一種行政風格，而沒有各類型行政風格並存的可能性。當然，如前所述，行政風格是一種長期穩定的行政行為模式，是以，即便在國家層次上，整體而論還是可以辨識出一個主流的行政風格，更何況是在機構層次的分析單位中，僅存一種行政風格是可能的。

接下來，吾人將從Mary Douglas的文化理論，建構一個行政風格的類型學，不僅從規範意義上，論證多元行政風格並存的情形是有其健康的一面，在實務經驗上，也相信在國家和部門層次的分析單元中，應該有多元行政風格並存的局面。

二、文化理論

Christopher Hood（1998: 6-7）指出，關於政府與公共服務要如何形塑有效的組織化模式，從過去以來已有不少爭論。由於人們會偏好不同的理論觀點或實務見解，由此也形塑出不同的組織風格，而這些不同的風格模式也會有各自不同的優缺點。因之，吾人要如何去解析這些不同風格模式的內涵，進而瞭解渠等對組織生活好或壞的現象，為何會產生這麼多認知上的差異。對此，Hood認為Douglas的文化理論，可以提供一個廣博的分析架構，將我們所熟悉的一些不同組織化模式，結合到這個分析架構中予以一起解析，甚至鑑賞它們所隱含的不同生活方式（ways of life）或世界觀（worldviews）。

Douglas的文化理論，是以個人融入社會生活的不同程度（the variability of an individual's involvement in social life）作為分析架構的出

發點,其有兩個面向,一個是「格道」,另一個是「群體」,兩者對人們社群(sociality)存在狀況做了某種程度的區辨,兩者的概念解釋如下(Thompson et al., 1990: 5; Mamadouh, 1999: 397):

(一)格道:指涉一個人的生活受到外加規則限制之幅度。(Grid denotes the degree to which an individual's life is circumscribed by externally imposed prescriptions.)

(二)群體:指涉一個人被融入進界線分明單位之幅度。(Group refers to the extent to which an individual is incorporated into bounded units.)

　　就群體這個面向而言,乃表示一個人的生活融入某個群體及對這群體成員身分認同之程度。蓋一群人基於共享理念或同住一地,從而形成共同社群意識,便同享一個較高的群體屬性,而群體屬性愈高,就愈可能嚴控外來者加入群體的資格(Douglas, 1982: 191, 202; Thompson et al., 1990: 5-6)。至於格道這個面向,乃指個人角色及與他人互動關係,受到一套制度化分類系統的約制情形,也就是個人的選擇會受到外在規則的束縛程度;相對而言,若愈不受束縛時,愈能就個人與他人之間的關係進行討價還價,即較能享有高度的行為自主性(Douglas, 1982: 192, 203; Thompson et al., 1990: 6)。總之,針對群體和格道而言,Aaron Wildavsky(1987: 6)認為,前者乃試圖回答以下這個問題:我是誰(who am I)?後者則是回答:我該如何為之(how should I behave)?在這兩個面向之間,以群體作為橫坐標,將格道作為縱坐標,各以高低程度做分別,可以形成四個不同的文化類型,這四個文化類型各自蘊含著不同的行政風格,如下所示(請見圖6-1):

(一)層級節制(hierarchist)的行政風格(高程度格道、高程度群體)。

(二)平等主義(egalitarian)的行政風格(低程度格道、高程度群體)。

(三)個人主義(individualist)的行政風格(低程度格道、低程度群體)。

(四)宿命論者(fatalist)的行政風格(高程度格道、低程度群體)。

高度格道 High Grid	宿命論者的風格 Fatalist style	層級節制的風格 Hierarchist style
低度格道 Low Grid	個人主義的風格 Individualist style	平等主義的風格 Egalitarian style
	低度群體 Low Group	高度群體 High Group

圖 6-1　四種文化類型的行政風格

資料來源：Maesschalck (2004-5: 24).

　　此處直接叫作行政風格，以符合本文主題之探討。實際上，針對這四個文化類型，當其他學者運用文化理論進行不同主題分析時，有將其稱作生活方式、社會關係（social relations）、文化偏見（cultural bias）、世界觀或生活風格（style of life）（Thompson et al., 1990: 2, 161）。不過，也有針對政治文化（political culture）做類型分析（Mamadouh, 1997）；而Hood（1998: 9）則將上述文化理論的四個行政風格，叫作公共管理組織的風格（styles of public-management organization）；Jeroen Maesschalck（2004-5）稱這四個類型叫作管理風格（managerial style）。此處，將四個文化類型引向行政風格的概念來進行探討，主要也是貼近Hood和Maesschalck的主題概念內涵。

參、文化理論下的四個行政風格

　　Michael Thompson等人（1990）的《文化理論》（*Cultural Theory*）一書，可說是將Douglas的格道／群體文化理論介紹最為詳盡的一本參考書。他們從文化偏見、社會關係和生活方式等三個概念結合起來定義何謂

「文化」。一言以蔽之，文化就是一種「生活方式」，而某一特定的生活方式，就是由特殊的文化偏見和社會關係結合成的一個特殊組合。所謂文化偏見就是指共享的價值和信念；社會關係則被界定爲人際關係的模式（Thompson et al., 1990: 1）。從這個定義可知，文化形成吾人對事物的一種認知和判斷的架構，也是一種帶有認同與情感的傾向；但是它也必須藉由社會化與制度化的過程，才能在日常社會互動中體現特定的理性認知與價值傾向。因之，文化偏見與社會關係之間是雞生蛋和蛋生雞的相互爲用關係，只有某種文化偏見和某種社會關係的特定組合能夠互相配適，因此所形成的文化生活方式才能有效延續下去。

關於上述的文化定義，Virgine D. Mamadouh（1999: 396-397）認爲，文化理論試圖建立文化類型的分析架構，每個文化類型若要突顯強有力的文化特色，就得依賴其所包含的文化偏見能和相配適之社會關係形成相互增長的關係。也就是說，文化偏見能爲特定社會關係模式辯護其合理性，而這類社會關係模式也能滿足地回應此特定文化偏見所代表的期待。當兩者形成穩固的互動結構，便爲這個文化類型提供一個合理化存在的依據。另外，Hood（1998: 10）則指出，社會關係也可視爲一種組織結構模式，某種文化類型若能有力發展下去，必須要吸引人群認同其主張的價值與信念（文化偏見），且這一群人的組織結構模式必須支持這套價值與信念之組合，因此，文化是一種帶有態度的結構。

正因爲Douglas的文化理論從「格道」和「群體」兩個面向來建構文化類型的概念，也剛好從這兩個面向能衍生出特定文化偏見與社會關係模式的組合內涵，因此，本文從這架構區分出四種不同的行政風格，其各自反映出不同的價值信念和組織結構的特殊組合，茲具體說明如下：

一、層級節制的行政風格

本風格反映出組織結構是根據一些規則與程序來運作，每個人在組織中的職務與角色也都有明確規定，因爲人際關係的互動，必須遵守被視爲

需要的秩序，因此容易形成共識和對所屬群體單位的認同感。此一行政風格強調：集體利益比個人利益更為重要（Hood, 1998: 9; Mamadouh, 1999: 400）。而就人性論而言，認為人天生具有原罪，且人性本惡，但可被好的社會制度予以矯治而獲得救贖（Thompson et al., 1990: 35）。因此，對於那些違反組織規則而無法被馴服的人，應該給予約束。

二、平等主義的行政風格

此一組織模式強調與外在世界的明顯區隔，因為主張人人平等，所以不認同領導者的存在，組織決策盡可能是由大家集體參與來決定。因此，其鼓勵公務人員跟同事、公民大眾以協商討論的方式解決問題（Hood, 1998: 10; Maesschalck, 2004-5: 24）。不過，此一模式對既定組織建制本抱有敵意，認為組織成員之間的關係應該密切，且沒有不同角色之區分，及認為制度規則都是外來者施加的，因此對外來者抱持不信任態度。人性論認為人性本善，該被譴責的是既存體制，而非全然是背叛群體的人，只因為其被外來的罪惡制度和虛假意識所蒙蔽，就像部門化與任務劃分這種制式化的做法，才會造成人際衝突，破壞團體內部和諧。不過，此一風格相當強調結果的平等（Thompson et al., 1990: 34; Mamadouh, 1999: 400）。

三、個人主義的行政風格

在充滿這種行政風格的環境中，個人具有充分的自主權，故不太受規則和群體忠誠度之綑綁，且對集體主義是反感的。組織和單位之間的界線是暫時性的，社會制度和人際關係模式都是可商量議價，故除了人性自利這個本質之外，許多事務皆容易予以轉變。個人主義者雖不喜歡受人控制，但會因為個人處在網絡關係的有利地位或優勢，而得以使喚別人。此外，本風格強調機會的平等，個人失敗是因為缺乏競爭力，而魯蛇往往是

可憐之人，必有可恨之處，應該怪罪自己（Thompson et al., 1990: 7; Hood, 1998: 10; Mamadouh, 1999: 400）。就人性論而言，個人主義者咸認人性是追求自利的。既然人性是如此，好的制度設計就該因勢利導，進而引進相互競爭的機制，讓人為了獲勝而充分發揮個人的聰明才智（Thompson et al., 1990: 34-35）。

四、宿命論者的行政風格

Hood（1998: 9）指出，宿命論者的組織模式是處在：一個缺乏合作、不信任度蔓延且大家都冷漠以對的環境中。此處時常受到外來者的干預，幾乎沒有自己的選擇自由，也從未有群體的歸屬感（Thompson et al., 1990: 7）。有別於其他的行政風格，宿命論者可說沒有風格可言，因為似乎是隨波逐流，公務人員對所面臨的狀況，也是高度不確定性，幾乎沒有任何影響力。在這種環境中，看起來就是沒有平等可言，要怪只能怪運氣不好（Mamadouh, 1999: 400; Maesschalck, 2004-5: 24）。宿命論者認為人性同樣是不可預測，雪中送炭者雖也有所聞，但絕大多數卻不懷好意；宿命論者面對命運的不可測，幾乎是無招架之力（Thompson et al., 1990: 34-35）。

文化理論的可貴之處，並非只提供上述這四個文化類型的行政風格分析架構，讓我們硬生生去套一些經驗素材，完成分類進行對照描述的工作。文化理論的優點在於其還強調文化類型之間相生相剋的互動關係，要我們理解多元價值並存的衝突狀況，對公共行政的發展也許是一個良性狀況，有其正面意義。換言之，我們樂見：不同行政風格相激相盪的互動關係，在其中，公務人員可以透過行政風格蘊含的鑑賞系統，瞭解自身和他人所處的關係網絡與價值信念體系，透過學習交流，增強我們面對棘手問題的勇氣與能力。接下來，我們將從文化理論所提的「必要多樣性之條件」（requisite variety condition），來論述多元價值衝突有其正面的作用。

肆、多元文化類型並存的必要多樣性

　　前面指出每個文化類型有其偏好的組織模式，形成不同的行政風格。每一種行政風格可以告訴我們：何謂是好的行政管理方式？教我們判斷可能的失敗原因出自何處？然而，根據文化理論的觀點，也提醒我們知道每個行政風格的主張觀點像是一種文化偏見，如同其背後所代表的文化類型，各有其優缺點，而且某個文化類型的缺點，正好可用其他文化類型的優點來補足。

　　換言之，假如沒有其他文化類型做對照，吾人也將不瞭解要捍衛自己存在的理由為何？例如，平等主義若沒有層級節制和個人主義作為其攻擊對象，就沒有可資作為團結內部成員的理由，反而會削弱內部的凝聚力（Thompson et al., 1990: 4）。誠然，每個文化類型會依照自己的文化偏見和社會關係模式，塑造出自己的行政風格，但若一直按照自己的盲點從事政府組織的管理，也將招來潰敗的可能。因此，需要其他文化類型來提醒或補足欠缺之處。總之，這種多元文化類型並存的狀況，是有其堅實的好處存在。這就得訓練我們可以從多元的鑑賞角度來看待棘手的公共政策問題。而這種多元行政風格的存在，可資體現出文化理論所強調的「必要多樣性之條件」（Thompson et al., 1990: 4; Mamadouh, 1999: 397）。接下來，本文將各種行政風格所強調的管理方式及對失敗之可能回應，做一闡述如下（請參見表6-1）。

一、層級節制的管理方式

　　崇尚層級節制行政風格的人們認為，最好的管理方式：就是澈底地監督，蓋管理上出現問題時，他們馬上懷疑是不是因為責任與權威劃分不清，乃要求釐清責任歸屬，也會啟動外在的調查委員會，對違反法令或程序規定的人施以懲罰（Hood, 1998: 53）。此一行政風格非常重視專家知識的貢獻，認為只要能強化預測能力，事先設定準則與貫徹標準運作程序，將能使管理上軌道；相對而言，組織最容易出錯之處，也是那些不

■ 表 6-1　各類行政風格的管理方式與對失敗之可能回應

宿命論者	層級節制
管理方式：人為的隨機性。 強調：不可預測性和非意圖效應。 咎責：命運的變化無常。 補救：最小的預期，至多在事後做臨時特設的回應。 口號：韌性。	管理方式：監督。 強調：專家知識、預測和管理。 咎責：不遵守既定程序、缺乏專家知識。 補救：更多專家知識、抓緊程序、強化管理力度。 口號：掌舵。

個人主義	平等主義
管理方式：競爭。 強調：個人乃自利理性的選擇者。 咎責：透過過度集體化和缺乏價格信號的錯誤誘因結構。 補救：類似市場機制、競爭和聯賽、有助於選擇的資訊（如排名制度）。 口號：受啟蒙的自我利益。	管理方式：互依性。 強調：群體和權力結構。 咎責：政府／企業高層領導者的濫權。 補救：參與、社群主義、告密。 口號：社群參與。

資料來源：請參考 Hood（1998: 26）。

遵守規定的人員。唯一能拯救的方法，就是加強監督的力道，尋求專家建議，修補法規程序的漏洞，務必使責任更加清楚，哪邊犯錯便知道該找誰負責。

二、平等主義的管理方式

　　互依性是鼓勵團體成員將工作表現視為是團隊合作與相互監督的努力成果。這個管理模式，並不鼓勵個人主義的競爭表現，且不像層級節制

對專家的崇拜，而是強調團隊的凝聚力，不過，有時較極端的做法會採取所謂連坐法，一旦團體內有成員犯錯，懲罰將擴及整個團體成員，以形成一個休戚與共的團結感覺（Hood, 1998: 61）。平等主義行政風格厭惡上級領導權威的行使，認爲絕對的權力會導致絕對的腐化。因此，看不慣上級長官和一些所謂的專家，在組織出現問題時，乃會習慣於尋找下級當替罪羔羊，眞正的問題癥結是：整個制度體系充斥太多相互矛盾和難以執行的規則，這些都是當初設計的錯誤所造成，不能怪罪基層（Hood, 1998: 25）。至於補救的措施，也是值得推薦的管理方式，就是平等參與的決策過程，鼓勵成員之間的自我管制，當然也難免會形成告密成風的現象。

三、個人主義的管理方式

個人主義式的管理方式，乃視競爭（competition）或對抗（rivalry）是打造控制手段的重要機制，因爲這可以避免權力過度集中的弊病。這個方式視許多公部門管理問題是根植於壟斷、缺乏競爭和過度養尊處優的情況，因此組織內部可以引進競爭機制，讓公務人員爲了晉升、獎勵或更好的待遇而追求更佳表現，以擊敗競爭對手。此外，也可以透過角色對立（role-antonyms）的機制（Hood, 1998: 58），例如，設置魔鬼代言人（devil's advocate）提出反對聲音，讓大家瞭解問題的多元面向，激活更多創新突破的觀點（Grant, 2016）。這樣的作風，就像法庭中的被告與辯護律師的角色一樣。此外，有時也可以鼓勵政府單位之間的競爭機制，例如，像發放抵用券（voucher）和準市場機制的引進，都是爲了打破公共服務壟斷的權宜之計。總之，個人主義認爲公共服務最大問題在於壟斷及缺乏資訊，導致民眾沒有太多選擇的機會，如何透過誘因機制設計，促進公共服務提供者願意提升效率和品質，乃是公共行政重要的問題。

四、宿命論者的管理方式

　　人為的隨機性（contrived randomness）是宿命論者採取的一種管理策略，就其對組織內部成員的控制手段而言，乃塑造一種管理者不知何時會出現或突然臨時性的審計查核，都可能會讓員工戰戰兢兢而不敢造次。另外，有時無預警地進行職位輪調或抽調監督者，這些都可避免員工因為和顧客或同事相處久了容易出現串通舞弊的情況。對於政治人物或高級事務官而言，隨機性的議程篩選（random agenda selection），也就是突發狀況下爆發的公共議題，可能會讓他們無法預測，以致一時之間陷入倉皇以對的窘境（Hood, 1998: 65-67）。因此，如何做好隨機應變的準備措施，便成為他們得注意的問題。對於宿命論者來說，管理上真正的問題在於很多事情都是不可預測的，命運的乖戾無常不是每個人都得要負的責任，誰能在複雜多變的環境中生存下來，看來似乎得考驗個人的韌性。

　　前面剛介紹四種類型行政風格所偏好的管理方式，以及討論它們歸咎管理上可能失敗的問題原因。每個行政風格都可以給我們一些正面與負面的啟示，讓我們瞭解對政府官僚體系，可資採取之控制手段有哪幾種（Hood, 1995）；而每個行政風格基於其對人性的假定，也預設了可能衍生出的一些管理問題。例如，在層級節制的行政風格底下，因為人性本惡，就會衍生出鑽漏洞和開小差的行為，因此，管理者無法忍受行政上的疏漏恍惚與怠惰愚昧的現象，此為這個風格所衍生的控制問題，故需要更加鎖緊螺絲，讓官僚機器運作平穩順遂。至於個人主義的行政風格假定人性自利與追求自主，在其中，人們可能無法忍受缺乏誘因與選擇的機會，故需要引進市場競爭機制，加以引導使人們能追求績效。然而，這些控制手段雖有管理上的優點，卻也種下了潰敗的可能性。例如，個人主義過度追求自利不羈的態度，恐怕也會導致市場混亂和交相爭利的局面，此時也需要層級節制的官僚機構來維護市場秩序，甚至需要第三方的權威執法，貫徹契約規定。因此，這些行政風格彼此之間，也就有了這種相生相剋的關係。是以，如前述「必要多樣性條件」所隱含之義理，我們需要從正面

與負面的啓示，來看待這些多元文化類型並存的局面。

伍、鑑賞系統

　　不論是從正面或負面啓示來看，每一種行政風格，都蘊含著獨特的鑑賞系統，可以提供一些規範準則，讓我們針對政府組織和公共政策的運作，發現問題之所在，進而解決問題。這句話看似簡單，實際上必須拆解來看。首先，第一個部分是，我們爲何選擇注意某些事件？對於這些事件，又如何被我們所分類？而我們又如何評價它們是否是問題？抑或不是問題？接下來，第二部分則是要如何去解決這些問題？

　　從前面對各文化類型的行政風格討論中，我們隱約已經知道，答案就是這些文化類型所蘊含的文化偏見（價值觀念或世界觀）和所處於的社會關係。正是這些要素啓發我們將注意力投向某些事物，並提供規範準則讓我們去比較這些事物和這些規範準則是否配適。若不配適，我們將要改變這些事物的狀態以符合規範準則，不然就是要調整規範準則。從以上這個說明，我們可以將行政風格看作是一個鑑賞系統，至於何謂鑑賞系統？此處我們將透過Geoffrey Vickers（1970, 1995）對於鑑賞系統概念的闡釋來予以說明。

　　首先說明何謂鑑賞（appreciation）一詞？根據Vickers（1995: 54）的解釋，鑑賞概念包括了兩種類型的判斷，第一種是事實判斷（judgments of fact）；第二種是價值判斷（judgments of value）。第一種判斷是鑑賞者針對其所處系統的狀態（the state of the system）進行判斷，即對系統內外在關係狀態所做的判斷，又可稱爲實在判斷（reality judgment），本身可能涉及到以下這幾個面向的判斷，即系統將成爲何種狀態？根據各種不同的假設，其可能會變成何種狀態？現在是什麼狀態？過去又是何種狀態等面向進行判斷。總之，事實判斷就是關於是什麼或不是什麼的判斷，從對基本事實因果關係之認定，到複雜精巧的變化情形，都是這類判斷的對

象（Vickers, 1995: xix）[2]。

　　第二種是價值判斷，乃關於這些事實對鑑賞者而言有何意義的判斷，亦是關於應該或不應該是什麼的判斷，這類判斷需要參照一些規範標準，例如，道德律令、需求和慾望、相關利害關係人的利益、個人和集體的目標等，來判斷系統狀態是否符合這些標準（Vickers, 1995: xix）。當不符合這些標準時，就產生了事實與價值兩者判斷之間的不配適（mismatch），此時主事者就得決定是否要啓動選擇的機制，採取調控（regulation）行動以導正系統狀態符合標準之規範路線，或是讓這不配適的狀況繼續發展下去，也就是不採取行動（Vickers, 1987: 87）。從這樣的說明，可以看出：Vickers是採取系統理論和控制論的觀點來建構鑑賞系統的概念。

　　Vickers（1995: 54）也強調，事實判斷和價值判斷，是構成鑑賞過程中不可分割的兩個部分，兩者合起來也可謂「鑑賞判斷」（appreciative judgment）（Vickers, 1995: 82）。前者是對一些事實做觀察，後者則是將這些觀察所得和某些規範做比較，看是否切合這些規範或是否產生偏差。值得注意的是，對事實進行觀察並非漫無目標，而是要跟價值判斷所依據的規範有相關之事實，才有被指認及被觀察的意義；而價值判斷唯有尋得與其本身有相關之事物，才有被啓動的意義，所以說兩者密切相關，形成調控循環（regulative cycle）的第一步驟。就調控這名詞而言，其意義：就是將某些關係維持住，以符合一項標準（keeping some relation in line with a standard）（Vickers, 1987: 13）。這層關係可以是量化的，例如，醫院護士職缺的甄補比率；也可以是質性的，例如，醫院服務品質。至於被調控的對象，通常以某種關係的形式呈現。例如，護士職位數目，應該根據醫院其他成員數或病床數來做規劃，而醫院服務品質就涉及到醫病關

---

[2] 國內行政學教科書有提到類似決策判斷的概念，可參考林鍾沂（2018：264-266），其主要是介紹易君博所建構的決策判斷模式，說明如何透過價值判斷、事實判斷和後果判斷之間的相互關聯性，來完成一項決策行動。國內研究Vickers的政策制定判斷模式和鑑賞系統的相關資料極度缺乏，能找到類似的觀點，對本文而言，殊爲可貴。

係之間的滿意度。因此，Vicker（1987: 14）主張規範標準的設置，就是在建立某種「治理關係」（governing relation），而且調控的工作不是一時之間就可完成，因為在第二階段，主事者還要選擇如何去解決實際事物跟標準之間的落差問題，也就是根據這個產生落差的信號，決定採取哪些反應行動。

調控循環第一階段，就是所謂的鑑賞行為（appreciative behaviour），Vickers認為這可視為是政策制定階段；第二階段才是屬於調控行為（regulative behaviour），也就是工具判斷（instrumental judgment）部分，通常是指政策執行階段，此時若沒有產生落差信號，就不必採取反應行動，但若有落差信號，也許就需要採取調控行為。例如，修正一些做事情或調整工具配置的方式。倘若要修正規範標準（治理關係），則又將回歸到政策制定階段（Vickers, 1995: 54），重新再做一次鑑賞行為（同時進行事實判斷和價值判斷），亦即重啟調控循環。值得注意的是，鑑賞行為和調控行為是可以分開的，而且也勢必要分開，因為在這中間有間隔時間，才能顯示出人類是可以思考的，不像動物是受到本能的刺激，像實驗室的動物就不會思考，甚至也不會鑑賞（Vickers, 1970: 149）。

至於何謂鑑賞系統？Vickers（1970: 85-86）指出，我們人類對事物的理解，需要透過分類標準對客體或某些關係予以區別；需要透過價值標準來判斷好或壞、重要或不重要、接受或不可接受，正是這些標準，讓我們可以用來賦予事物一些秩序，進而評價它們，這就是前述所謂的鑑賞過程，而我們的鑑賞系統便是由這些標準所構成的體系，透過這個鑑賞系統（一整套由標準構成的體系），可區分和評價吾人生活環境中所發生的許多事物。

Guy B. Adams等人（1995: xx-xxi）曾對鑑賞系統的涵義做一些補充解釋，他們指出，Vickers喜歡將人類比喻為處在社會世界由自己編織的蛛網上，身在其中，人類嘗試發現事物的意義和維持各方之間平衡。從個人意識乃至提升到文化層次，這是人類經驗的核心部分，特別是文化乃由人們許多方面的關係所組成，在其中，大家共享許多事物的意義，透過對

自我和彼此相互的期待，並在這些共享基礎上產生行動。而這些期待會因
為我們經驗的增生而建立起來，進而構成了一些標準。據此我們才能決定
何者是應該的？何者是有違標準的異常？這些期待和鑑賞判斷形成了一組
相互關聯的架構，這個架構就是所謂的鑑賞系統。鑑賞系統可能存在一個
人的心智中、在一個組織的價值信條中，或是在一個文化的規範中。

　　本文以為，一個組織如何對其內外在環境進行調控，以使組織能切
合某些規範而運作下去，乃是Vickers所要探討的主題。他認為一個組織
若要對其所處內外在環境狀態有所瞭解，乃要先處在一種準備就緒的狀
態（readinesses）下去觀察、去評價或回應內外在環境所發生的種種現
象，這時組織就像是一個鑑賞系統。而這個鑑賞系統可以決定哪些情況
要觀察和如何評價，也要回應許多的治理關係（註：governing relations =
norms）。即言之，正是這些關係帶給系統所需要的各種資源和訊息，構
成了運作上的某些限制（Vickers, 1987: 16）。其實各個文化類型的行政
風格，就像這種準備就緒的狀況一樣，受到特定文化偏見與社會關係的影
響，形成某種程式化的價值體系，設定規範以校準偏差的行為，更像準備
好要評價周遭情境似的（readiness-to-value）。這種蓄勢待發的力道不僅
會扭曲，甚至創造了我們所生存的社會世界（Vickers, 1987: 94-95）。

　　值得注意的是，Vickers（1987: 21-22）也指出，政策制定過程就像是
對一個決策情境進行鑑賞，本要面對許多相互衝突情勢。抉擇的結果就有
兩個方向：一個是啟動調控的回應，找出問題的解決方案；另一個就是改
變鑑賞系統的設定，即對於問題認定和評價標準的改變，第二個結果對未
來政策制定過程的影響較為深遠。準此而言，鑑賞系統也是有被改變的可
能性。

陸、行政風格的演變與學習

　　Douglas的文化理論在處理文化變遷的議題時，是以類似Thomas
Kuhn（1970）的科學典範革命觀點來說明文化變遷的可能性，蓋每個文

化類型的生活方式如同科學理論一樣，在處於主流當道之時，會對一些無法解釋的事例給予忽略不理，甚至斥責爲異端邪說。不過，當這些異常的例子（anomalies）或意想不到之驚奇（surprises）出現頻率逐漸增加時，導致信奉者也開始懷疑其主流的地位，並認爲它們所主張的理論觀點或規範信條恐跟事實有所出入，且已經無法提供信奉者原來所享有的好處。此時，信奉者可能會改變其立場或信仰，從而相信別的理論或文化（Thompson et al., 1990: 69）。對Kuhn而言，此時就是產生科學典範的革命，也是文化理論所謂的文化變遷。

　　上述有關文化變遷的觀點，也十分符合前述有關鑑賞系統改變規範標準的變遷情形。這也有點類似Chris Argyris與Donald A. Schön（1978）所謂的「雙圈學習」（double-loop learning），意指在組織面對問題情境時，組織成員發現只檢討解決問題的手段是不夠的，可能需要重新設定問題的假設，或改變過去以來都一直信奉的價值理念，如不做如此改變，同樣的問題會一直發生，甚至會衍生更多其他問題。而要改變信奉的價值理念是件困難之事，因爲除非是組織成員反覆經驗到不尋常的異常事例，直到期望與事實落差愈來愈大時，才會做如此巨大的改變，否則要改變一個人的價值信念，是需要長期累積某些負面經驗，蓄積極大能量才有可能。更何況，在面對許多不確定的問題情境時，人們往往會捨棄理性的機率思考，而改採一些啓發捷徑（heuristics）[3]或受到框架效應（framing effect）之影響來速做決定。這些受偏見影響的判斷，已經由Amos Tversky與Daniel Kahneman（1974, 1981, 1986）做了一系列相關的心理學實驗證實。吾人以爲在透過文化偏見和制度規範雙重塑造下的行政風格，如同受到某些認知取向之啓發或框架之影響，也會導致公務人員的判斷固著於某個方向，以致行政風格變遷之不易。

3　此處有關「啓發捷徑」（heuristics）的英文翻譯，林水波（2011：126-127）將其譯爲「經驗法則」，並說明決策者的判斷偏誤有時會受到以下三個經驗法則的影響：1. 已存性法則；2. 相似性法則；3. 鎖定及調適法則。人類往往會脫離理性決策而產生決策偏差的傾向，有關這方面的討論也可參考林鍾沂（2018：295-297）。

　　雖然行政風格變遷不易，但由於人們鑑賞行為是將事實判斷和價值判斷連結在一起進行，所以我們還是可以透過反覆鑑賞判斷的過程，來觀察問題情境的發展，到底是因為我們解決問題的方式錯了？還是思考問題的方式錯了？如果是前者，可能就採取「單圈學習」（single-loop learning）的工具式改變，以嘗試解決這種不配適的問題情境，也就是精煉改造目前解決問題的手段；若是屬於後者，則可能要忍受相當大的困難度，來改變問題設定方式和價值信念等規範層次因素。為何困難度大？因為我們的文化偏見，為了保護自己不受質疑，會自動篩選事實，引導信奉者忽略掉挑戰其信度與效度的問題，因此，我們應該要對自身的政策盲點多所警惕，具備承認與接受多元價值觀點並存的勇氣，正視自己價值的陰晴面，採取別人的善意批評，方能得出較為真切的政策全貌（有關這方面，請參考林水波，2011：60）。

　　根據以上的探討，吾人發現，透過文化理論的導引，跟此處行政風格與鑑賞系統有關的行政倫理議題有以下三項：第一，多元價值並存且衝突的情形愈來愈普遍；第二，政治與行政的不可分離益加明顯；第三，應該把握任何可促進政策學習的機會。茲針對這三個議題說明如下。

一、多元價值並存且衝突情形日益普遍

　　當前許多日益複雜且棘手的公共事務問題，就是如何在相互衝突的價值之間進行選擇。以2019年底爆發的新冠肺炎疫情來說，當疫情十分嚴重時，有些國家政府，一方面想透過封城手段來遏止疫情擴散，但另一方面又恐怕會限制人民自由和阻礙經濟正常運作，這種現象如從文化理論觀點來看，好像是在層級節制和個人主義價值之間做抉擇。而對平等主義的擁護者而言，他們關心的是各種防治措施的公平性為何？例如，如果政府要進行大規模普篩或居家檢疫十四天，這些防治措施是否顧及到公平性問題，且對弱勢者的利益會不會構成嚴重損害。至於宿命論者，則可能無任何可以置喙之處，聽任事態發展，以較多數人之意見為依歸。

　　另外，就美國豬肉進口問題為例，層級節制可能關心：如何訂定較妥適的瘦肉精檢驗標準，並且切實推動出產地標章的措施。而個人主義者則強調美豬進口乃是台美之間利益交換的問題，政府應該把其中交換的細節跟國人說清楚，說服為何此時批准美豬進口對台灣較為有利。而平等主義者則會將美豬進口視為對國內養豬戶利益及國人健康的一大傷害，並且將層級節制和個人主義視為邪惡的聯盟，這些建置派似乎沒有將普通老百姓的健康視為應保護的重要議題。至於宿命論者則容易受輿論風向的影響，只要立場聲音愈大就愈容易吸引宿命論者的跟從。

　　文化理論對多元價值衝突的議題，本具備頗為強大的分析能力，特別是對風險治理議題的分析，受到許多矚目（Douglas & Wildavsky, 1982; Tansey & O'Riordan, 1999）。透過這四個文化相生相剋的關係結構，也讓我們瞭解到，許多公共政策，常常有挖東牆補西牆的狀況，無法於一時之間全面地滿足所有的價值需求。通常，在某一時間點會較傾向於某個價值考量，而到下個時間點，因新的問題顯現，則再增加其他價值因素的考量，仔細比對，就會發現這些要素彼此衝突，不過還好有時間前後的差別，分階段處理，實乃迫於公眾壓力或政治考量，最後則會讓一些相互衝突的價值要素或解決方案並存，形成制度的「窳陋性」（clumsiness）（Verweij et al., 2006）[4]。然而，這個制度的窳陋性卻有意想不到的好處，最起碼可起了平衡各方需求聲音的作用，使得制度看起來不是完全理性，但卻不會偏頗一方，否則容易導致衰亡。

二、政治與行政的不可分離益加明顯

　　過去公共行政崇尚工具選擇和技術理性的問題解決過程，卻忽略了一些規範性的議題，主要原因是：在於政治與行政的二分觀念，仍然根深蒂固地影響實務的運作。人民作為真正的政治主人，可能比政務官更懼怕

---

[4] Verweij等人（2006: 8）指出，這種制度窳陋性的特徵就是：所有的聲音都聽到了，並得到了其他人的回應（all the voices heard, and responded to by the others）。

官僚體系的強大，因為，他們認為官僚體系複雜龐大，以致無法有效予以控制。無怪乎，許多改革對象都指向官僚體系，並要求官僚體系遵守行政中立的倫理，勢必讓官僚體系成為匿名忠誠的政策執行者。然而，Mark Moore（1982）對此一現象的觀察，就曾指出公務人員在其職務管轄範圍內，確定很難成為一個中立者，一來挾其專業優勢，轉而可以塑造上司對任務的期待與要求；二來因為監督者眾，這些監督者彼此間對政策方案的利益切入與諸多判斷，亦有所不同，使得公務人員能遊走其間、左右逢源，甚至拉幫結派。就某種程度而言，他們已經在玩政治遊戲，親自下棋布局（Roberts, 1995: 293）。從上述可知，官僚體系的公務人員，其對政策方案的規劃與執行，本有其政治影響力，即使在擔任執行工具的角色時，也會僭越夾帶一些價值判斷，從而塑造政策走向。

　　前面所指出四種文化類型的行政風格，因為將文化偏見注入在行政制度和行政行為運作中，因此不可能保持價值中立，就連最沒有聲音的宿命論者，也因為默認現實事態的發展，不採取任何立場也是一種立場。更何況在政策制定中，本就埋下政策執行所需顧及的限制與價值需求，官僚機構就像是在一個由許多治理關係所編織的網絡中匍匐前進，無時無刻做價值判斷與事實判斷，以及採取工具性的解決方案行動，甚至要重新設定規範，因為如此才得以推動官僚體系持續運作。

三、把握文化轉型與政策學習的機會

　　目前研究行政倫理的學者，向來都體認到公私部門界線的日漸模糊，已經對行政倫理造成不少衝擊，因為公部門也混合了不少約聘僱人員和委外員工，不僅導致傳統公務人員的身分認同模糊，也得面對相互衝突的價值與忠誠度的選擇問題。更何況，在政治與制度系絡複雜因素的影響下，公務人員對何者是對或錯的倫理判斷，有時也無法拿捏準確（Lawton et al., 2016: 3-4）。上述的情形，在目前許多政策領域的協力治理過程中就更加明顯。協力治理一方面會導致公務人員多元課責困境及身分認同危

機；另外一方面，參與協力的利害關係人，其所抱持的文化類型與行為模式也可能不同，如何確立彼此間的信任感以有效推動協力治理，乃是目前公共治理的重要議題（林水波，2011：74-75）。有鑑於此，如何不待各個文化類型的自我崩解，而能事先主動形塑文化轉型的管理策略，使得公務人員能檢視其對既有文化類型在心靈與情感上的依附，並給予適當的提醒和不同觀點之刺激交流，才有尋求轉型的可能性。林水波（2011：179-201）提出以下幾個文化轉型的策略步驟值得參考：（一）改造心理建設；（二）改變習慣策略；（三）感動心靈策略；（四）活化思維策略；（五）執行改造要求。

　　文化轉型猶如Paul A. Sabatier與Hank C. Jenkins-Smith（1993, 1999）所闡釋政策取向學習過程（policy-oriented learning）中政策信念系統的轉變，或如Peter A. Hall（1993）的政策典範轉變（policy paradigm shift）之概念。然而，政策典範轉變不可能一蹴可幾，其乃是一連串政策學習過程，可能先由政策工具設定層次的改變，再到許多參與者有了共識認為：現存情境已經到了非澈底改變不可的地步，才有可能產生巨變。在民主國家，這種政策巨變不可能只靠政府強行灌注，需要靠政策倡導者把握政策機會之窗（Kingdon, 1995），透過慎思明辨的過程，以政策論證說服參與者改變其原有政策框架（Fischer & Gottweis, 2012），如此方能成就艱困的政策典範轉變之事功。

柒、結論

　　本文嘗試從Douglas的文化理論觀點，論述不同文化類型，其所蘊含的行政風格，乃會影響公務人員行政行為的傾向或模式。在這方面，借助Vickers的鑑賞系統概念，以說明行政風格隱而未顯的影響機制，本是如何透過規範標準的設定，以影響決策判斷。

　　對Vickers來說，文化的概念相當廣泛，一個國家有其獨特的文化，但科學家社群也有其獨特文化，因之就涵蓋範圍而論，國家文化不可能等

同於科學家社群的文化。此外，國家文化的鑑賞系統，也必定與科學家社群的鑑賞系統不同，因為兩者要各自回應的治理關係是不同的（Vickers, 1995: 36）。因之，假設一個國家、一個科學家社群、一個行政機關的文化類型，如是同屬於一個文化類型（例如，個人主義），但因為分屬不同分析單元，以致治理關係的內容格局就有差異，所以他們的鑑賞系統也就不同。雖然如此，但是每個人處在這些治理關係中的「處境」恐皆是類似的，因為這些治理關係蘊含著一些價值座標與規範限制，會框限人們決策的視野與方案選項，而這些都是人為造成的，姑不論我們是有意識到或沒意識到，如同Vickers（1987: 30）所言：

> 我們之中最明智的人，也像是最瘋狂的人一樣，如蜘蛛般緊貼在自己編織的網上，模糊地繫泊在虛空中，並被變遷的風猛烈地吹晃。然而，這一脆弱的網，卻是經久不衰的人工製品，是人類真實的印記，編織這網是我們的首要責任。[5]

　　文化是人為構成的意義網絡，是生活方式與社會關係的密切組合，表面上看，生活與周遭事物如同以往，我們在其中也固著於某些價值信念，但文化依然會有變遷時刻，重要的是，當我們在做鑑賞判斷時，能夠瞭然於心，知道所憑藉的規範標準為何，才不至於走偏方向，否則將會落入經驗法則的捷思陷阱，而多走了一些冤枉的路。
　　然而，弔詭的是，如同文化理論告訴我們的，有時候過度執著於一個文化偏見（規範標準），恐會導致一些極端的負面結果。例如，過度追求平等主義的團結理念，會導致群體盲思的出現。因此，多元價值並存的衝突局面有時並非壞事，這是文化理論所主張的必要多樣性之條件，如此反

---

[5] 這段文字的原文如下：The sanest like the maddest of us cling like spiders to a self-spun web, obscurely moored in vacancy and fiercely shaken by the winds of change. Yet this frail web , through which many see only the void, is the one enduring artifact, the one authentic signature of humankind, and its weaving is our prime responsibility.

而可讓各個文化類型能夠生生不息。如上所述，如果我們過度追求價值信念體系的一致性，且不允許犯錯的可能，那就沒有學習的經驗，以致偏向單一文化類型的生活方式，也就沒有進步的可能。

　　如前所述，行政風格乃是一個準備就緒的概念，其預設了鑑賞行為的方向，也預設了好或壞、合適或不合適、與可接受或不可接受的判斷準則。不過，公務人員是處在一個治理關係的格局，在這個格局中，公務人員仍然會遭遇到一些異常事例與驚訝之事，這些是行政風格背後文化偏見與社會關係所無法解釋的不尋常現象，通常可能得歷經政策取向學習幾個層次的變遷，首先從政策工具設定的小規模變革開始，直至各利害關係人都認為：非進行政策信念系統的改變不可時，這時便需要進行政策典範的轉變，而在民主國家中，最好的轉變方式是透過慎思明辨的政策論證與說服過程來達成。

　　最後要提醒的是，多元文化類型也代表不同理性類型的存在。因在這世上，若只追求單一理性的生活世界，乃是一個枯燥乏味的世界，如同 James G. March（1988: 259）所認為的，行動不一定先要有堅實理由才能發動，有時在思考之前我們會先行動，而目標與價值信念恐是在行動之後才會發現，因此我們才可能會發現趣味橫生的行動結果。總之，有時我們不能固著在同質一致的生活方式和世界觀，文化變遷不是壞事，這種變遷是人類進步的象徵。

　　關於何謂是好的政府或是壞的政府？對這問題的解答可能無法窮盡，甚至沒有統一的答案。就如同何謂是好的管理或是壞的管理這個問題，每年都有許多暢銷書在撰寫這方面的答案，至今也無法找到一本管理聖經，讓每個管理者能一體適用，對所有問題都能迎刃而解。這是一個多元文化與多元理性並存的世界本質。

參考文獻

一、中文部分

林水波，2011，《公共管理析論》，台北：五南圖書。

林鍾沂，2018，《行政學：理論的解讀》，台北：三民書局。

黛安・庫圖（Diane Coutu），2006，〈拜訪大師：詹姆士・馬其（James G. March）〉（Ideas as Art: A Conversation with James G. March），《哈佛商業評論》（全球繁體中文版），2006年10月號，2020年5月20日，取自：https://www.hbrtaiwan.com/article_content_AR0000049.html。

二、外文部分

Adams, Guy B., Bayard L. Catron & Scott D. N. Cook, 1995, "Foreword to the Centenary Edition of The Art of Judgment," in Sir Geoffrey Vickers (ed.), *The Art of Judgment: A Study of Policy Making* (centenary edition), Thousand Oaks, California: Sage Publications, pp. xii-xxiv.

Argyris, Chris & Donald A. Schön, 1978, *Organizational Learning: A Theory of Action Perspective*, Reading, MA.: Addison-Wesley.

Douglas, Mary, 1982, *In the Active Voice*, London: Routledge.

Douglas, Mary & Aaron Wildavsky, 1982, *Risk and Culture: An Essay on the Selection of Technical and Environmental Dangers*, Berkeley: University of California Press.

Fischer, Frank & Herbert Gottweis (eds.), 2012, *The Argumentative Turn Revisited: Public Policy as Communicative Practice*, Durham: Duke University Press.

Gortner, Harold F., 1994, "Value and Ethics," in Terry L. Cooper (ed.), *Handbook of Administrative Ethics*, New York: Marcel Dekker, Inc., pp. 373-390.

Grant, Adam, 2016, "How to Build a Culture of Originality," *Harvard Business*

Review, March 2016 Issue, October 11, 2020, retrieved from: https://hbr. org/2016/03/how-to-build-a-culture-of-originality.

Hall, Peter A., 1993, "Policy Paradigms, Social Learning, and the State: The Case of Economic Policymaking in Britain," *Comparative Politics*, vol. 25, no. 3, pp. 275-296.

Harmon, Michael M., 1981, *Action Theory for Public Administration*, New York: Longman Inc.

Hood, Christopher, 1995, "Control Over Bureaucracy: Cultural Theory and Institutional Variety," *Journal of Public Policy*, vol. 15, no. 3, pp. 207-230.

Hood, Christopher, 1998, *The Art of the State: Culture, Rhetoric, and Public Management*, Oxford: Clarendon Press.

Howlett, Michael, 2003, "Administrative Styles and the Limits of Administrative Reform: A Neo-institutional Analysis of Administrative Culture," *Canadian Public Administration*, vol. 46, no. 4, pp. 471-494.

Kingdon, John W., 1995, *Agendas, Alternatives, and Public Policies* (2nd edition), New York: Harper Collins.

Kuhn, Thomas S., 1970, *The Structure of Scientific Revolution*, Chicago: University of Chicago Press.

Lawton, Alan, Zeger van der Wal & Leo Hubert, 2016, "The Scope and Scale of Ethics in Public Policy and Management," in Alan Lawton, Zeger van der Wal & Leo Hubert (eds.), *Ethics in Public Policy and Management: A Global Research Companion*, London: Routledge, pp. 3-13.

Maesschalck, Jeroen, 2004-5, "Approaches to Ethics Management in the Public Sector: A Proposed Extension of the Compliance-Integrity Continuum," *Public Integrity*, vol. 7, no. 1, pp. 21-41.

Mamadouh, Virgine D., 1997, "Political Culture: A Typology Grounded on Cultural Theory," *GeoJournal*, vol. 43, no. 1, pp. 17-25.

Mamadouh, Virgine D., 1999, "Grid-group Cultural Theory: An Introduction,"

GeoJournal, vol. 47, no. 3, pp. 395-409.

March, James G., 1988, *Decisions and Organizations*, Oxford: Basil Blackwell.

Moore, Mark H., 1982, *Note on the Design of a Curriculum in Public Management*, Cambridge, MA: Kennedy School of Government.

Roberts, Alasdair, 1995, "'Civic Discovery' as a Rhetorical Strategy," *Journal of Policy Analysis and Management*, vol. 14, no. 2, pp. 291-307.

Sabatier, Paul A. & Hank C. Jenkins-Smith (eds.), 1993, *Policy Change and Learning: An Advocacy Coalition Approach*, Boulder, Colorado: Westview.

Sabatier, Paul A. & Hank C. Jenkins-Smith, 1999, "The Advocacy Coalition Framework: An Assessment," in Paul A. Sabatier (ed.), *Theories of the Policy Process*, Boulder, Colorado: Westview, pp.117-166.

Tansey, James & Tim O'Riordan, 1999, "Cultural Theory and Risk: A Review," *Health, Risk & Society*, vol. 1, no. 1, pp. 71-90.

Thompson, Michael, Richard Ellis & Aaron Wildavsky, 1990, *Cultural Theory*, Boulder, Colorado: Westview.

Tversky, Amos & Daniel Kahneman, 1974, "Judgment under Uncertainty: Heuristics and Biases," *Science*, vol. 185, pp. 1124-1131.

Tversky, Amos & Daniel Kahneman, 1981, "The Framing of Decisions and the Psychology of Choice," *Science*, vol. 211, pp. 453-458.

Tversky, Amos & Daniel Kahneman, 1986, "Rational Choice and the Framing of Decisions," *Journal of Business*, vol. 59, pp. S251-S278.

Verweij, Marco, Mary Douglas, Richard Ellis, Christopher Engel, Frank Hendriks, Susanne Lohmann, Steven Ney, Steve Rayner & Michael Thompson, 2006, "The Case for Clumsiness," in Marco Verweij & Michael Thompson (eds.), *Clumsy Solutions for a Complex World: Governance, Politics and Plural Perceptions*, Basingstoke, Hampshire: Palgrave Macmillan, pp. 1-27.

Vickers, Geoffrey, 1970, *Value Systems and Social Process*, Harmondsworth,

Middlesex: Penguin Books.

Vickers, Geoffrey, 1987, *Policymaking, Communication, and Social Learning: Essays of Sir Geoffrey Vickers*, New Brunswick, New Jersey: Transaction, Inc.

Vickers, Geoffrey, 1995, *The Art of Judgment: A Study of Policy Making* (centenary edition), Thousand Oaks, California: Sage Publications.

Wildavsky, Aaron, 1987, "Choosing Preferences by Constructing Institutions: A Cultural Theory of Preference Formation," *American Political Science Review*, vol. 81, no. 1, pp. 3-21.

第七章

新世紀地方治理的倫理探勘：接地氣的行政感動

林錫銓

壹、前言

　　關於行政倫理的探討，雖有其核心不變的命題與論述。然而，隨著人類社會的文明進展、科技發明、公共領域新課題以及生活方式的轉變，行政倫理所要面對的挑戰、追求的任務與展現的樣態，也隨之有所不同。面對這個情勢的演變，需要因勢利導地重新理解調適，才能在新世代形成新的公務體系倫理規範與角色扮演，進而能落實公共行政的時代價值。如Janet V. Denhardt與Robert B. Denhardt（2003）提出的新公共服務論（the new public service），便特別強調因應不同的時代氛圍，應有相對應的行政理論。韓保中（2009）進而歸結提出行政倫理的分析架構：「時代氛圍—重要行政理論—官僚意象」，均強調行政倫理的理論探討需要因時制宜。尤其是，與最貼近一般民眾日常生活的地方治理，本是公共行政的最前線，更需要深切審思：如何在公務執行的過程中達到接地氣的行政感動？本文係根據多年與鄉鎮市區公所合作之扎根行動研究為基礎，進行地方治理之行政倫理的初步探索。先從掌握新世紀的公共情境與治理挑戰入手，繼而思索當代地方治理倫理的時代涵義、任務與課題；進一步根據當代情境提出「行政倫理階層理論」之理論建構；最後是以霧峰推動地方創生的經驗，以之作為理論的檢視與反思，並以行政美學作為探勘當代行政倫理之理論依據進行總結。

貳、新世紀的公共情境與治理挑戰

　　人類社會進入21世紀已經有21個年頭，在這二十一年之中，幾個關鍵性的因素，改變了人類的生活方式、國際關係與公共關係。隨之而來，這些現象也改變了公私部門的治理互動關係。這其中數位網路的盛行，幾乎穿透了人類社會的各部門領域，當然也包括企業、NGO與政府等各類型組織的治理內涵。除了數位科技的重大影響，「全球化」也是另一重要影響因素。此一全球化趨勢還包括民主治理體制、資本主義與個人主義思潮的全球風行。這種情形連原本是共產社會主義的國度，也開始走向強調個人主義的市場自由競爭，因而使得公共治理的複雜性、多樣性與不確定性更為加劇。本文歸納以下三點新世紀公共治理的獨特情境，以及其所引發的治理挑戰。

一、個人主義：集體認同危機

　　民主政治票票等值，個人主義是其根本基礎，再加上資本主義以客為尊的主流思維，更進一步強化個人主義的風行。然而，一個社會的正常運作，必須在個人主義與社群主義之前，取得適切的平衡。但個人主義不斷被膨脹的同時，集體認同也隨之產生問題，國家是如此，城市或地方鄉鎮體系亦然。因此，地方治理作為微型的社群共同體，如何維繫、營造或重建某種程度的地方集體新認同，便成為當代治理的新挑戰。

二、功利主義：公共價值式微

　　自利源於人類之理性算計，自古而然。功利思維是人類社會進步的重要動力，然而自利與公益之間，也存在著微妙的衝突關係。例如，地方辦理節慶活動是地方的重要文化活動，但可能就有民眾會檢舉吵到他們的睡眠。這種處處需要防範個人功利挑戰的事件層出不窮。優點固然更加落實

保障個人人權，但缺點卻有可能讓更高層次的公共利益無從產生。

三、虛擬主義：溝通倫理障礙

　　網路社會的降臨，讓現代公民可以更便利地在網路上查閱各種政府資訊，也有更多管道可以表達個人的政治立場或政策意見。然而，於此同時，眾多公民卻逐漸習於作為匿名的旁觀者或倡議者。但由於是匿名，因此也逐漸養成了與民主核心精神——「責任政治」相背離的不負責任態度。這時，原本屬於民主運作基石的面對面溝通理性，逐漸流失，取而代之的是各說各話或是扭曲欺騙，也使得公共行政期待能形成良好政策溝通的期望落空。

　　源於上述三項思潮變遷所造成的當代治理新情境包括有以下數項：

一、多元政治的競爭性

　　「治理」的本質涵義，乃易經上所說之「群龍無首」的概念，社會各部門不論誰都可以主導公共政策／公共事務的發展，進而成為地方發展的實質領導者。政府部門只是多元政治治理的一員，因之，在多元競爭的情況下，政府能否發揮實質的政治影響力，獲致地方治理效能，已經不再能像以往扮演的權威角色。尤其，在藏富於民的自由民主社會中，公共行政的角色，其所能發揮的體制性權威已逐漸受限。因此，地方政府部門若想整合領導各部門推動地方發展，必須有超越以往行政倫理規範的新思維和新做法。

二、政治究責的立即性

　　網路科技的日趨便利，政府資訊的日益公開，以及個人主義權利意識的逐漸高漲，在在使得政府部門的施政，深深受到市民大眾的嚴密監控，

也就是公共政策的政治究責愈來愈立即而密切。民眾權益若稍有受損，便會立即申訴反應。面對如此立即性的政治究責，固然是草根民主監督制衡的落實，但也很容易讓公務人員變得更加瞻前顧後、畏首畏尾，甚而流於瑣碎與狹隘的困境。政府部門該如何拿捏這些繁多的民意反應，要以何種行政倫理的尺度來做取捨回應，往往會陷入兩難。

三、身分認同的爭議性

公共性是公共治理的重要基礎。然而，公共性在後現代的此時，個人主義、功利主義與虛擬主義掛帥流行，大大阻礙削弱了公共性的形成。再加上，去歷史脈絡化的教育體制，更使得歷史與文化的傳承不繼，人民的身分認同更加地模糊、猶豫，乃至於矛盾。也就是說，政府部門所面對的市民大眾，實質上隨時處在公共性重建的狀態。如何讓公民認同一個鄉鎮、一個城市和一個國家，乃是一個新的政治與行政課題。政府部門本是形塑此一公共性，並賦予重建公民新社會身分認同的重要角色。不過，政府部門是否有此認知，是否願意承擔這樣的角色任務，便是另一個重要的行政倫理課題。

四、審美批判的深刻性

自從二次世界大戰以來，全球各國大多處於承平發展的狀態。如此人類文明的新境界，使得一般民眾對於文化、創意、文創產品的消費與學習，以及對文化藝術與美學相關技藝的涵養培育提升，逐漸對於日常生活，乃至於公共行政品質的審美批判，日益嚴苛深刻。例如，以往的路樹修剪通常是攔腰切斷，看起來很醜！如今經過民眾的反應，有許多城市鄉鎮已要求路樹的修剪必須重視美感，不可齊一橫切。影響所及，便是政府部門的公共政策擬定與執行，本質上必須愈來愈重視民眾的審美觀感，也就是正式進入了「有感指標」的施政管控時代。面對如此公民審美批判提

升的情境，政府部門如何調整其行政倫理觀，以符合民眾的審美需求，將是21世紀地方治理的另一個行政倫理重點。

　　新世紀的公共情境面臨了三大的轉型：集體認同危機、公共價值式微以及溝通倫理障礙，導致四項治理的新情境。這使得公共治理更求細膩與行政倫理的進階深化，成為政治系統無法逃避的重要課題，必須持續精進。

參、地方治理的倫理探索

　　倫理者，人倫理序也。觀之於公共行政，則是在探討政府施政過程中長官與部屬、公務員與各公私部門以及一般民眾之間的互動分際與道德規範。這些倫理內涵的認知與認同，會直接影響到公共治理的本質、效率與效能。因此，面對上述新世紀的情境與挑戰，地方治理若要順暢而有效能，必須重新理解與整建內在的倫理意涵，才能重新找到施政的動力和能量。

一、地方治理的時代涵義

　　若欲探索當代地方治理的倫理新內涵，首先必須釐清地方治理在當代的主要角色任務。城市治理的重要性曾經被突顯探討，因為城市是整個國家資源匯聚最集中龐大的區塊。因此，以其特有的治理情境，探討有別於國家中央政府層級的治理，有其獨具之理論必要性。然而，本文所謂之「地方治理」特別指的是鄉鎮市區層級的治理，有別於整體國家的宏觀治理，或者是都市化時代的城市治理，旨在專注於都市化近郊或外圍的鄉鎮地區治理，它具有不同於城市治理的獨特情境和個性。在世界各國都開始面臨偏鄉城鎮人口外流、老化與產業衰敗現象，進而企求鄉村振興和地方創生的當代，關於地方治理的角色任務的重新釐清，更具重要意義。在一

個公共資源相對不足，地方發展相對遲滯，但又各自具有地方傳統文化與在地資源的鄉鎮，政府部門與地方團體民眾之間，如何調和共識，進而促進地方發展，這也是近二十年來我國政府政策投入甚多卻未見明顯成效的區塊。地方創生政策的提出，提高到國家發展委員會的跨部門位階，某方面也正顯示：過往各部門投入地方振興的成效不彰，必須更加用力地重新出發。因而，目前公民企盼的當代地方治理，至少應具備以下三項時代涵義：

（一）積極性

當代的地方治理，必須展現積極性。因為地方鄉鎮已實質存在著逐漸衰微蕭條亟待振興的迫切性。這樣的迫切性，已經不容許公務機關再以等因奉此、消極配合或被動等待的例行公務行事來處理。相反地，它被要求必須要沒事找事、而且做對事，以快速進行地方治理的推展。

（二）主體性

現在雖是處於多元競爭的治理時代，地方上的每一個行動團體，都可以是地方治理的領導者，得以展現其各自的治理主體性。但，私部門畢竟仍會有各自的本位利益考量，未必能符合整體鄉鎮的永續發展。反之，地方鄉鎮市區公所，則具有體制上的重要地位。李小蘭（2010）主張從「善治」視域下的行政倫理建設，重新反思古代「善政」（good government）的德行治理內涵，以彰顯當代行政主體的德知與德行。孔子說：「必也正名乎。」唯有鄉鎮市區公所能夠名正言順地站在整體鄉鎮區域發展的高度，以地方共同利益為主體，並彰顯此一地方鄉鎮主體來進行治理，職是之故，其角色之重要性無可替代。然而，如若此具有整體性的主體性角色積弱不彰，則地方鄉鎮將有可能進入多頭馬車，甚至相互傾軋的資源浪費狀態，影響整體的長遠發展。

（三）創造性

　　所有的慣例成規恐已不再符合當代日新月異、快速變遷的社會需求，尤其現在面對的是全球性的城鎮發展競爭，墨守成規的例行公事必然不進則退而逐漸沒落。地方治理的時代涵義，不再是維持現狀的守成，而是在面對各種生存挑戰下的不斷創新創造，公共行政本質上必須指向一個具有創造性的未來。

二、地方治理的時代任務

　　面對新世紀日益個人化、功利化與虛擬化的公共治理情境，如今又面臨迫切需要活化振興的生存挑戰，地方鄉鎮的治理當然可以隨從主流文化，進行個別公民的討好，讓地方治理持續處於零碎施政的狀態。然而，這樣的倫理思維，卻不足以帶動地方鄉鎮的發展。反之，當前地方鄉鎮市區治理應有的最大挑戰乃是：如何重建公共性的價值，進而帶動整體性的發展。因此，其時代性的角色扮演主要有三，分別是倡導者、整合者與開創者。

（一）倡導者

　　面對日益高漲的個別民意，地方鄉鎮市區公所若只是一味地個別回應，卻欠缺對整體鄉鎮發展的目標願景設想，將使得地方治理流於瑣瑣碎碎的空轉，資源的隨意誤用，也將難以產生長遠累積性的成效。因此，作為公務付託所在的鄉鎮市區公所，應該扮演願景倡導者的角色，提出長遠的政策目標，進行累積性的倡導與追求。鄉鎮市區公所必須結合民間的才智，盤整長遠的發展目標並持續倡導推展。而這也是當前政府以鄉鎮為單位整合推動地方創生政策的內在基礎：一個整體而長遠的鄉鎮發展願景。如Lash（2000）在論及當代風險社會（risk society）所應建構的社會理論時，強調面對雜亂無序又充滿不確定的當代社會情境，吾人已難以用客觀的程序規範來規約人們的行動與感知。反而，應該化繁為簡、去蕪存菁地

直指價值核心，透過符號而不是規則來指引實質願景價值之建立。這正是
當代從政者與公共行政，所要積極扮演的倡導者任務。

（二）整合者

　　作爲一個整合者，雖說是地方鄉鎮市區公所的本職角色，但也常常是
一直扮演不好的角色。在今日後現代個體化更加突顯的新世代，地方治理
的行政整合就更是困難的挑戰。如前所論，地方治理具有基本的體制權威
與社群認同，因此在形成公共政策目標上相對容易。然而，在當今離心力
強大的時代，能否發揮整合的效能？如何發揮整合的作用？已經成爲當前
鄉鎮市區公所能否發揮整體施政動能的重要關鍵。

（三）開創者

　　目前，我國的鄉鎮市區公所，有些是官派，有些是民選。但不論官
派或民選都實際面臨如何建立地方特色品牌以及創新發展的急切任務。因
此，鄉鎮市區公所已不再能夠只是例行性地執行公務；反之，它必須具開
創性，且它必須是一個未來願景的開創者，才能符合當前地方治理的任務
需求。所謂「開創者」，是指它必須要能針對該鄉鎮市區的既有資源進行
創新性的加值。少了這樣的創新與開拓，地方治理將在多元競爭的政治形
勢中，遭到挑戰、批判與淘汰。

三、地方治理的倫理課題

　　掌握當代地方治理的時代意義和角色任務後，即可更深入地探討行政
倫理的新課題。這包括公務體系如何自我角色認知、如何超越黨派、公私
部門應建立何種夥伴關係，以及如何重建公共性與社群感。

（一）公務體系的自我賦權

　　行政倫理的內涵與樣態，主要是取決於公務體系中的公務人員如何認

知與看待自我的角色。認知理解本就是一種賦權，當公務員自我認知爲是一位謹守法規、朝九晚五的職員，或是自我認知爲地方發展的領導者，二者將產生截然不同的自我賦權。當然，也就會展現出不同的積極性、主體性和創造性。

（二）超越黨派的行政中立

行政中立是作爲一個公共資源分配的政府機關，必須恪遵嚴守的基本倫理信念，也是社會體制正常運作所不可或缺的角色分際。然而，在行政的實務上，卻是充滿著複雜難解的現象。因爲人性上始終具有貪婪、徇私與恐懼等各種屬性，面對外在的威脅利誘時，往往難以把持。尤其，在政黨政治民主體制的運作下，若沒有堅實的文官體制規範保障和文化傳承，行政中立常常容易淪爲空談。而在新世紀民主政治運作的歷史時刻，網路社會原子化的公民狀態，表面上黨派影響似有削減，但實際上，政黨對於新媒體的操控力道則是有增無減。即如新馬克思主義所揭露與對抗的「意識形態」，在新媒體的更細緻操弄下，反而更加劇烈。如此民粹式的操控，往往使得公務人員必須被迫選邊服務。如若沒有更加良善的制度制衡，公共行政往往難以守住行政中立的立場，意即，超越黨派的行政中立並非過時論調，反而是更加艱鉅的實踐。

（三）公私部門的夥伴關係

政府與民間部門有著本質上的差異，政府雖然擁有重要的公共資源，但在實際的政策執行上，在小政府大社會的民主發展趨勢下，政府部門除非能夠與民間部門建立適切而緊密的夥伴關係，政策價值將難以眞正實現。尤其，在台灣社會藏富於民，民間部門具有重大的能量，但大多怯於參與公共事務。再加上，功利主義盛行，政府部門如何從互利共利的思維，建立良好的政策執行網絡，乃是當代政府施政的一大課題。

（四）公共性與社群感的重建

　　人類社會經過漫長的制度試驗與競賽，在20世紀結束前，資本主義全球化的進展，似乎宣告了資本主義的全面獲勝。因此像蘇聯、中國大陸等國家，也都做了相應的制度調整。這當中所隱含的是：個人主義自由競爭思潮的勃興，連帶地，也相當程度減損了人們對公共性與社群感的價值認同。於是，公共性與社群感這個政府體制所賴以發展的社會基礎乃日益薄弱，彷彿人們對政府部門的期待只是做好公正的分配與規範。然而，在面對前述的種種地方發展的挑戰時，人們卻又潛在地期待：地方政府能發揮整合統籌的卓越效能。然而，在沒有公共性與社群感作爲支撐的狀態下，地方治理必然空虛無力。因此，如何重建地方的公共性與社群感，也將是地方治理的重大倫理課題。

　　地方治理之倫理探索，首先，公務機關須掌握當代地方治理的時代內涵：積極性、主體性與創造性。同時，要能認知本身所需擔負的時代角色任務：地方宏觀願景的倡導者、整合者與開創者。進而，再確實地面對解決當代重要行政倫理課題：公務體系的自我賦權、超越黨派的行政中立、公私部門夥伴關係的建立以及公共性與社群感的重建。循序漸進，才能在大時代的環境變遷中找到行政倫理的安身立命。

肆、行政倫理階層理論

　　行政倫理的內涵要義，隨著公共行政的理論典範更迭——傳統公共行政、新公共行政、新公共管理、新公共服務，而有倫理詮釋之不同偏重的差異，徘徊在他律與自律、公平正義與效率效能、領導與服務之間。行政倫理，固然是對於行政行爲的一種道德規範，但不同的行爲規範也存在著消極／積極、主動／被動的不同程度差別。本文依其積極主動程度的不同歸納爲四個階層：避免違法亂紀的依法行政、積極爲民造福的效能促進、闡揚地方精神的文化認同，以及強化施政品質的美感實踐。

一、依法行政

作為公共資源權威性分配的掌握者，依法行政是公務員行政倫理的最基層規範。若是輕易違法亂紀，則其所有處置都有可能會偏離公共利益。然而，「法」在實際執行上常有不同程度的詮釋空間，往往是雙面刃。在面對實際公共政策的執行過程與複雜情境時，法律規範得愈細瑣，愈是謹守法規，政策執行的束縛也愈大，往往也容易異化成為防弊大於興利。因此，新世代地方治理的依法行政倫理規範，應著重在法的積極詮釋，使得公共資源的運用更具彈性，並以公共利益的實現作為監督規範的準據，使得法的遵循更具開創性的彈性空間。

二、效能促進

依法行政是確認公務員職能特性之基本規範。然而，那只是最低層次的倫理要求。這種低標雖然也不容易達到，但它不是公共行政的積極目的，只能算是施政手段的倫理約束，甚而只是防弊規範。而公共行政的最終目的，乃在於實現人民與社會更好更多的福祉，也就是民主內涵中的「民有」價值。因此，地方治理應邁向行政倫理的第二層級，即效能促進。行政作為是否能實質有效促進人民的福利，才是落實行政倫理的真切判準，而非只是形式上或程序上的合法合理而已。

三、文化認同

政策效能的促進，固然可以滿足一般民眾的平常需求，回應民眾對政策的個別期盼。然而，施政的內容與政策的規劃，還必須要具有系統性的價值依循，否則便容易流於零碎的討好行政或討好政治，終而違反整體地方發展的長遠利益。因此，行政倫理的更高層次規範，即是要能找到施政的文化認同。依循地方文化的發展脈絡，以地方文化的底蘊和精神來鋪

陳各種政策規劃，落實各種地方政策的推動。具有這樣的文化認同與施政脈絡，才能以地方政府為主體，逐漸重建地方的公共性和自明性，進而取得多數地方民眾的地方認同。如霧峰區公所結合地方團體，以霧峰地方精神──「台灣轉型試驗文化」作為認同之基底，以發展「先驅之城」作為長程鄉鎮品牌目標的施政，便能逐漸形成地方發展的整合力量。

四、美感實踐

最後，也是最高層級的行政倫理是美感的實踐，亦即行政倫理必須著重施政過程與結果的品質提升。尤其進入21世紀的文明階段，乃是著重文化創意的新世紀。一般民眾對於文化的美感，以及對美感的品質要求日益提升，是一個同時講求理性與強調感性的時代。公務體系面對這樣的社會氛圍，在施政上必須有更細膩的過程作為與感性展現。同樣是整建一條馬路，之前可以直接簡單外包，現在可能需要加入許許多多的公共參與和美感設計。如此點點滴滴的細微提升，才能如實地創造一個具有美感和可感的公共服務。這乃是公務倫理的最高層級，也是目前正待求深求廣的公務倫理成就。如周會韜、孫珺樟（2006）所說的，這是一種倫理性的公共行政文化，一種將外在倫理規範內化為內在自覺行為的主觀德行。而其制度基礎，不是傳統的公共行政或新公共管理，而是民主行政、民主公共管理、參與式政府、公共治理等機制，是公務員在施政上的道德自律、自我要求與自我實現。

古人有云：人在公門好修行。作為一位公務人員，在其公務執行的過程中，可以只是奉公守法的依法行政，消極作為；也可以積極有效能地增進廣大的「民有」福祉；甚而，可以依循系統性的價值願景，闡揚地方精神，形塑文化認同；而行政倫理的最高層次則是要同理民情，並透過細膩的美感施政，引發民眾的公共信任與政治感動。而不同層次的修行，主要仍取決於公務員的自我角色認定。

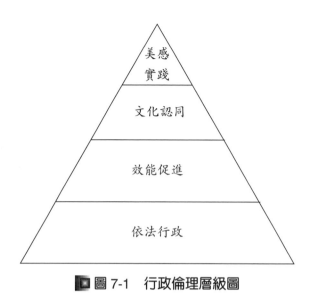

◼ 圖7-1　行政倫理層級圖

資料來源：筆者繪製。

伍、接地氣的行政感動

　　根據上述所提出之行政倫理階層論述，若將其適用到我國當前地方鄉鎮市區公所地方治理的實際施政情境，本文嘗試從近幾年霧峰各部門推動地方轉型發展之經驗，進一步探討：地方鄉鎮市區公所如何跨越各層級行政倫理的內涵，以實際創造接地氣的行政感動。

一、鄉鎮市區公所的自我定位

　　目前我國的鄉鎮市區公所行政層級有民選、有官派，但不論是民選或官派，它都是第一線接觸地方民眾的政府機關。在我國行政體制上，它都是形成地方鄉鎮自明性之最重要單位。因此，我們常常會在鄉鎮計畫推動上看到所謂一區一特色或一鄉一休閒等訴求。這便表示，鄉鎮市區公所還是形成地方感或地方生命共同體的最重要主題。相較於村里層級，鄉鎮市

區的規模和資源更有其特殊地位。因此，不論是民選或官派，影響其施政
風格、績效與作為的首要因素，便是鄉鎮市區公所的自我定位。將自己定
位為一個外派的行政機關或是一個地方的父母官，在實際運作上有著重大
差別。我們喜歡稱呼鄉長、區長為一個地方鄉鎮的「大家長」，這樣的自
我認知相當重要。因為，這樣的敘述背後有著完全不同的自我定位。一者
只代表整個政府體制中的一個機關，乃至於是最低層級的機關；一者則是
一個地方鄉鎮的首長、領袖、代理人與家長。其間的差別在於，前者只是
體制中的政策執行者，並對體制負責；而後者是地方領袖，是地方成員之
一，須對地方負責。看似無大差別，實則，前者與地方之關係相較於後者
顯得相當疏離，甚至對立，而後者則是一體的感受。這樣的角色定位，實
際影響後續的各項政策規劃與作為。

二、政策規劃的宏觀視野

　　從上述不同自我定位出發，往往也會影響政策規劃視野的差異。有者
著眼於短期績效的顯現，有者著眼於鄉鎮的長期永續發展。如若鄉鎮過於
墨守依法行政，受到法規自我拘束的異化，往往也會自我限縮政策規劃的
宏觀，自我綁手綁腳，怯於追求更大幅度的創意作為。相對而言，追求效
能促進之行政倫理觀，則其政策規劃視野便相對更為宏觀。而若此鄉鎮又
融入地方文化的認同，則又是另一種宏觀，一種貫穿古今，且重視文化脈
絡與地方精神的歷史性宏觀。這是從地方自明性之長遠發展的視角建構，
唯有具備符合地方文化認同的歷史宏觀，才能有長期性的累積發展。也因
此，它不會因為只追求短期績效，而留下沒有累積性的破壞性建設。

三、政策執行的美學要求

　　行政倫理的最高層次是美感的實踐。但以往人們對於地方政府的施政
要求，常常只著重在對民眾問題的淺短回應，功能性地提供軟硬體建設的

快速滿足。然而，新世紀的施政要求，是進一步要「求美」，而且不只是
施政成果的美，施政的過程手段也要美。美學大師黑格爾說，美是理念的
感性顯現。亦即，地方政府的政策執行，必須同時兼具內在的理念以及外
在的展現形式。兩者的緊密關聯程度，正是美感顯現的程度。這也是人們
對於政策作為有感或無感的評斷依據。而美學上所謂的「內在理念」，很
大部分便是當地的文化脈絡、地方精神或行政公僕想要傳達的施政理念；
施政之外在展現形式，則是行政者透過各種創意可感的形式，進而與當地
生活方式與認知思想的對接。例如，霧峰區公所為了保存與活化作為人文
之鄉的境內諸多文化資產，其便藉由持續多年的一區一特色計畫，與地方
團體共同推動「幸福椅子運動」。他們藉由一把又一把具有文資符號的幸
福椅子的擺放，展現出霧峰人文豐富之美，也點亮了光復新村、舊教育廳
等文資場域。

四、接地氣的行政感動

　　霧峰近十多年以來，在推動地方文資活化和地方觀光產業發展的政
策過程中，地方各部門之間也曾存在著理念上的不一致。但經過無數次的
合作經驗，也逐漸找到彼此對霧峰文化底蘊的共同理解，以及對於霧峰未
來發展願景的共識，許多跨部門間的公共行動也陸續展開。霧峰區公所在
嚴守依法行政的倫理規範下，也能深具彈性地放手讓公私部門積極進行各
種創意的美學實踐：像是延續多年的「幸福椅子運動」、「阿罩霧文化辦
桌」、「阿罩霧素樸藝術節」等一區一特色發展計畫，當中便有著許多接
地氣的行政感動。當地方鄉鎮市區公所不以依法行政為已足，開始重視探
索鄉鎮文化與地方精神，並在該基礎上，努力追求效能的促進與重視美學
的實踐，如實地去接近所在地氣，最終定能引發更多民眾的真實感動。

　　總之，地方政府若想要創造接地氣的行政感動，首先必須以「地方發
展的領導者」作為自我的角色定位；繼而再以宏觀的文化視野，為地方發
展做整體長遠的政策規劃；並在每個政策執行的過程細節，融入美感的品

質要求。當每一個施政方案既有整體宏觀的長遠積累，又有合乎文化理念的微觀執行細膩，自然可以帶給在地民眾切身的感同身受。

陸、結語：行政美學的實踐

　　21世紀是個美學風行的世紀，人類文明走到了一個歷史上從未如此重視個人、重視文化與重視美感的時代。前幾年學術與實務界總是用「有感」作為評鑑施政的綜合指標。然而，對於「有感」的指標內涵，並未有更加深刻的探索。如今，當公共行政面對的是日益重視個人感知的施政情境，政府部門的政策規劃與行政執行，若未能帶給民眾深切的感受與感動，則在整體政策績效上難免大打折扣。

　　因此，新世紀的地方治理倫理，就是公務體系必須展現積極性、主體性與創造性。此三特性的發展，要求地方政府必須以作為地方發展之倡導者、整合者與開創者自居，重新自我賦權。同時要嚴守行政中立，積極建構公私部門的夥伴關係，並設法重建地方的公共性與社群感。若以行政倫理的發展階層來看，依法行政只是公共行政運行的基礎，讓公務關係站穩腳步；公共行政要能具有實際增進民眾福祉的施政效能，才能實現其真實價值。因此，追求公共利益的效能促進，便是行政倫理的第二個進階；但一味肆應個人主義多元利益的施政作為，往往使得公共利益淪為瑣碎片段的浮面政績，難以發展綜合長遠的地方願景，也無法形成地方認同。因此，文化認同的重視與實踐，乃是當代行政倫理的第三個進階。尤其在地方創生政策推展的運作過程中，地方政府若未能先確立文化的認同，將難以扮演整合者、倡導者與開創者的角色，終而可能失去整體發展的方向與長遠的綜合成效；最後也是最困難的進階是美感的實踐，也就是要能在公共行政的運作過程中，透過文化意義的掌握與各種施政感性形式的展現，形成接地氣的感動，促成一個有感的行政倫理價值的追求。

　　依循著上述行政倫理階層，公務員可以自我檢視，本身究竟是位於哪一個階層。這樣的自我檢視，由於是來自新世紀的社會氛圍，將有助於地

方鄉鎮市區公所，重新自我定位。協助找到自我賦權的積極方向，進而能以更宏觀、更永續的文化視野來進行政策規劃。並在政策執行過程中融入更多美感品質的自我要求，最終必能引發眾多接地氣的市民感動。

公共行政本是整體政治實踐的一環，當致力實現政治感動的政治美學（林錫銓，2001）已是民主治理的時勢所趨，公共行政的運作，自然也需與時俱進。正如張世杰（2016）採人文主義研究取向（humanistic orientation）探索公共行政美學，主張目前台灣政治與公共行政極需要重視：「審美的判斷能力」（aesthetic judgement），他認為治理的主要核心問題，不應只是關注於「功利主義的利益」（utilitarian interests），而是要注意如何形塑「良善的生活」（the good life）。本文將美感實踐排序為新世紀地方治理行政倫理的最高進階，意在釐清感官施政與感動施政的重大差別。前者著重施政要被看見，常流於表面形式；後者則著重文化精神層面的把握，再賦予創造性的形式，以產生表裡一致的行政美感，這也是行政美學最扎根的實踐。

參考文獻

一、中文部分

李小蘭，2010，〈「善治」與行政倫理精神的彰顯〉，《華北電力大學學報》，第4期，頁74-77。

周會韜、孫珺樟，2006，〈西方行政倫理：公共行政理論視野中的嬗變〉，《萍鄉高等專科學校學報》，第1期，頁16-21。

林錫銓，2001，《政治美學》，台北：時英出版社。

張世杰，2016，〈公共行政美學的系譜學研究〉，《中國行政評論》，第22卷第1期，頁35-74

韓保中，2009，〈新治理的行政倫理意象：新公共服務論後設語言之分析〉，《哲學與文化月刊》，第36卷第1期，頁121-142。

二、外文部分

Denhardt, Janet Vinzant & Robert B. Denhardt, 2003, *The New Public Service: Serving, not Steering*, New York: M. E. Sharpe.

Lash, Scott, 2000, "Risk Culture," in Barbara Adam, Ulrich Beck & Joost van Loon (eds.), *The Risk Society and Beyond: Critical Issues for Social Theory*, London: Sage Publications, pp. 47-62.

|第八章|
公務倫理的終極典範：香港公務員「反送中」集會的敘事與省思

鄭錫鍇

壹、前言

　　引起世人矚目的香港「反送中」運動始於2019年3月，其肇始原因是香港特別行政區政府（以下簡稱「港府」）著手進行《2019年逃犯及刑事事宜相互法律協助法例（修訂）條例草案》（以下簡稱《逃犯條例》）的修例行動，該行動背後所反映的是面臨2047年大限的壓力下，對政府的不信任。於此期間，2019年8月2日發生香港首次：由公務員個人身分發起的反政府集會。這個只有一天的活動，衝擊著向來以忠誠、專業與政治中立的香港公務員體系之形象。這個事件引起國際關注，後續的影響及政治演變，頗值得專研。本文採取政策敘事（narrative）的途徑，將所蒐集到的敘事文本進行分析、詮釋與組織，編入運動事件的背景、情節、角色及啟示，織造香港民主行政發展的故事，並從公務倫理中的政治中立原則、組織公民意識（organizational citizenship）、政府社會資本（social capital）重建等面向，討論這個事件對港府及民主世界的啟發。

貳、政治中立：公務倫理的終極典範

效忠與發聲的平衡

　　公務倫理（public service ethics）一般又稱為「行政倫理」、「公務道德」或「服務倫理」，其皆係指在行政體系中公務人員在角色扮演時應該掌握的「分際」，以及應當遵守的行為規範（norm），是行政人員對公眾服務者（steward）負責任的基本前提，也是公務員在行政決策與採取行動時，據以行使裁量權的判準。為了增加其「正確性」，一般除了依賴公務員本身的主觀道德判斷外，還需要有符合組織、社會理念之客觀的倫理（credo）信條。

　　識者歸納各主要國家公務倫理規範，有助瞭解理想的、一般性的公務倫理圖像。不過，不同國家文化、政治制度或「體制價值」（regime value）的差異還是會彰顯其各自的特色，以英國為例，政治中立是公務倫理系統中的核心精神，且英國《公共服務守則》（*The Civil Service Code*）更載明公務人員須致力於實現以下核心價值：廉潔（integrity）、誠實（honesty）、客觀（objectivity）及中立（impartiality）。作為一位文官，無論執政政黨及自身政治信仰為何，須嚴守政治中立、竭盡所能地為政府服務。何況文官須遵守參與政治活動的限制，亦不得以個人的政治觀點隨意提出建議或行動（陳清秀，2009：121-122）。依據經濟合作暨發展組織（OECD）對各會員國公務服務倫理的研究報告更指出：「無私公正、依法行事、廉潔誠實、透明公開、負責」本是英國公共服務倫理核心價值（施能傑，2004：137-138）。因之，如果每個國家創設公務倫理體系都根植於一種理想建構或終極想像，承襲自英國統治的香港公務員體系，其試圖打造的理想圖像是：「專業與忠誠為基礎的政治中立」及「保障合理範圍的公民參政權」兩者間的平衡。前者可以節制公務員的主觀道德裁量空間，後者可以解決行政倫理的「不可能理論」（impossibility theory）（Thompson, 1985）。如果「政治理想是腦袋裡不能被剝奪的東

西」，那就「給予合理的範圍與節制」。不過，當國家或政權面臨高度的正當性危機（legitimacy crisis），或不可治理性（ungovernability）時，這個終極典型能否成為提供公務員向權力階層進忠言（speaking truth to power）的信賴基礎，又不會破壞社會互信資本，讓官僚體系成為社會穩定的定海神針，而不是社會亂源？由於香港反送中運動中，公務員集會插曲是一場參與陣營及港府雙方對「政治中立詮釋權」的競爭遊戲，於是，在這場利害關係人之間各說各話，更用己身所擅長的語藝（rhetorical）與論述來捍衛自己抱持的政治中立終極典型，值得運用「說故事」的政策敘事途徑來再現其歷史意義。

參、故事與政策敘事

　　敘事簡言之，就是故事的描述。在文學、符號學等領域有其重要性及特定意義，並經演化而發展出專門的敘事學（narratology）。以敘事研究（narrative research）為例，根據國家教育研究院學術名詞暨辭書資訊網的解釋，敘事是人類思考和組織知識的基本方法，我們常以敘事方式進行思考、表達、溝通，並理解人類社會與事件。人生活在故事裡，故事就像文化事件，它表達或再現文化本身，且經由敘事提供人類彼此理解溝通的脈絡與企圖。敘事研究是應用故事描述人類各種經驗和行動的探究方式，本是一種理解生活經驗方式的社會科學研究方法，也是詮釋論觀點下所發展出的一種研究取向。敘事分析（narrative analysis）嘗試瞭解受訪者如何賦予生活經驗的條理及順序，並使生命事件和行動變得有意義。敘事分析也常應用在心理學的敘事治療（narrative therapy），又稱故事治療，從中理解人怎樣敘說自己知識的一門學問。尤有甚者，敘事治療是心理師與來訪者共寫（co-authering）故事的再建構（reconstruction）過程。有關敘事的研究領域通稱「敘事學」，屬跨領域研究的學科。過去的敘事研究著重被研究者的言談分析（discourse analysis），重視考量文本，較忽略情境，若能納入建構情境（context of construction）與意義的探究，可使敘

事更加完整,並幫助研究者詮釋文本。

　　Fisher曾提出「敘事典範」(narrative paradigm)的五項預設(Fisher, 1987: 64-65;林靜伶,2000:97):一、人本質上是說故事的人(storyteller);二、人做決策和溝通時,向來是基於「好的理由」,但每會因情境、類型指涉和傳播管道而異;三、好理由的產生和實踐,受歷史、傳記、文化、人物特性等方面的影響;四、理性決定於敘事者之本質。而「敘事可能性」(narrative probability)和「忠實性」(narrative fidelity),是敘事是否合理的判斷標準;五、我們認知的世界是:由被篩選的「一連串故事」所組成,以便於人在生活中能持續地再創造。而敘事典範強調「敘事理性」,主張文本的好理由與邏輯性,比專家學術意見、統計數字、客觀證據等更具說服力。觀之許多運用新媒體連結的著名社會運動,如「香港雨傘革命」、「台灣太陽花運動」、「北非茉莉花革命」等,均運用情感性的浪漫動員(濫情但不一定理盲)。故如果沒有一個「好的理由邏輯」,是無法把一個個的「我」串聯成龐大的「我們」,這就是敘事的魔力。

　　以歷史故事作為一種敘事,不會只是客觀「描述」所謂的「歷史事實」,而恐是一種有特定立場的選擇性編憶(selective remembering),也可以說是運用所編擬的「劇本」來證成或捍衛這個敘事主體現狀(present)的正當性。敘事者對於故事安排與主角特性具有主導性,也會在故事串接過程中推論事件的因果關係,致使看起來混亂、隨機、無序的經驗現場,顯現秩序與意義,也就是予以「情節化」(emplotment)。敘事者會依著自身擅長的能力,利用敘事來影響人們對所屬社會與文化系絡的感知,讓受眾理解並發展出與之相符的世界觀。一般而言,敘事往往會有支配性的「主流故事」,亦即敘事是把資料與框架、模式匹配好,好讓對方得以理解的過程。這種作為或鋪陳牽涉到爭取認同與賦予意義,因之,故事主軸中的事件不免具有選擇性,至於遺漏的事件就無法與主流故事串聯在同一故事線。何況,當新的訊息編入,就會影響之後的敘事,所以主流故事難免是暫時性存在的。此外,既然說故事是對生命歷程的回顧,不免會透過對於過去經驗的重組,斯時也就進入對生活事件和經驗的

反思與行動，例如從政治事件中得到啓示，進而提出政策建議（黃素菲，2018）。

　　一個好的敘事，往往包括：背景（setting）、角色（character）及情節（plot）要素。M. D. Jones等學者（2014）即發展出「政策敘事架構」（policy narrative framework）的四大要素：

一、背景：政策問題，無疑是置身於獲制約的特殊情境與時空環境。

二、情節：通常包括故事起源、經過及結束，並藉以連結故事中的重要角色及情境背景。

三、角色：政策敘事中的重要角色及角色扮演。

四、故事啓示（moral of the story）或政策方案（policy solution）：一個政策敘事通常會在故事啓示中，提出解決方案。

　　本文敘事研究與分析的對象——反送中運動及鑲嵌在其中的公務員反政府集會（以下簡稱「八二集會」）——本身是一個向港府、中共政權與全世界發聲的時代故事。從網路媒體蒐集相關角色的主張、受訪發言、文件資料、官方聲明、公開信等多元資料發現，這場運動雖無單一文本，但卻有共同聲音——「追求司法獨立，反對政府濫權」，這也是此故事的典型劇本。本文針對這場企圖強烈且目的明確的社會運動，擬運用上述政策敘事的四大要素，對所蒐集資料及重要角色的各種「語藝」策略進行分析、詮釋、組織，以再現運動的歷史意義、世界觀及對民主行政的啓示。

肆、公務員「八二集會」的政策敘事

一、情境背景

持續進行中的反送中「流水」革命

　　香港社會自2019年3月開始，風起雲湧的「反送中」運動如史詩般進

行，這場運動不只引起世人對香港民主政治發展的關注，對香港政局、中國及其他民主國家都有不同意義與衝擊。而2019年8月2日發生的「八二集會」，是本運動中最重要的事件之一，其直接衝擊港府公務倫理中最核心的政治中立議題。

「八二集會」是台灣社會俗稱「反送中」社會運動的一環，這項反送中運動是指反對港府修訂《逃犯條例》草案運動（Anti-Extradition Law Amendment Bill Movement），本運動為香港傳媒廣泛使用的名稱，亦簡稱「反修例運動」、「反修例風波」、「反修例風暴」、「反引渡條例修訂」。不過，「反送中運動」標題最早起源於台灣蘋果日報2019年4月27日的「民陣明遊行抗『送中』」新聞標題。由於許多香港人民不滿特首林鄭月娥的親共政策，而自2019年3月15日開始發起一連串大規模多樣態的社會運動。該運動起源於2018年2月香港男子陳同佳在台灣殺害女友，並以行李箱棄屍台北市。男方回香港後，香港警方（以下簡稱「港警」）不能以謀殺罪行起訴，乃引發社會熱議。香港雖與20個國家簽署長期逃犯引渡協議，但與中華民國卻存在著司法互助上的漏洞。因此於2019年推動《逃犯條例》修訂草案，以填補司法漏洞，避免香港成為「逃犯天堂」。但修例的結果恐導致：「任何身在香港之人，均可能被送至中國大陸接受刑事調查及審判」，因此，反對人士擔憂此案會削弱香港在「一國兩制」下的獨立司法管轄區地位，及可能成為壓制不同政見的工具，隨後遂引發一系列政治僵局與大規模抗議活動。該運動並無明確統一的領導和組織，採多元且去中心化策略，示威者以遊行示威、集會、占領、靜坐、唱歌、吶喊、設置連儂牆、不合作運動、「三罷」（罷工、罷課、罷市）等一系列行動，其中也發生示威抗議者與執法警察間的激烈暴力衝突。[1]

這場社會運動在民主運動史上別具意義與特色，因抗議群眾為了與港警武力進行長期有效抗爭，吸取來自「占領中環運動」的教訓，以似水柔弱且剛強的「若水」（be water），為後來的運動策略定調，或稱「流水

1　維基百科，https://zh.m.wikipedia.org/zh-tw/反對逃犯條例修訂草案運動。

革命」，不像台灣太陽花運動期間選擇長期占領公共場所，不迷戀占領大場，而是伺機點火抗爭然後快閃。「be water」並成為示威者以後奉行的運動哲學，總在每次占領活動遇港警強力清場後迅速解散消失。[2]

　　港府的統治威信經過這一波波的「反送中」街頭運動已大為削弱，導致2019年11月25日的區議會大選，長期壟斷的建制派大敗，而民主派成功「變天」取得近九成席次（389席次：59席次），讓沒有立法權僅能做政策建議的區議員擁有「隱性」影響力。這樣的結果讓各界原本以為選舉後運動會大為降溫，然而，在2019年12月及2020年1月仍然持續發生「國際人權日」遊行及2020年香港元旦大遊行等大型示威行動。一直到全球壟罩在COVID-19疫情肆虐氛圍下才急速降溫。

二、情節經過

（一）反送中運動大事紀

　　一般社會觀察多以6月作為此大規模運動的起始點，其實早於2019年3月15日，香港民主派政治團體「香港眾志」，已於政府總部發起靜坐，本文整理出3月起至今反送中運動的重要事件，如表8-1：

---

[2] be water源自於香港已故武打影星李小龍的思想，意指武者不被形式所拘，要像水一樣流動，既柔軟又剛強；既能適應萬物，又能匯聚為強大力量，如老子所說「上善若水」，「要進，像洪水一樣湧進去；要退，像潮水一樣退去」。2019年9月2日英國《金融時報》編輯對此場抗爭定名「Water Revolution」，香港有網友將其翻譯為「流水革命」或「夏水革命」，又或直稱「時代革命」，開啓香港社運2.0模式，be water正是示威者奉行的運動哲學。

■ 表 8-1　反送中運動大事紀

時間	重要事件
2019 年 3 月至 6 月 示威者聚焦五大訴求	➤ 3 月 15 日：香港眾志已於政府總部發起靜坐，要求撤回《逃犯條例》修訂。 ➤ 3 月、4 月間：民間人權陣線（以下簡稱「民陣」）兩度發起示威遊行。 ➤ 6 月 9 日：民陣再度發起大規模且激化的遊行，且有大批市民參與。 ➤ 6 月 12 日：香港立法會預計恢復二讀辯論，示威者與警方於金鐘發生暴力衝突，事後警方被指濫用職權及使用過度武力。於是，示威者提出「完全撤回《逃犯條例》修訂草案、撤回暴動定性、撤銷被捕示威者控罪、成立獨立調查委員會追究警隊濫權情況、行政長官林鄭月娥辭職下台」等「五大訴求」。 ➤ 6 月 16 日：民陣再發起大規模的遊行。
2019 年 7 月 發生「元朗事件」	➤ 1 日：示威者發動遊行，部分人士非法占領立法會綜合大樓，其後將林鄭月娥下台的訴求更改為「立即實現行政長官和立法會的真雙普選」。之後，示威者幾乎每週發起常態抗議活動，和平示威逐漸演變成警民衝突，後來運動擴及香港各地，警民間衝突加劇。 ➤ 7 日：發生九龍區大遊行，部分示威者向周邊觀光區宣導反送中，遭警方追打，有五人被逮。於是街頭運動愈趨激進，之後轉向社區化。 ➤ 21 日：發生疑似警方縱容大批黑社會背景人士手持武器在雞地及港鐵元朗站，無差別襲擊路人和列車乘客，並有穿著制服的消防處救護員為傷者急救時，也遭遇白衣人襲擊之「元朗事件」。港警被指控未即時制止襲擊，且事發後無人被逮補，更有社會輿論指事件涉及「警黑勾結」，警方在事後廣受批評，激化民憤。 ➤ 28 日：發生萬人響應「光復元朗」遊行。

▣ 表 8-1　反送中運動大事紀（續）

時間	重要事件
2019 年 8 月 發生公務員反政府 「八二集會」	➤ 2 日：發生公務員發起的數萬人反政府集會遊行。 ➤ 5 日：全港發起「罷工、罷課、罷市」等三罷與地鐵不合作運動。警方也發射大量催淚彈、橡膠子彈及發生暴力流血衝突。抗議民眾也紛紛學習帶起面罩、頭盔、防毒面具。 ➤ 11 日：有許多民眾在大埔、大圍、尖沙咀，以快閃堵路發起「野貓式」抗爭。並發生令世人震驚的少女眼球被警方發射布袋彈射瞎事件。 ➤ 12 日、13 日：民眾發起兩天「黑警還眼」的癱瘓機場運動，引起國際關注，並非法禁錮及毆打中國《環球時報》記者付國豪，公開展示其個人信用卡及身分證，供現場香港傳媒直播。 ➤ 14 日：美國總統川普連番發推文指稱，深信中國國家主席習近平可以「迅速且人道地」解決香港問題，15 日再推文鼓勵習近平直接親自會見抗議人士，讓香港問題「快樂且開明地」落幕。 ➤ 17 日：有三場街頭遊行，「光復紅土」遊行中有部分遊行人士「蛋洗」親北京的建制派政黨據點，傍晚更在旺角警署外聚集。 ➤ 18 日：民陣進行號稱「818 百萬人流水集會」。 ➤ 25 日：香港民眾再度於葵涌、荃灣地區進行「荃葵青」之「反送中」遊行，警方出動水砲車以及裝甲車戒備，一度發射水砲。晚間警民發生衝突，警方在荃灣一度朝天空開槍示警。 ➤ 30 日：「8.31 港島見」大遊行遭拒後，民眾於 30 日以各種創意名義舉行上街活動。 ➤ 31 日：港鐵太子站爆發嚴重衝突，警方被批使用過度武力無差別襲擊市民，甚至遭受有市民死亡之指控。

■ 表 8-1　反送中運動大事紀（續）

時間	重要事件
2019 年 9 月 發生「929 全球反極權」大遊行	➤ 4 日：林鄭月娥據報徵得中共總書記習近平批准後提出四項行動，宣布動議撤回《逃犯條例》修訂草案，惟示威者認為運動中「五大訴求」僅一項被落實，且有事件引發警察暴力，現在才撤回並不會接受，並呼籲繼續抗爭。 ➤ 28 日起：香港網民發起「929 全球反極權」大遊行，發起者稱共有 24 個國家包括美國、加拿大、法國、英國、澳洲等國的數十個城市響應活動，聲援香港。 ➤ 29 日：台北有數萬人遊行聲援。
2019 年 10 月 發生反「禁止蒙面」大遊行	➤ 1 日：全港爆發多區激烈示威，導致林鄭月娥會同行政會議，在 4 日疑似違憲引用《香港法例》第 241 章《緊急情況規例條例》通過《禁止蒙面規例》，禁止民眾於公眾活動中蒙面，於 5 日 0 時正式生效。教育局亦發文香港各級學校，要求通知學生與家長，此舉引起反對者更大反抗，導致衝突升溫，警方更首次用實彈擊傷示威者。 ➤ 14 日：香港網友發起「香港人權法造勢大會」，呼籲美國通過相關法案。 ➤ 31 日：有網友發起戴面具之夜活動，呼籲民眾戴上面具遊行至中環知名酒吧區蘭桂坊，地鐵太子站也舉行悼念會。
2019 年 11 月 美國正式批准《香港人權與民主法案》 區議會選舉中，建制派和鄉事派遭到史無前例重創	➤ 4 日：出席第二屆上海進博會的習近平會見與會的林鄭月娥，表達對林鄭和港府在「修例風波」努力穩控局面的工作的「充分肯定」，並稱「中央對妳高度信任」。 ➤ 示威活動進入 11 月，隨著新一輪的三罷行動的發起，暴力及對立升級，並造成多人受傷。後來，發生港警強行攻入香港多所大學並包圍，包括香港中文大學和香港理工大學，導致多人受傷，中旬更多次爆發全日的大型衝突，令多間大專院校停課或提早結束學期。這次示威浪潮促使美國正式批准落實《香港人權與民主法案》。

表8-1　反送中運動大事紀（續）

時間	重要事件
	➤ 25 日：區議會選舉後，建制派和鄉事派遭到史無前例重創，示威活動有緩和跡象。
2019 年 12 月	➤ 8 日：國際人權日遊行，號稱吸引數十萬黑衣示威者參與，人潮擠爆銅鑼灣、灣仔、金鐘、中環等地。
2020 年 1 月	➤ 1 日：發起「毋忘承諾，並肩同行」大遊行。遊行從維多利亞公園中央草坪爲起點，遊行至遮打道行人專用區。月底由於 COVID-19 疫情肆虐，部分行動被不同主辦單位取消。
2020 年 2 月	➤ 1 日：凌晨「太子站襲擊事件五個月悼念活動」集會結束後，爭取五大訴求之大型公眾集會及遊行因 COVID-19 疫情威脅未解除，暫未再舉行。 ➤ 月中張曉明被免去國務院港澳事務辦公室主任職務，降級爲副主任，由全國政協副主席夏寶龍兼任國務院港澳辦主任一職。

資料來源：筆者整理。

由表8-1看出反送中系列運動中，示威群眾向港府提出聚焦的「五大訴求」，也同時向國際發聲，採取多元、創新、持續及國際化策略。從中值得注意者，「元朗事件」是故事劇情的轉折關鍵，也是促使公務員發動「八二集會」的最後一根稻草。

（二）元朗事件

發起「八二集會」的最後一根稻草

香港公務員制度取法於英國文官制度，保留文官制度中最關鍵、優良之專業與政治中立的「常任公務員制度」（黃湛利，2016：3-5），以遵紀守法和嚴謹著稱於世，且流動率不高，一般都是永業，向來多嚴格依

法服從長官意志。也就是香港公務員制度於港英時期就已發展成熟，現有超過17萬公務員，構成現今的香港公務員體系，一向秉持「政治中立」原則，及按程序和法律辦事的傳統。2002年7月7日曾發生香港數萬名公務員冒雨上街示威，抗議港府欲立法削減公務員薪資。這是香港自1989年百萬人上街抗議中國當局鎮壓六四天安門學運以來，最大規模的示威活動之一，也創下1997年主權移交中國後的最大規模集會的紀錄。不過，「八二集會」是香港首次由公務員個人身分發起的反政府集會，更有眾多醫護人員也參與集會譴責港府默許警方濫捕製造白色恐怖，致使急救人員與市民的人身安全受威脅。

2019年7月21日一場「獨立調查、捍衛法治、守護真相、重申五大訴求」的遊行，乃發生著名的「元朗暴力襲擊事件」，即當晚及翌日凌晨在香港新界元朗區發生暴力襲擊事件。大批穿著白衫、手繫紅繩之疑似有鄉事及黑社會背景的人士手持武器在雞地及港鐵元朗站無差別襲擊路人和列車乘客，多人血流滿面，並疑有女性指控被襲擊時遭到非禮，穿著制服的消防處救護員為傷者急救時也遭遇白衣人襲擊。由於港警被指控在市民報案後未即時制止，事發後又聲稱沒見到有白衫人集結與持械，當晚調查時亦沒有人被拘捕，警方被批評對黑社會勢力（三合會成員）發動襲擊早已知情及故意縱容，更有社會輿論指事件涉及「警黑勾結」，警方在翌日予以否認。警方事後拘捕28人，其中兩人後來被控參與暴動。於是港府在7月22日凌晨發出聲明，同時譴責上環及元朗的暴力事件，但對元朗發生的無差別襲擊事件僅稱「不能容忍」。22日下午3時，行政長官林鄭月娥及時任警務處處長盧偉聰，連同多位司局長召開記者會，再次譴責元朗暴力事件，但拒絕歸類該宗襲擊事件為暴動，當日即被醫學界及教育界連署批評是企圖淡化事件及扭曲事實。這次事件造成香港社會與政府間嚴重的信任危機，尤其是香港執法者長久建立起來的「社會資本」，終於觸發這次公務員發起反政府的大集會。[3]

3　鍾錦隆，2019年8月1日，〈反送中 香港公務員明天上街頭〉，《中央廣播電臺》，取自：https://web01.rti.org.tw/news/view/id/2029375。

經過元朗事件後，8月1日香港有來自不同政府部門約超過320名公務員連署，要求特首林鄭月娥回應「反送中」五大訴求，否則不排除「罷工」。《明報》報導引述香港中文大學政治與行政學系高級講師蔡子強說，數百名公務員參加連署是「史無前例」的事，反映林鄭月娥「已到難以管治的地步」，預料會促使北京當局考慮是否撤換特首。蔡子強認為，21日的「元朗事件」是「分水嶺」，引發大批公務員發聲。他批評林鄭月娥停留在舊思維，以為政府讓步後以「龜縮」態度應對能夠漸息民憤；但政府已多次錯過平息民憤時機，他懷疑即使成立獨立調查委員會，都不足以解決危機。[4]

港府錯估情勢，低估元朗事件衝擊與回應性不足，終於導致公務員發動大規模集會，發聲告訴特首林鄭月娥「你錯了」。

（三）八二集會登場

脫下職員證及制服後，我們都是香港人

2019年8月2日晚上7時，香港中環遮打花園首度有公務員以個人名義申請發起「公僕全人，與民同行」為主題的集會。由於參與人數眾多，德國之聲中文網號稱有4萬人上街頭集會，市民塞滿遮打花園和附近的遮打道以及皇后廣場，朱凱迪立法會議員、李國麟議員、歌手何韻詩等亦現身力挺公務員。該場集會大約持續至晚上9時30分，市民在主辦方呼籲下和平散去，因為這是對參與集會的公務員最大的保障。這次集會的「集會事宜」（號召書）如下：[5]

4　張子清，2019年7月26日，〈香港公務員連署批特首 學者：史無前例〉，《中央廣播電臺》，取自：https://www.rti.org.tw/news/view/id/2028739。

5　自由時報，2019年7月29日，〈港公務員不再沉默 8/2遮打花園舉行集會〉，取自：https://news.ltn.com.tw/news/world/breakingnews/2866905。

公務員終於站出來！

　　　【8月2日「公僕全人，與民同行」集會事宜】

　　我們是一群來自政府不同部門、不同職務、不同崗位，受薪於香港市民的公務員。香港公務員一直以服務香港市民為本，以維護香港核心價值、以港人福祉為核心使命。我們同意公務員在履行職責時需要恪守政治中立的原則，但並不代表我們不能夠就政治議題發聲，因為在脫下職員證及制服後，我們都是香港人。

　　近月逃犯修訂條例所引起的風波，同樣困擾香港的公務員隊伍。為了反映同事的意見，我們決定舉辦集會。詳情如下：

　　集會的主題是「公僕全人，與民同行」，因為我們希望向市民表達公務員團隊是願意繼續緊守崗位，秉持專業精神及操守服務市民，並願意把市民的聲音傳達至政府的管治團隊。我們呼籲各公務員同事以及市民一起參與這次集會。是次是民間自發行動，依舊遵守「無大台」原則，不代表任何組織、部門的立場，所有出席者均是自發參與，僅代表個人立場。

　　我們數位公務員同事將會於明天7月29日下午5時30分到中區警署申請是次集會的不反對通知書，完成程序後進行回應。

　　「集會事宜」中顯示：港府修訂《逃犯條例》是這次集會的主要導火線，公務員一改傳統忠誠與紀律嚴謹形象，直接挑戰政治中立議題，以公民身分表達政治訴求。在集會隊伍中也有醫護人員參與，其中一位參與集會的女醫護人員受訪表示：「示威者可以為港人擋子彈，為何我們不可以為他們付出？」[6] 參與的醫護界人主要不滿醫院管理局漠視病患隱私、政府默許警方濫捕、警方阻礙現場救援之急救人員。衛生服務界議員李國麟亦強烈批評港警在28日清場中，竟將身穿螢光背心的醫護人員當成示威者

6　星島日報，2019年8月2日，〈【逃犯條例】醫護人員愛丁堡廣場集會 質疑警方現場阻礙救援〉，取自：https://today.line.me/hk/v2/article/75OWQQ。

逮捕。[7]

　　集會事宜顯示幾項重要意義，首先，《逃犯條例》修例是最主要觸媒；其次，「公僕全人，與民同行」的主題，強調公務員與市民同樣具公民格與公民意識，會持續扮演回應市民的角色；其次，「不同部門、不同職務、不同崗位」的出席，強調集會的高度代表性；最後強調這是民間自發行動，用以表示不違反政治中立原則。

三、重要角色的態度與言論

　　「八二集會」有許多具代表性公務員的角色參與，且作為重要意見領袖，影響可謂不小，分析其論述與主張如下：

（一）主要發起人顏武周（時任勞工處二級助理勞工事務主任）

　　「八二集會」共有五名發起人，主要遍布在勞工處、房屋署、土地註冊處、運輸署和路政署，其中一位發起人為時任二級助理勞工事務主任的顏武周，其他參與人士包括政府決策局及其轄下部門：教育局、勞工及福利局、食物及衛生局、環境局、發展局、運輸及房屋局、商務及經濟發展局、創新及科技局、財經事務及庫務局、民政事務局、政制及內地事務局、保安局和公務員事務局。前政務司司長陳方安生及前公務員事務局局長王永平亦有參加。顏武周稱：「集會旨在讓市民知道，公務員團隊願意幫助修補政府與市民之間的關係。」[8]

7　自由時報，2019年10月26日，〈香港人反抗》示威傷者被迫求「私醫」醫護集會籲警克制〉，取自：https://news.ltn.com.tw/news/world/breakingnews/2958538。

8　斯影，2019年8月2日，〈香港公務員罕見集會聲援抗議者，政治中立原則成爭議〉，《BBC中文網》，取自：https://www.bbc.com/zhongwen/trad/chinese-news-49205490。

（二）王永平（前公務員事務局局長）

　　王永平局長於任職時，曾在2004年6月9日的立法會回答議員質詢時，說明「公務員政治中立」核心為（黃湛利，2016：6；黃海，2017：275）：1. 公務員的政治中立，建基於效忠政府的責任；2. 所有公務員應對在任的行政長官和主要官員盡忠；3. 公務員必須衡量各項政策方案的影響，在政策制定過程中坦誠而清晰地提出意見；4. 在政府做出決定後，不論個人立場如何，公務員應全力支持，把決定付諸實行，並且不應公開發表個人意見；5. 公務員應協助主要官員解釋政策，爭取立法會和市民大眾的支持。不過，王永平在參與集會上台發言及接受媒體訪問，主要集中在「公務倫理」與「政治中立」的詮釋，其發言重點整理如表8-2：

■ 表 8-2　王永平的態度與發言內容

王永平的態度與發言內容	公務倫理、政治中立的意涵
1. 2002 年他參與推行「主要官員問責制」，同時重新解釋「政治中立」，強調被問責官員有責任向「市民」負責，有責任推行符合民意的政策。	「問責制」下官員須向市民負責。
2. 公務員問責的基礎是什麼？是最高層的決策符合市民的意願。	高層決策符合市民的意願。
3. 《公務員守則》係他寫的，第 1 條係維護法治，法治超越特首。若政府違反法治，公務員以至警員犯錯，市民以至公務員都有責任指正。	維護法治超越特首，政府違反法治，公務員有責指正。
4. 他曾負責起草「政治中立」原則，有資格解釋之。該原則意味著當政府做出決定時，公務員一定要執行，不論是否與自己的立場衝突，但這並不意味著公務員不可以有自己的政治理念和立場，也不表示要接受政府政治立場，只要不影響工作，公務員有權表達政治訴求。	公務員可以有政治理念和立場，不須接受政府政治立場。

▌表 8-2　王永平的態度與發言內容（續）

王永平的態度與發言內容	公務倫理、政治中立的意涵
5. 這次集會反映了「社會上存在非常廣泛的意見」，認爲政府在處理反《逃犯條例》修例上，始終沒有回應市民的訴求。	政府處理反《逃犯條例》修例上，並未回應市民訴求。
6. 接受端傳媒專訪時表示，「政治中立」不等於公務員完全無政治理念，不等於公務員作爲市民一分子，對香港前途沒有關注和擔憂。香港公務員體系延續港英時期精神，政治中立、不偏不倚向來是公務員守則之一。	公務員延續港英時期精神，政治中立、不偏不倚，但同樣身爲市民一分子，可以有政治理念。
7. 公務員參與集會是否違反「政治中立」原則，值得商榷，如果考慮政治中立原則，1977 年廉政公署針對警員涉貪，對警務署做強有力的調查，被控涉貪警員多達 260 人，部分警員對執法不滿，於警察總部集會洩憤，可能違反此原則。	1977 年警察集會亦有違反政治中立疑義。
8. 公務員應清楚「政治中立」的原則，仍然選擇走出來。與其斤斤計較原則，政府不如反省社會上原本最不願意表達和政府不同意見的人，爲什麼都要出來？這是「史無前例的公務員躁動」，公務員不得不出來發聲，最大的責任源自政府。	公務員走上街頭是對政府的重要警訊。
9. 在他擔任公務員事務局局長期間內，從未有因違反政治中立原則而導致紀律處分的個案，原本沒有既定機制處理，現在要馬上啓動，亦不容易。	公務員事務局未有政治中立違紀處分個案。
10. 針對政府聲明提到「公務員必須對在任行政長官及政府完全忠誠」，如有休班公務員在集會中喊「林鄭下台」，會否違反《公務員守則》？他表示參與集會公務員無違反政治	公務員集會無違反政治中立，公務員是向體制、制度、核心價值、社會、市民忠誠。

📖 表8-2　王永平的態度與發言內容（續）

王永平的態度與發言內容	公務倫理、政治中立的意涵
中立原則，有人以爲政治中立不等於向行政長官和政府忠誠。其實本應非向個人忠誠，係向體制忠誠，係向制度忠誠，向核心價值、整個社會忠誠，向市民忠誠。	
11. 許多記者問他對於公務員事務局局長羅智光向公務員發信，表明反對以公務員名義集會罷工之看法。他指出《公務員守則》第1條是堅守法治，「法治高過所有政府官員、特首，無人可以超乎法治，如果我覺得今日政府、特首做法違反法治，作爲公務員的我也有責任指出」。	《公務員守則》第1條是堅守法治，法治係高過所有政府官員、高過特首，無人可以超乎法治。
12. 對於政府發表嚴正聲明絕不接受衝擊公務員政治中立原則的行爲，他表示「只要不影響工作，公務員有權表達政治訴求」。	只要不影響工作，公務員有權表達政治訴求。
13. 要求成立獨立調查委員會，要求政府盡快落實普選，亦是法治的體現。	訴求成立獨立調查委員會，落實普選有正當性。
14. 民眾、年輕人在意民主、自由高過經濟問題。	民主、自由價值已高過經濟。

資料來源：https://www.thestandnews.com/politics/公務員集會—前公務員事務局局長王永平—公務員係向市民忠誠，經筆者整理。

　　王永平作爲公務員事務局前局長，對政治中立意涵的詮釋是具有權威性的，其發言有幾項重點：首先，集會是因爲政府並未對反送中運動中的民意回應；釐清民主行政下，公務員眞正的責任動線是體制、法治、核心價值、市民，而非特首；再其次，集會對政府而言，是一種值得注意的警訊；最後，公務員可以保有自己的政治理念。

（三）陳方安生（前政務司司長）

政務司司長（Chief Secretary for Administration, CS）是港府中地位僅次於行政長官的最高主要官員，司長由行政長官提名，報中華人民共和國政府任命。政務司司長現屬行政會議「官守議員」，也可以署理行政長官職務的三名司長中最高級的一位。前政務司司長陳方安生出席參與本次集會且上台發言，其主要發言重點如下：

1. 公務員事務局1日雖然發出嚴正聲明，但公務員仍拿出道德勇氣與市民同行，一起要求政府回應市民訴求，她對此十分敬佩。

2. 公務員固然要保持中立，但要想想誰先破壞公務員的中立。她並對於現時警隊失信於民，感到可惜、遺憾、傷感和悲痛。

3. 時任政務司司長張建宗在元朗事件後向市民道歉，但卻遭到香港警務督察協會公然譴責，未見特首林鄭月娥出來回應，也未見警務處處長盧偉聰指出做法有違通例，公務員事務局也未就這起事件，提醒警員應保持政治中立。

4. 質疑1日公務員事務局發出的嚴正聲明，是想威迫公務員不要參與集會。她引述《中華人民共和國香港特別行政區基本法》（以下簡稱《基本法》）說，只有政務主任、新聞官、主要官員和紀律部隊不得參與集會，其他公務員均享有集會權利；並且這次是自發集會，公務員利用下班時間參與，不能說是損害政治中立。[9]

（四）公務界的反對聲音

不過，公務員行列中也有反對集會的聲音，如香港政府華員會（Hong Kong Chinese Civil Servants' Association）就在8月1日發表緊急聲明反對公務員發起集會或罷工，明確指出不贊同以公務員名義發起集會，與表達要求行政長官下台等政治訴求。他們更反對為謀求政治訴求，以脅

9　張子清，2019年8月2日，〈陳方安生出席集會活動 讚揚公務員與民同行〉，《中央廣播電臺》，取自：https://www.rti.org.tw/news/view/id/2029592。

迫政府的罷工行動，並表示任何發起此類集會及罷工的言論行徑，均有違政治倫理與政治中立原則。其又指出當前社會氛圍已異常緊張，若再以公務員名義連署發起集會甚至鼓動罷工，只會加劇當前社會的緊張氣氛，使社會嚴重撕裂情況更為嚴重，有如落井下石、火上加油；公務員罷工亦會嚴重擾亂民生和經濟，破壞香港聲譽，於公於私都是不負責任。[10] 另外，「政府人員協會」、「國家行政學院香港同學會」和「香港公務員總工會」於7月31日發表聲明稱，「故意公開公務員身分，公開不支持法治和不支持港府依法施政的立場，並推動政治集會呼籲公務員參與，明顯嚴重違反公務員守則及操守」。該連署呼籲公務員「認清自己角色，勿受有心人誤導，被推向前線」，同時促請公務員事務局及相關部門首長「跟進調查」。[11]「曉以大義」與「後果提醒」是公務界反對集會陣營的主要策略。

這些重要角色的針對性言談與敘事，激發出核心議題，並對政治中立的界定、範圍或信守，有了更清晰的理解，或可撲滅部分爭論。而且，也因正反的論辯，或可得到交疊的共識，啟動往後公務員更堅貞的信守。

伍、故事的啟示

「八二集會」串聯錯綜複雜的故事背景與劇情，是各重要角色的言論主張與展現企圖的平台，作為敘事的故事，對香港的民主行政發展有許多重要啟示。本文分別從政治中立爭議、公務員公民意識、政府社會資本的重建三個面向，加以論述。

---

[10] 駱亞，2019年8月2日，〈港府華員會發緊急聲明阻公務員集會被轟〉，《大紀元時報》，取自：https://hk.epochtimes.com/news/2019-08-02/56115281。

[11] 斯影，2019年8月2日，〈香港公務員罕見集會聲援抗議者，政治中立原則成爭議〉，《BBC中文網》，取自：https://www.bbc.com/zhongwen/trad/chinese-news-49205490。

一、被突顯的政治中立爭議

（一）對香港相關法規的檢視

　　公務員政治中立原則是英國首創的制度，港府則承襲此一制度與精神，具體表現在每個政策局中都設有常任秘書長職位，以確保五年一任的行政長官與政治班底更替時，不影響不同政策局與各部門的運作（黃湛利，2016：5-12）。公務員事務局於2002年6月發出通告第8/2002號，明確說明公務員必須遵守的原則與信念：1. 堅守法治；2. 守正忘私；3. 對在履行公職時所做的決定與行動負責；4. 政治中立；5. 執行公務時不偏不倚；6. 全心全意，竭盡所能，並以專業精神服務市民。此外，香港公務員政治中立原則中主要有五項重點：1. 公務員的政治中立，乃建基於效忠政府的責任；2. 所有公務員對在任的行政長官和主要官員盡忠；3. 公務員必須事先衡量各項政策方案的影響，並於政策制定過程中坦誠及清晰地提出意見；4. 在政府做出決定後，不論個人立場為何，公務員應全力支持，把決定付諸實行，並且不應公開發表個人意見；5. 公務員應協助主要官員解釋政策，爭取立法會和市民大眾的支持。這是一個以「效忠」為核心概念的原則，在港英時期的爭議不大。

　　香港公務員的政策與管理，主要由公務員事務局負責，而維護公務員隊伍的基本信念是其主要職責。其網頁提到：公務員參與政治及助選活動的情況，其中明確指出：「公務員和市民一樣，享有公民及政治權利，但另一方面，社會需要公務員隊伍保持政治中立……，政府雖然不反對個別公務員參加與本身職務並無利益衝突的政治及助選活動，但對於某些高級人員或因為本身工作性質而特別容易被視為有偏私之嫌的人員，則會被禁止參與任何政治及助選活動。」基本上香港公務員政治中立的指導原則，一方面讓公務員與市民同享有公民與政治權利，另一方面要求公務員團隊公正無私，避免有實際或潛在的利益。在參政權上，原則上允許公務員在實際服務期間或離職前的休假期間可以個人身分參與全國人民代表大會港區代表的選舉會議或競選全國人大港區代表；或作為候選人參加行政長官

選舉委員會選舉和村代表選舉；以及在當選後擔任上述有關職位。至於，候選人主要的參政權限制有：

　　1. 公務員在實際服務期間或離職前的休假，不得在行政長官選舉中被提名為候選人或當選成為行政長官（第569章《行政長官選舉條例》）。

　　2. 公務員不得在立法會與區議會選舉中被提名為候選人或當選成為立法會或區議會議員（第547章《區議會條例》）。

　　3. 高階公務員和特殊工作性質者，則禁止參與任何政治及助選活動，包括：首長級人員、政務主任、新聞主任、香港警務處所有紀律部隊人員。

　　《基本法》第27條更規定：「香港居民享有言論、新聞、出版的自由，結社、集會、遊行、示威的自由，組織和參加工會、罷工的權利和自由。」而香港目前相關公務員法規，並無禁止公務員享有市民應有之上述政治權利，留給公務員以市民身分在公務之餘發動政治集會。

（二）港府的態度

對在任的行政長官和主要官員盡忠

　　公務員事務局局長羅智光和港府，在集會前一日先後發出強硬聲明回應公務員集會和罷工。公務員事務局代表港府發出的嚴正聲明，重申政府絕對不接受任何衝擊公務員政治中立原則的行為，又指公務員必須對在任的行政長官及政府「完全忠誠」，不得受本身的政治信念支配或影響。聲明並指出，就任何公務員違規的情況，政府會按既定機制「嚴肅跟進」。該局並重申幾項重點：1. 公務員必須奉公守法、堅守法治、盡忠職守。在執行政務時不偏不倚、保持政治中立。這些信念亦是廣大市民對公務員的期望；2. 理解有部分公務員同事對於近日的事態有他們的想法，但公務員必須保持政治中立至為重要；3. 整個公務員隊伍必須保持團結，以應對目前的壓力和挑戰；4. 在這艱難時刻，必須以香港整體利益為依歸，一起努力維護公務員隊伍的核心價值，切勿因個人理念而影響政府的有效運

作，進而動搖市民對公務員不偏不倚執行職務的信心；5. 如有公務員違反《公務員守則》，將按既定機制嚴肅跟進處置；6. 政府內部一直有渠道聆聽政府同事的意見，任何同事均可利用這些渠道表達意見；7. 不接受衝擊公務員政治中立原則的行為，以動搖市民對公務員的信心，或致使外界誤以為個別人士代表公務員或所屬部門，而令人以為公務員與政府對著幹，因而製造政府內部分化和矛盾，影響政府運作、施政和向市民提供的服務。[12]

政府及公務員事務局的聲明發出不久後，前曾表示不反對公務員參與集會和罷工的時任政務司司長張建宗，於8月2日再次表態公務員以市民身分出席活動並無問題，但不能以公務員名義做出與政府看法不同的事。[13]

集會活動結束的隔天（8月3日），港府發表新聞稿，強調政府官員向公眾解釋政治中立原則及涵義向來一致，並引述前公務員事務局局長「王永平」和「俞宗怡」，以及時任的「羅智光」的言論，再度強調政治中立的原則。政府發言人也再度重申根據《公務員守則》，公務員必須保持政治中立，不論本身的政治信念為何，且公務員必須對在任的行政長官及政府完全忠誠，且須竭盡所能地履行職務，不得受本身的政治信念所支配或影響。發言人並強調公務員表達意見時，應確保有關意見不會引致與其本身職務有利益衝突的現象，或可能令人認為有損其在執行職務時，不偏不倚和政治中立的重要原則。發言人又引述王永平在任時，於2004年6月9日在立法會回答議員質詢時，強調的公務員政治中立原則；並指出俞宗怡2007年11月28日在任時，就立法會會議有關「維持公務員政治中立」動議辯論的發言中，亦表明政治中立的最基本原則，就是不論在任的行政

---

[12] 自由時報，2019年8月1日，〈反送中〉公務員8/2集會 香港政府：公務員需政治中立〉，取自：https://m.ltn.com.tw/amp/news/world/breakingnews/2871140。

[13] 林丁素，2019年8月2日，〈香港公務員歷史上首次發起集會 呼籲政府聽取民意〉，《端傳媒》，取自：https://theinitium.com/article/20190802-whatsnew-civil-servants-assembly/。

長官和政治任命官員的政治主張爲何，公務員皆應完全忠誠地協助他們制定政策、執行決定，以及管理所屬範疇的公共服務，不得受政治聯繫或信念支配；最後也指出現任羅智光2019年6月5日在立法會動議辯論上發言時亦曾指出，政治中立是指不論公務員本身的政治信念，必須對在任的行政長官及政府完全忠誠，竭盡所能地履行職務。而在履行公職時，公務員不得受本身的政治聯繫或信念所支配或影響，須以公正持平的態度執行決定，以及管理所屬範疇的公共服務。而「對在任的行政長官和主要官員盡忠」就是港府不斷強調的立場。

（三）代表性公務員的態度

　　雖然港府已對參與集會的公務員表達須嚴守政治中立與忠誠的聲明，並提出兩位前任及時任公務員事務局局長對政治中立原則的強調，試圖制止集會或削弱集會的正當性。不過，吾人若以檢視幾份具代表性的文本，可以看出公務員的態度，以及對政治中立原則的辯證立場。

1. EO與AO的公開信

香港今夏正處於大是大非之際，我們不願保持沉默

　　自2019年7月21日開始，港府有多個部門的公務員發「公開信」質疑警方濫權及政府未回應民間訴求。隨後有上千名行政主任（executive officer, EO）和政務主任（administrative officer, AO）罕見地發出「連署公開信」，表達對近來一系列衝突事件的關注，並呼籲政府成立「獨立調查委員會」，回應市民訴求。公開信中明確指稱：官員失職、政府失信、警隊失紀，作爲人民之僕，「不論本身政治理念如何，我們均竭盡所能對政府忠誠，也信守政治中立的原則。惟香港今夏正處於大是大非之際，我們不願保持沉默。若對問題根源視若無睹，非但將服務市民的使命置之不顧，更遑論將香港帶回正軌」。這封公開信開頭即要求特首和問責高官們要「聆聽各個階層聲音、竭盡所能服務市民、守護香港核心價值」。多次規模空前的遊行，甚至有市民以死相諫，一群問責官員仍然視若無睹，對

社會訴求無動於衷，則市民的擔憂，是政府失信。而元朗暴徒對手無寸鐵的平民發動無差別暴力襲擊，警隊卻未能及時出現，主事官員的回應也文過飾非；市民的擔憂，更是警隊失紀，導致遊行示威演變成衝突等。公開信如下：[14]

> 我們是100多名香港特區政府的政務主任（AO）。
>
> 聆聽各個階層聲音、竭盡所能服務市民、守護香港核心價值，皆是我們加入政府的初衷。這個多月來的一連串示威及多次警民衝突的場面，我們與廣大市民同樣感到極度痛心。
>
> 政府推行政策，本應以兼聽則明的態度，在社會的不同參與者當中尋求共識。《逃犯條例》此一石，不單擊起前所未見的浪，亦將大眾以為已逐漸消弭的矛盾再次帶到社會中。市民的擔憂，是官員失職：多次規模空前的遊行，甚至有市民以死相諫，一眾負責的問責官員仍然視若無睹，對社會訴求無動於衷；市民的擔憂，是政府失信：元朗暴徒對手無寸鐵的平民發動無差別暴力襲擊，警隊卻未能及時出現，主事官員的回應也文過飾非；市民的擔憂，是警隊失紀：遊行示威演變成衝突，如網路直播片段所見，警方行使公權時有無視規章之虞，如刻意隱藏身分，武力尺度合理亦成疑。
>
> 身為公僕，不論本身政治理念如何，我們均竭盡所能對政府忠誠，也是政治中立的原則。惟香港今夏，正處於大是大非之際，我們不願保持沉默。對問題根源視若無睹，非但將服務市民的使命置之不顧、更遑論將香港帶回正軌。雖然良藥苦於口、忠言拂於耳，我們仍想以最嚴肅、最謙卑的心情懇求特首用心聆聽社會的聲音，正面回應民間的各項訴求，包括成立獨

---

14 王篤若，2019年7月27日，〈逾百政務主任打破沉默：以最嚴肅謙卑心情懇求特首回應民間訴求——逾百AO聯署：守護香港核心價值，是我們加入政府的初衷〉，《立場新聞》，取自《阿波羅新聞網》：https://tw.aboluowang.com/2019/0727/1320973.html。

立調查委員會，在公平、公開、公正的原則下，調查近月由修訂《逃犯條例》以來在社會所引起的大小事件，例如，推行修訂過程的做法是否恰當、警方在各場行動當中所使用的行動及策略是否合理、元朗襲擊事件有否涉及公職人員行為失當等。惟有如此，香港才有契機讓各方和解，走出創傷，再次向前。

　　我們亦呼籲所有警務人員支持成立獨立調查委員會，讓警隊能與一眾市民重建互信。同時，我們希望你們繼續嚴格遵守《警隊條例》（第232章）及《警察通例》，向廣大市民立下「竭盡所能維護香港法治」的榜樣。

　　這個多月以來，香港人一次又一次教我們回想起服務社會的心。香港人為著共同理念，能夠放下成見，攜手並肩。香港人在最黑暗之時，能夠與素昧平生的人守望相助，砥礪同行。香港人在絕望之際，應堅守崗位並互相扶持。我們不忘作為政務主任的原則，但面對當下的政治危機，我們認為有責任發聲，希望可守護政府的信譽和威望。

　　解鈴還須繫鈴人。當權者若能以最大的善意，最寬容的態度聆聽香港人的聲音，解決問題的第一步隨即會浮現眼前。香港現在需要的是重建互信、休養生息的時間。如果眼前困局長久不解，香港也許會陷入更深的危機。還望當權者能夠權衡輕重，廣納民意，真真正正與眾香港人同行。

　　我們時刻不忘政務主任應秉持政治中立。然而，最近發生不同事件已令人覺得公務員在執行職務時，無法恪守中立。我們不忍公務員歷經幾十年辛苦建立的形象，毀於朝夕。我們絕無意挑戰公務員政治中立之原則；但我們深信，重新建立市民與政府間之互信，方可使施政重回正軌，讓公務員能各司其職，貢獻香港。

　　AO是港府的重要角色，時任特首林鄭月娥就是從AO之路升上來，香港回歸前的「六四事件」及回歸後的占領中環事件，AO類皆保持沉默，

本應政治中立的，但AO首次發聲挑戰公務倫理中的政治中立原則，對此史無前例的政治發聲，能否正確解讀與因應，直接考驗港府當局。香港《明報》7月26日社評強調，政府管治要靠公務員維繫，公開信事件牽涉到政治立場的原則問題，爭議在所難免，然而公務員系統出現躁動，對政府肯定是一個嚴重警訊。

2. 新聞處新聞主任致全體香港人公開信全文

要做好一個公務員的身分前，先要好好做一個人

數名港府新聞處新聞主任，也於7月28日聯合發表公開信，指出無法保持中立、沉默，是因為不向施壓者與惡勢力低頭，呼籲港府立即回應民間五大訴求，也批評警方過度使用武力、選擇性執法，並譴責元朗事件白衣人無差別襲擊市民事件中，官方新聞稿的處理混淆視聽，侮辱港人智慧。這些新聞主任們認為：公務員作為人民公僕，並非服務一小撮政府高層，他們時刻自我提醒「要做好一個公務員的身分前，先要好好做一個人」，更要「有良知風骨，明辨是非善惡」。這封公開信如下：[15]

致香港人：

我們是政府新聞處的新聞主任。我們明白社會期望新聞處能夠保持政治中立，然而當前香港局勢已沒有選擇中立的餘地，保持中立和沉默等同支持施壓者，向惡勢力低頭。

連串反送中示威活動，警察對示威者使用過度武力、選擇性執法；林鄭月娥領導的班子從未正面回應市民訴求，向傳媒交代及化解的工作亦不足，面對記者質問只是遊花園，重覆的答話，而每個週末透過新聞處，以政府發言人名義譴責示威活動更成為例行公事。其實除了譴責，政府又有沒有解決當前困

15 自由時報，2019年7月28日，〈反送中〉港府新聞處「主任們」倒戈 要林鄭立即回應民間訴求〉，取自：https://news.ltn.com.tw/news/world/breakingnews/2866843。

局的決心和承擔？

元朗發生白衣人無差別襲擊市民事件，暴行令人髮指，然而政府及後竟將上環示威活動與元朗襲擊的回應以同一新聞稿處理，混為一談；新聞稿更以激進及暴力衝擊等字眼形容上環的示威者，但對元朗發動形同恐襲的白衣暴徒，只以有人聚集及衝突等字輕輕帶過，實在是混淆視聽，侮辱港人智慧，行為可恥。

政府新聞處主要負責政府新聞及公關工作，政府形象與我們的工作有密切關係。我們促請當權者展示應有的承擔及誠意，化解目前社會衝突，確實執行問責制，要求需要為事件負責的官員下台，並立即回應市民五大訴求，包括正式撤回修訂逃犯條例，成立獨立調查委員會徹底調查及追究警隊濫權。

公務員Civil Servant是人民公僕，我們的工作是服務市民，而非一小撮政府高層，因此我們強烈反對新聞處副處長斐博歷早前向公營機構發電郵要求「維護特首尊嚴」，在目前政治危機下，盲目支持政府施政、維護特首面子，不但完全無助解決問題，更加是罔顧廣大市民福祉，違背公僕宗旨。

我們時刻提醒自己，要做好一個公務員的身分前，先要好好做一個人，身為真正的香港人，在大是大非問題前，必須有良知、有風骨，明辨是非善惡。

我們都是身處高牆的雞蛋，在雞蛋和高牆之間，我們除了永遠站在雞蛋那邊，更加希望可以成為保護雞蛋的高牆。我們相信，只有暴政，沒有暴徒。願事件可以盡快平息，社會回復平靜，香港人享有免於恐懼的自由。

愛護香港的政府新聞處新聞主任上

新聞主任是香港政治中立規範中，明列不得參與政治活動的對象之一，其以致香港人的公開信方式發出政治聲音，有違反政治中立原則之虞。

3. 文書及秘書職系公務員

身為公職人員的我們恥與為伍

7月24日也有來自香港不同政府部門的「前線公務人員」，連署一封發布在香港的LIHKG論壇的公開信，內文寫道港府於2019年3月強推《逃犯條例》以來，即罔顧香港人民的質疑和關切，讓數百萬民眾走上街頭，政府卻始終不給予正面回應，更縱容警方使用大量武力，造成重大創傷和白色恐怖；身為公職人員的他們，極度譴責警方的行為操守，並恥於為伍。其具體訴求為：促請政府正面回應香港市民五大訴求、將施暴者繩之以法。這封公開信有來自地政總署、選舉事務處、律政司、司法機構、入境事務處、香港消防處、香港海關等，凡超過23個行政單位，甚至反送中運動中常為人詬病的警務署，也有人員參與連署行動，該公開信內容如下：[16]

> 我們是一班關心社會的文書及秘書職系公務員，於不同政府部門的前線，致力為廣大市民服務。
>
> 從6月9日100萬市民和平上街，演變成612金鐘衝突，到每週的持續遊行、714沙田商場圍捕血戰、721上環連向市民開36槍及元朗襲擊，我們感到相當憤怒和心痛！
>
> 特區政府自本年3月強推修訂逃犯條例以來，對各界就其質疑和關切充耳不聞，漠視社會上撤回修訂條例的聲音，令200萬1名市民走上街頭。政府至今不但沒有正面回應市民訴求，更有意縱容警方使用過量武力，濫權抓捕和平遊行集會的普通市民，造成絕不必要的創傷及製造白色恐怖。
>
> 在7月21日的元朗襲擊中，白衣暴徒無差別使用武器瘋狂襲

---

16 黃彩玲，2019年7月25日，〈【無懼起底！香港公務員覺醒】香港23公部門震怒連署：港府警黑鎮壓反送中是「白色恐怖」〉，《公民報橘》，取自：https://buzzorange.com/2019/07/25/hk-civil-servant-letter/。

擊市民，包括老人家、孕婦及小孩。無辜市民撕心裂肺的慘叫聲、頭破血流的畫面至今仍歷歷在目。面對眾多被襲市民的呼救，警察不但冷漠回應，更在暴徒襲擊過後才賊過興兵，明顯嚴重失職。警隊選擇性執法，面對市民的需要時不斷拖延及推搪責任。此舉直接破壞公眾對公務員的信任，加重前線同事的工作壓力。我們極度譴責警方之行為操守，身為公職人員的我們恥與為伍。

公務員身為公僕，一直以專業及盡責態度服務市民。我們在此促請政府正面回應香港市民五大訴求、解決社會問題以避免社會撕裂，亦敦促警方在工作時應保持政治中立、合理、公平及專業地執法，並盡快將施襲者繩之於法，以保障市民的安全。

「為保持胸中聖火的火種久燃不熄所作的努力，就叫作良心。」我們文書及秘書職系公務員與香港人肩並肩同行，connect並守護每位市民，為香港的自由、民主奮鬥。

一班關心社會的文書及秘書職系公務員上

4. 公務員工會聯合會：公務員享有言論集會自由

公務員工會聯合會總幹事梁籌庭對公務員集會曾表達，公務員在公餘時間就是普通市民身分，享有《基本法》保障的言論與集會自由，在工作上必須保持中立、不偏不倚，不能有政治色彩、有所偏頗，重申政府組織中，只有首長級人員、政務主任、新聞主任，以及警務處的紀律部隊人員不能參與政治活動而已。除此以外，其他編制的同事可以參與，包括參加政黨活動、對政治議題發表言論。梁籌庭認為，8月2日的集會為公開活動，任何人都可以參與，參與公務員如被裁定違法，有可能職位不保，也提醒公務員留意參與集會的風險。[17]

---

[17] 自由時報，2019年7月30日，〈反送中〉8/2香港公務員上街 工會：參與集會並無違規〉，取自：https://news.ltn.com.tw/news/world/breakingnews/2867888。

5. 罷工的威脅

　　8月1日亦有號稱來自52個政府部門，超過320名的「休班公務員」以匿名方式連署，要求特首林鄭月娥回應「反送中」五大訴求，否則不排除「罷工」，聲明中指出對政府聲明深表遺憾，強調根據《基本法》第27條，公務員與一般香港市民，均享有集會和罷工的權利和自由。且根據《公務員守則》第3.7節，公務員須在「履行公職時」，保持政治中立，第3.8節也訂明公務員以私人身分加入政黨或參與政黨活動時，必須遵守當時適用於公務員隊伍的相關規例、規則和指引，認為公務員在公餘時間表達個人政治立場、參與集會和罷工，絕無違反《公務員守則》，亦同時受《基本法》的保障。[18]

（四）「八二集會」違反政治中立原則之爭議

　　「八二集會」的高度正當性來自眾多高階政務官員、高階文官、第一線文官與聲援民眾的參與，但這個集會顯現諸多違反政治中立原則的爭議，例如：

　　1. 高階官員參與並上台發言鼓動，接受媒體訪問且不掩飾公務員身分。

　　2. 參政權受限制之特殊高階公務員，如新聞主任集體發表公開信。

　　3. 香港公務員與一般國家一樣擁有「意見陳述」權利，「八二集會」是否為已窮盡內部各個溝通管道，所採不得不之行動？

　　4. 即使以公民身分參與行動，參與的公務員仍實質代表背後的政府行列，即使脫下制服與標誌，也難以只是純然市民身分，恐會模糊政府在公民心中的總體形象。

　　5. 公開反政府集會是一種社會抗爭手段，希望運用迫使力（force）

---

[18] 勞顯亮、麥凱茵，2019年8月2日，〈【公務員集會】52部門員工聯署 參與EO：我理解的忠誠是直諫〉，《香港01》，取自：https://www.hk01.com/article/359118?utm_source=01articlecopy&utm_medium=referral。

促使政府就範，明顯違反官僚組織中的垂直行政倫理與權威體系。

6. 要求特首下台，明顯違反「所有公務員對在任的行政長官和主要官員盡忠」，與「在政府做出決定後，不論個人立場爲何，公務員應全力支持」的政治中立原則。

7. 主要訴求包含反對政府政策，明顯違反「公務員應協助主要官員解釋政策，爭取立法會和市民大眾的支持」的政治中立原則。

8. 公務員理應是忠誠的代理人，過激的個人政治理念與行動，會影響市民的信賴感。

9. 嚴重破壞政府內部的互信與社會資本，影響之後行政系統運作的穩定性。

二、被激發的組織公民意識

欲保有前述香港公務員體系之專業、忠誠及政治中立等核心價值，遵守官僚體系中的垂直權威本至爲重要，再加上人在組織中有服從權威的天性，公務員就非本身利益事項發動抗議集會確實罕見。

身爲政治家也是心理學家的Stanley Milgram，其主要研究主題爲人服從權威（obedience to authority）的傾向，其研究成果奠基於1961年至1962年在耶魯大學的一系列有關：人從事壓迫他人行爲時，爲何難以抽身離開，選擇繼續服從權威的實驗。他發現：人會發展出對應機制，以合理化自己的行爲，包括（Milgram, 2017）：

（一）全神貫注於工作技術層面的勝任，比反思行爲的倫理性更加容易。

（二）把不倫理、不道德行爲的究責轉移到主事者身上。

（三）選擇相信所作所爲是完成背後更偉大價值任務的一部分。

（四）認爲受其行爲產生負面影響的人，應該是「罪有應得」的。

這種普遍人性傾向往往就是獨裁者的溫床，就像Stanley Milgram曾描述一名受試者的表現：「他認爲自己正在殺人，但卻用喝茶聊天的語言」（林鶯譯，2019：395）。他解釋人類服從權威的傾向，主要是因爲團體

合作必須有明確領導者、跟隨者及階層制度，而基於群居需要，應避免惹是生非。從人類以求生目的的演化來說，腦袋已設定好「服從權威」高於一切，且人獨立行動時會爲自己所作所爲負責，一旦進入體制或階層中，就會自然把價值思考的責任交給他人，而樂於當代理人。他的結論是：一般人抗拒權威的能力是薄弱的，只有少數對倫理、道德敏感，及較能堅持信念的人會抗拒權威，跳過這道鴻溝（Milgram, 2017）。這雖是人性的實然面，但不意味層級節制的官僚體制中，沒有出現積極組織公民意識的契機。

　　儘管服從權威是公務員的行政原則與天職，但從健全組織治理及民主行政的角度論之，有需要成就具有主體性，能對公共價值進行反思的公務員。民主國家除了給予公務員合法的參政權外，就屬「組織公民意識」的重視，「八二集合」是探討香港公務員「公民意識」展現的重要指標。

　　「公民」是具有特定共同體生活範圍的成員資格、身分者，除個人生存發展利益考量外，在共同體生活中應衍生良好的權利義務關係、考量公共道德與倫理，而後來發展出的「世界公民論」（citizen of the world），是在普世主義與全球化背景下，相信人類都有不受特定地域、政治共同體限制，進而追求普世價值的「公民意識」（江宜樺，2005；許立一，2016：33-35）。

　　此外，公民權的發展是從「第一代權力」發展至「第二代權力」的過程，而第一代屬於「消極權利」（negative rights），要求國家或第三方在某些範圍應不能干涉，以保有其特定權利，第二代權力屬於「積極權利」（positive rights），主張國家或第三方應積極作爲，採取激進措施，建立一個進步的政治、經濟與社會環境（陳宜中，2003；蕭揚基，2011；許立一，2016：42-43），以讓公民能夠有高度政治效能感，積極發揮影響力。

　　惟作爲一個社會人與政治人的「公民」，在遇到攸關社會利益及國家政治的問題時，公民應該是超越「私民」身分，並以「普世公民」的原則爲優先考量（陳其南，1992：10）。以公務員在追求公共行政良善價值所發揮的公民意識而言，Harmon（1981）就曾提出「主動―社會的自我」

（active–social self）爲人性觀點的公共行政行動理論。同樣作爲「人」的公共行政人員應該不只是被動反應環境的客體，也需具有自主思考，能反思並改變現狀的主體。蓋公共行政應超越官僚技術理性的主張，在經過著名的1968年「新公共行政」（New Public Administration）運動及1983年的「黑堡宣言」（Blacksburg Manifesto），已成爲公共行政學的重要研究議題。

當今欲提升爲超越工具理性與積極主動的官僚，有幾點觀察重點（Stivers, 1990: 269；許立一，2016）：（一）個人對行政行爲的反省與自省；（二）對行政系絡的批判與檢視；（三）對既存理性（giving of reasons）的承諾，本是公共官僚被一般公民信任的主要來源，類似核心價值。

爲了解釋組織成員對組織不滿意的行爲表現態樣，Hirschman（1970）曾研究成員對衰敗中的公司、組織或國家可能的回應方式時，提出了「exit」、「voice」、「loyalty」三種方式，之後經Rusbult等學者（1988）加上「neglect」，而成爲知名的「EVLN」模式。該模式是以「積極—消極」（active–passive）和「建設性—破壞性」（constructive–destructive）分爲橫、縱軸，區分成四種反應模式（Golden, 1992），試以此描述官僚對行政體系高層控制不滿的反應：

（一）拂袖而去（exit）：屬於「積極—破壞性」行爲，例如，離職或「用腳投票」（vote by feet），遠走他鄉。

（二）發聲建言（voice）：屬「積極—建設性」行爲，是組織公民意識的典型。

（三）信守忠誠（loyalty）：屬於「消極—建設性」行爲，並樂觀等待情勢改善，採信任態度支持當局，盡忠職守。

（四）行爲疏離（neglect）：屬於「消極—破壞性」的行爲，可能是政治效能感低落，類似「好官自我爲之」、陽奉陰違的態度。

香港公務員體系與一般行政官僚體系一樣，強調「忠誠」的核心價值，公務員一連串具代表性的連署上陳信件及集會抗議，代表從過去的忠誠態度轉向爲「積極—建設性」的發聲建言策略，表現出積極主動的公民

意識。這種公民意識可以透過激起議題、對話與建立理想政治社群等步驟來對抗、扭轉公共組織的結構慣性（鄭錫鍇，1993：123-149）。公務員的聲音也代表其另一層身分——公民的聲音，港府能否正確解讀與回應，勢必影響之間互信基礎的重建。

三、信任與政府社會資本的腐蝕

（一）政府信任危機：「八二集會」動機調查

在反送中氛圍下，元朗事件是促使公務員「八二集會」的最大原因，而集會顯示的是公務員團隊對所屬政府行列的不信任，信任是「難得卻易失」的社會資本，不能任意加以摧殘，這種體悟，或許是特首林鄭月娥在9月4日突然宣布「撤回」《逃犯條例》修訂的初心，展現回應民意的誠意，同日並向全體公務員發信，表示理解團隊對現時困局感到焦慮，稱公僕團隊更須團結一致，繼續以公正忠誠及不偏不倚的態度服務市民，協助香港渡過難關。[19]

一項由香港中文大學傳播與民意調查中心在集會當天針對集會原因所進行的調查，嘗試瞭解公務員參與集會的原因是否有別於一般市民（李立峰等，2019）。這項調查共收到277份現職公務員回覆；拒絕填寫問卷但表示自己是現職公務員的有47人；不是公務員的有368人。這項調查的受訪公務員平均年齡35歲，平均年資是9.4年，男性占53.4%。不過，受訪者主要為中層公務員（72.3%），低層占16.8%，高層占10.9%。至於出席集會的公務員則來自政府82個決策局、部門及53個相關機構，具相當的代表性，茲將調查結果為三部分說明。

---

[19] 鄧穎琳，2019年9月4日，〈【逃犯條例】林鄭向公務員發信：首務是「止暴制亂」（附全文）〉，《香港01》，取自：https://www.hk01.com/article/371634?utm_source=01articlecopy&utm_medium=referral。

1. 在參與集會動機方面

　　受訪者認為，下列參加原因「非常重要」的比例，分別為：全面撤回《逃犯條例》修訂（72.2%）、不追究反修例抗爭者（69.3%）、撤回6月12日暴動定性（76.2%）、調查警方處理示威的手段（91.7%）、調查元朗襲擊事件（93.1%）、成立獨立調查委員會（87.7%）、特首及主要官員下台（38.8%）、爭取香港民主發展（69.3%）。

　　研究團隊問卷調查發現：自7月中開始，示威者的主要訴求已由撤回修例變成表達對警方處理示威的不滿。大部分出席集會的公僕與民間訴求抱持相同立場，其中最重要的訴求是調查對警隊濫權的指控、調查7月21日元朗襲擊事件，及成立法定獨立調查委員會。另外，7月21日的民陣遊行，受訪者被要求在經濟發展、秩序、守法、民主、自由及平等中，選擇兩項作為香港最重要的核心價值。其中，絕大部分選擇了民主（85.4%）及自由（87.6%）。而「八二集會」的數據顯示：民主（59.9%）及自由（77.7%）同樣為公務員最重視價值所在，但百分比較721民陣遊行的數字低。值得注意者，也有一定比例受訪公務員選擇守法（25.3%），作為香港最重要核心價值，這與公務員日常工作須嚴格遵守法規，避免行政脫軌有關。在眾多原因中，最多公務員認為調查元朗襲擊事件非常重要。可能因為事件中白衣人目無法紀、警察涉嫌失職的處理手法，令習慣於遵守法規的公務員大感不滿。雖然政府在過程中宣布撤回修例，但對於調查警方濫權問題、成立獨立調查委員會等訴求，政府仍未答應。

2. 修補信任關係與挽回政府聲譽

　　該研究亦詢問受訪者，若政府不回應集會訴求，他們會參與下一步行動的可能性。在五個選項中，認為「頗有可能參與」及「非常有可能參與」的比例分別是：按章工作（34.8%及31.1%）、罷工（36.5%及23.7%）、實名連署（31.4%及18.6%）、向上司施壓（8.4%及1.8%）、辭職（5.1%及0.7%）。該研究更嘗試分析影響公務員意願，進行下一步行

動的因素，發現受訪者愈覺得反修例運動對自身作爲公務員的聲譽有影響者，則愈傾向採取進一步行動。正如集會發起人顏武周接受港台媒體訪問時表示，公務員集會是希望修補政府、公務員團隊及市民之間的關係；若政府一直未能有效處理政治危機，公務員選擇保持沉默，反而會影響公務員聲譽。公務員參與其他後續行動的動機，可能是出於挽回團隊聲譽。總之，該研究詮釋公務員對這場運動的熱烈參與，並非不忠誠，或與政府「對著幹」。若被錯誤解讀爲忠誠度問題，將會忽略公務員的眞實想法。

3. 政府高層並未深入瞭解公僕意見

　　該研究亦針對時任公務員事務局局長羅智光曾向員工發信，提到政府內部一直以不同渠道聆聽同事意見，對受訪者查詢是否同意這句話：其中非常不同意及不同意占67.5%，可見公務員認爲政府未能深入瞭解其意見，因而出席集會表達訴求。因爲，在內部聆聽渠道不足的情況下，公務員會如特首信件所說團結一致、緊守崗位，還是以公僕身分繼續支持運動，甚至採取更多行動，還看當權者能否適當回應他們最關心的警權問題。

（二）政府社會資本的腐蝕

　　「社會資本」概念最早出現於1957年加拿大皇家經濟展望委員會（Royal Commission on Canada's Economic Prospects）所出版的《住宅與社會資本》（*Housing and Social Capital*）一書（Schuller, 2000: 2-3）。最初是將社會資本界定爲學校、大學、教堂、醫院、道路、機場、排水系統等從屬於政府的公共建築設施，亦即可供社會大眾利用的公共硬體設施。直到1980年，法國社會學家P. Bourdieu將社會資本概念引入社會學領域；再由James S. Coleman、R.D. Putnam以及Fukuyama等著名學者的發展應用，讓此概念受到廣泛關注。M. Woolcock（1998）即認爲，社會資本概念讓不同的政治學家、歷史學家、社會學家和政府部門的決策者等，再次找到建設性爭論中的共同語言。

社會資本的定義頗為紛歧，簡言之，社會資本就是透過社會關係取得的資本，亦即個人與團體在社會互動的網絡關係中，所產生可資利用的資產（asset）。美國社會學會前副會長Nan Lin（2001）將「社會資本」定義為「一種鑲嵌於社會網絡中的資源，由行動者透過行動取得或予以使用」。這些資本從最初指涉的公共硬體設施，衍生到後來發展成「傘狀概念」（umbrella concept）（Adler & Kwon, 2002），包括社會規範、制度、網絡關係、社群、信任等（Bourdieu, 1986; Coleman, 1990; Fukuyama, 1995; Putnam, 1995; Burt, 1997; Inglehart, 1997; Woolcock, 1998）。

綜合學者對社會資本的相關研究發現，社會資本主要包含三大部分：

1. 在網絡與關係中生成：社會資本較易於平等互惠的網絡關係中形成，且是具有成員資格及夥伴關係者之間可資運用的資產。社會資本對社會發展之促進，主要在於以之作為各種互動行為與合作之潤滑劑（Stolle & Rochon, 1998）。Putnam認為信任最易產生自水平連結，及自願形成的組織中，這種組織比垂直連結之組織更具生產力。因為水平形式的組織提供可以討論的重要基礎（Putnam et al., 1993; Putnam, 1995: 76）。社會資本的累積也來自公民參與特定社會活動。

2. 形成各種互動關係可資依賴的制度與規範：在可資依賴的制度與規範基礎下，成員較能預期其他成員的行為，減少互動關係中的不確定性，組織規範亦能對成員行為產生約束效果，同樣成為可資信賴的資本，加上道德與平等互惠的規範，更有利激發成員的公民精神與利他行為。社會資本也是保障公民社會（civil society）存續與否的公共財。

3. 以信任作為主要精神與終極結果：Fukuyama（1995）認為社會資本是社會或其下特定群體中，成員間的信任普及程度。其最終所呈現的「信任」，也是前述網絡關係與制度規範運作中，最重要精神要素與基礎建設。

當社群成員對公共事務具有利害休戚與命運共同體感受時，往往會超越以自我利益為中心的做法，發揮利他的組織公民行為（organizational citizenship behavior）（Bolino et al., 2002），並主動關心或積極參與公共

事務。當國家機關依賴此一自願性活動，以維持政策運作時，它可扮演潛在社會支撐動力的來源。簡言之，社會資本蓄積愈多，人民支持政策的程度亦隨之增加（Montgomery, 2000: 227）。

　　值得注意者，政府與民間社會的互動日益密切，彼此也以平等夥伴關係、公私協力的模式合作，之間所仰賴的社會資本就更顯重要，許多現代化民主國家的運作、政策推動即仰賴政府制定健全進步的法規制度。政府在滋生或作爲社會資本的一環時，都扮演極重要的角色。以「政府社會資本」（government social capital）概念進行討論，可對香港公務員反送中集會事件做很好的觀察與省思。相對於「民間社會資本」（civil social capital），政府社會資本乃由社會學家Collier（1998）提出，其是指影響人們互利合作能力的政府制度，如契約的實施、法治和政府允許公民自由權行使的範圍。民間社會資本如共同價值規範、非正式溝通網絡，以及社團型成員資格等。

　　「政府社會資本」不僅以政府爲核心，與非政府組織及公民等組成的多元社會主體亦屬之。這些主體在共享的道德規範、互信、互惠等準則下互動，實現各自或共同價值目標的同時，也獲取了這種無形的政治資源，提高政府社會資本的儲量。一個積極參與的公民社會，如果能夠與具備良好治理能力的政府行政系統緊密連結，就會產生Putnam等學者（1993）所說的「良性循環」（virtuous circle），亦即藉由政府創造的機制來促進公民社會積累社會資本，而社會資本再回頭提升政府治理能力。社會資本最早是指涉政府提供之硬體公共設施，但以現代化國家而言，政府公務員所形成的行政與服務系統（軟體）更是重要的社會資本。政府機關所代表的是一種社會穩定、可產生社會共享意義之重要所在（Goodsell, 1998: 145）。尤其是基層公務人員的一舉一動都應發揮社會穩定的力量（許立一等，2005：24）。政府行政功能與市民的關係有如水跟魚的關係，它的重要性往往只有在政府嚴重失靈，如行政倫理敗壞、忠誠度喪失、怠工或罷工行爲發生時，才具體顯現。

　　信任意味著對「承諾」的堅持，及做出不危害他方的行爲，所以政府要遵守承諾，透過政治宣傳和建立良好的政治參與等方式讓社會認可政

府。政府更應該對社會信任的形成負主要責任，使自己的表現值得信任，公民和其他組織才會經由一定的互動和接觸，形成對政府的信任，從而成為政治治理的一種無形政治資產。此外，在國家社會規範的建立方面，應體現應然的普世價值，如民主、開放、參與、人權、自由、公平、正義等，使人民產生一種理性自覺意識，樂於遵守正式制度，與對正式制度的監督。

　　相較於Putnam等學者，強調社會資本要由下而上的產生途徑，信任當然也可以由上而下由政府創造出來（Brehm & Rahn, 1997; Levi, 1998; Newton, 1999）。這種體認所持的論點為：政府應明白只有在人民認為政府是值得信任時，政府才有持續創造信任的能力，例如對契約執行的確保、公平執法保障人民重要權利、不貪污腐化且高效率的行政系統。

　　當政府、公務員、市民間共享的價值、互信與道德規範遭受破壞時，民主治理危機就會產生。無疑地，「八二集會」就是影響政府社會資本的重建過程。

陸、公務倫理終極典範的學習課題

一、政治中立原則的信守與發聲

　　香港公務員體制中的永業保障允許公務員保有運用倫理道德的行政裁量空間，但也由於政治中立的高度抽象與模糊性，再加上所依賴的內在良知與專業判斷的不可靠性，政府通常會制定不涉及刑責、原則性的規範，且任何標榜政治中立的行為是以論述的正當性作為判準。而官僚組織的標準作業流程，本就企圖排除公務員大部分的價值判斷。「八二集會」的政治中立爭議是因為已涉及高於官僚體系的外在價值，如司法獨立、政府（警察）暴力、人權、民主等的普遍價值。由於過去在英國統治時期，香港公務員是在沒有普選的準民主體制下運作，但隨著2047年大限迫近，嚴

格檢驗港府在保有香港現有體制的努力程度，就是公務員挑戰政治中立的觸媒。以「八二集會」而言，雖然參與公務員以個人名義、於下班時間、在《基本法》中無明文禁止公民集會權等作爲集會行動的正當性基礎。惟以「效忠」爲核心概念的現有香港公務員政治中立原則及相關規定來檢視，新聞主任的公關信、受訪時不迴避公務員身分等，確實有違反原則之疑慮，也牴觸「所有公務員對在任的行政長官和主要長官盡忠」的原則。何況，更重要的是模糊了整體政府行列的形象，脫離忠誠代理人的角色。不過，要調整的不只是公務員有爭議之行爲，而是「對行政長官和主要長官盡忠」的原則，可能就存在爭議。此外，政治中立是透過個人主觀價值判斷，故不能無限上綱，什麼是最終的判準？誰能確認自己是中立的？最後，值得注意者，「八二集會」是以修補政府、市民與公務員間的信任關係，但這場集會運動也高度「浪漫化」了。這場反政府集會是否在已窮盡內部溝通途徑不成才不得已爲之？放眼未來，這是否也傷害了專業行政官僚的形象？「八二集會」雖只進行了一天，重重一擊但也適可而止。在現有具爭議性的政治中立原則下，港府必須與存有異議的公務員持續溝通與辯證，以釐清、共享可接受的政治中立原則，香港公務員體系才能眞正成爲穩定民主發展的「定海神針」。

二、組織公民意識的發揮與節制

　　公務員一向是忠誠的象徵，也是民主社會運作的基石。「八二集會」是瀕臨非暴力革命的邊緣，如同前公務員事務局局長王永平所言：「原本最不願意表達與政府不同意見的人，爲什麼都要出來？」「這是史無前例的公務員躁動」，「公務員不得不出來發聲，最大的責任源自政府」。至於公務員上街頭集會雖必須付出很大的成本，但相較於拂袖而去、忠誠、疏離，發聲乃是積極正向的組織公民意識，其往往有扭轉組織結構慣性的功能。「八二集會」乃組織公民意識與「異議權」的展現，導引所屬政府行列聚焦眼前最重要的社會問題，並點出政府應重視的普世

價值，表現出的情操則是公務員「主動─機會」的自我，而非官僚技術理性。一般而言，官僚體系若具有適當程度的組織公民意識，意味存在防止獨裁的防腐劑。「八二集會」節制性「快閃」一天，幾封給林鄭月娥的公開信文字鏗鏘有力，直指港府問題所在，再加上集會動機非為爭取利益，而是與一般「公民」一樣希望香港有更好的未來，如同「八二集會」的主題「公僕全人，與民同行」及內容強調：「脫下職員證及制服後，我們都是香港人」。又如同新聞主任們的公開信所稱：「要做好一個公務員的身分前，先要好好做一個人」。這是一場「向權力者說真話」（speak truth to power）的公務員社會運動，而且想要向林鄭月娥明確表達民眾、年輕人在意民主、自由已高過經濟問題。

雖然公務員事務局在「八二集會」前發表嚴正聲明，重申政府絕對不接受任何衝擊公務員政治中立原則的行為，又指公務員必須對在任的行政長官及政府「完全忠誠」，對於任何公務員違規的情況，政府定會按既定機制「嚴肅跟進」。這種用威嚇與懲罰的方式，試圖讓下屬屈服從不一定有效，蓋前述香港中文大學對「八二集會」的動機調查，詢問受訪者若政府不回應集會訴求，下一步行動的可能性，根據結果可推論，受訪者愈覺得反修例運動對自身作為公務員的聲譽有影響，則愈傾向採取進一步行動。

三、信任與政府社會資本的腐蝕與重建

中共對香港一國兩制不變的五十年承諾，即將面臨2047年大限，而習慣了港英治理時期民主自由開放體制之中壯年與年輕人，所持的焦慮感與日俱增。在此情境背景下，《逃犯條例》觸動了香港社會最敏感的神經，一連串社會運動就是最直接的反應。再者，加劇社會衝突的則是政府對「元朗事件」的處置與回應不當，嚴重毀損了港府長期建立之良好形象，及社會賴以持續推進的社會資本，「八二集會」的歷史使命就是希望修補、重建破敗的政府社會資本。如同發起人顏武周所稱，「集會旨在讓

市民知道，公務員團隊願意幫助修補政府與市民之間的關係」。又如EO
與AO的公開信所指：有關當局「對問題根源視若無睹，非但將服務市民
的使命置之不顧，更遑論將香港帶回正軌」。公務員團隊和警察是港府運
作的兩根支柱，但當公務員都恥於與警察同一隊伍時，便會產生嚴重的治
理危機。至於反送中運動最核心的「五大訴求」，都是直指對港府的「不
信任」。就以「八二集會」現場的公務員意見調查，也顯示挽回政府團隊
聲譽是主要動機之一。雖然港府指稱內部已有充分溝通管道，但顯然不被
普遍公務員認同，才會採取激烈的反政府集會。2019年11月底議會選舉結
果的建制派與鄉事派之所以遭空前重創，也對之前的社會動亂下了最重大
的註解：「林鄭月娥政府是不被信任的」。就以當香港民眾嗅覺到「馬照
跑，舞照跳，只管經濟，不管政治」的時代將要結束，這已不符前述香港
中文大學對「八二集會」的動機調查顯示「民主」與「自由」是香港最重
要的價值。部分公務員已認知港英純正專業的行政DNA正在被腐蝕，尊
榮感也嚴重喪失，於是「八二集會」是自然的有機反應。港府面臨空前的
治理危機下，解鈴還須繫鈴人，因此，港府須重新與公務員進行對話，重
新修補已殘破不堪的信任與社會資本，重建民主行政的社會基礎建設。

　　政府的修補之道乃取決於能否具體回應兩項反對陣營的重要訴求：
「成立獨立調查委員會追究警方濫權」與「撤回對6月12日金鐘暴力事件
及其後抗爭活動的『暴動』定性」，這是重建社會互信的關鍵，香港廉政
公署雖然曾在民眾投訴後，對元朗事件成立專案小組展開調查，但調查結
果顯然不被反對陣營接受，且與成立獨立調查委員會的訴求差距頗大。
2019年9月3日元朗區議會多名議員動議討論7月21日元朗白衣人無差別襲
擊事件，其中包括要求成立獨立調查委員會，多項動議均遭到大比數否
決。直到香港元朗區新一屆議會開會，2020年7月1日通過成立「721元朗
西鐵站白衣暴徒無差別襲擊市民事件工作小組」的決議。這個舉措或將成
為民主派主導的香港各區議會對警方瀆職、濫權進行調查的一個開端，港
府及廉政公署更必須做更積極的行動，以彌補港府在元朗事件處理上對社
會回應性的不足。此外，正式表態撤回對6月12日金鐘暴力事件及其後抗
爭活動的「暴動」定性，雖會減損政府的威信，且給反對陣營「官逼民

反」的正當性，但「權力大者先低頭、先伸手」是互信建立的重要原則，
也是重建政府社會資本的必然途徑。

四、民主行政價值的共享與釐清

2047年大限愈迫近，香港公務員要面對「回不去的香港，也離不開
中國」的困境。畢竟保留英國統治時期「政治中立」的專業行政傳統，
是在沒有普選下的「安全遊戲」。不過，當「世界的香港」變成「中國
的香港」時，中國政府是否允許香港選出回應民意的特首仍有高度不確定
性。「八二集會」試圖努力為香港未來的行政體系保留一個較不受政治干
預的行政空間，但諷刺的是，這必須用政治的手段表達。至於反送中運動
的五大訴求就是民主行政的核心價值，包括：司法獨立（反對《逃犯條
例》）、傾聽（撤回暴動定性及撤銷被捕示威者控罪）、民主（立法會與
行政長官雙普選）、問責（林鄭月娥辭職下台）、信任（成立獨立調查委
員會）、自由權與公民監督（公務員政治權利的確保）及回應（接受五大
訴求）。簡言之，「八二集會」的核心旨趣就是匡正政府應然的「責任動
線」（真正要負責的對象），針對政府聲明提到「公務員必須對在任行政
長官及政府完全忠誠」所提示，前公務員事務局局長王永平則釐清公務員
應該是向體制、制度、核心價值、社會、市民忠誠。只是公務員如何拿捏
這些價值的詮釋空間與力道，時有所爭論，這在承平時期問題不大，但在
關鍵時刻，香港公務員解決的方法是非常「政治的」，如同「八二集會」
這場大型反政府運動，本質上就是「非暴力的政治策略」。

柒、結論

從政治權利限制、政治中立原則與《公務員守則》之細緻規範上，彰
顯香港公務員體系運作對政治中立精神之重視。其所要打造的終極典型是
建立在兩大平衡力量之上，一方面保留公務員作為公民應有的政治權利；

另一方面嚴格要求遵守政治中立。公務員「八二集會」是香港整體「反送中」社會運動的一環，遊走在前述兩股力量之間，本文運用「說故事」的政策敘事途徑，希望能彰顯這場運動的啟示與意義。「八二集會」儼然是一場非暴力的公務員革命，這場「文官起義」故事，是政治中立下的大逆不道？還是亂世中的耿介忠臣？兩者都會是公務倫理研究的重要議題。當眾多公務員首次強調以公民身分參與反政府行動時，作為一場政治能量釋放的集會，或許將有助於為港府面臨的不可治理性與統治正當性危機解套，並紓解公務員普遍的不滿情緒與穩定士氣。誠然，當AO、EO這些「薪高糧準」，有如天之驕子的高階官員都冒著被秋後整肅風險而挺身表態時，作為一場爆發的組織公民意識與社會發聲，港府必須正確解讀，並做好事後的內部信任建構與社會資本修補。

參考文獻

一、中文部分

Tom Butler Bowdon著，林鶯譯，2019，《一次讀懂心理學經典》，台北：時報文化。

江宜樺，2005，〈公民理念與公民的教育〉，《通識教育季刊》，第12卷第1期，頁27-44。

李立峰、鄧鍵一、袁瑋熙、鄭煒，2019年8月，「『反逃犯條例修訂示威』現場調查報告」，香港中文大學傳播與民意調查中心。

林靜伶，2000，《語藝批評：理論與實踐》，台北：五南圖書。

施能傑，2004，〈公共服務倫理的理論架構與規範作法〉，《政治科學論叢》，第20期，頁103-140。

許立一，2016，《公民社會》，台北：國立空中大學。

許立一、賴維堯、朱金池、劉見祥、花敬群、郭耀昌，2005，《第一線行政與民眾生活》，台北：國立空中大學。

陳其南，1992，《公民意識台灣政治發展》，台北：允晨文化。

陳宜中，2003，〈國家應維護社會權嗎？評當代反社會權論者的幾項看法〉，《人文及社會科學集刊》，第15卷第2期，頁309-338。

陳清秀，2009，〈廉能政府與公務倫理之探討〉，《文官制度季刊》，第1期，頁115-137。

黃海，2017，《香港社會階層分析》，香港：商務印書館。

黃素菲，2018，《敘事治療的精神與實踐》，台北：心靈工坊。

黃湛利，2016，《香港公務員制度》，香港：中華書局。

鄭錫鍇，1993，〈公民意識與公共組織結構慣性的關聯性〉，國立臺灣大學政治學研究所碩士論文。

蕭揚基，2011，〈社區服務與公民教育：培育公民身份的觀點〉，《大葉大學通識教育學報》，第8期，頁73-87。

二、外文部分

Adler, P. S. & Kwon, S. W., 2002, "Social Capital: Prospects for a New Concept," *Academy of Management Review*, vol. 27, no. 1, pp. 17-40.

Bolino, M.C., Turnley, W. H. & Bloodgood, J. M., 2002, "Citizenship Behavior and the Creation of Social Capital in Organization," *Academy of Management Review*, vol. 27, no. 4, pp. 505-522.

Bourdieu, P., 1986, "The Forms of Social Capital," in J. G. Richardson (ed.), *Handbook of Theory and Research for the Sociology of Education*, New York: Greenwood Press, pp. 241-258

Brehm, J. & Rahn, W., 1997, "Individual-level Evidence for the Causes and Consequences of Social Capital," *American Journal of Political Science*, vol. 41, no. 3 (July), pp. 999-1023.

Burt, R. S., 1997, "The Contingent Value of Social Capital," *Administrative Science Quarterly*, vol. 42, no. 2 (June), pp. 339-365.

Coleman, J., 1988, "Social Capital in the Creation of Human Capital," *American Journal of Sociology*, vol. 94 (Supplement), pp. 95-120.

Coleman, J., 1990, *Foundations of Social Theory*, Cambridge, Mass.: Harvard University Press.

Collier, P., 1998, "Social Capital and Poverty," *Social Capital Initiative Working Paper No. 4, Social Development Department*, Washington, DC: World Bank.

Fisher, W. R., 1987, *Human Communication as Narration: Toward a Philosophy of Reason, Value, and Action*, Columbia: University of South Carolina Press.

Fukuyama, F., 1995, *Trust: Social Virtues and the Creation of Prosperity*, London: Hamish Hamilton.

Golden, M. M., 1992, "Exit, Voice, Loyalty, and Neglect: Bureaucratic Responses to Presidential Control During the Reagan Administration," *Journal of Public Administration Research and Theory*, vol. 2, no. 1, pp. 29-62.

Goodsell, Charles, 1998, "Public Architecture as Social Anchor in the Postmodern Age," in D. J. Farmer (ed.), *Papers on the Art of Anti-Administration*, Burke, V. A.: Chatelaine Press.

Harmon, M. M., 1981, *Action Theory for Public Administration*, New York, NY: Longman.

Hirschman, A. O., 1970, *Exit Voice and Loyalty: Responses to Decline in Firms, Organizations, and States*, Cambridge, MA.: Harvard University Press.

Inglehart, R., 1997, *Modernization and Postmodernization: Culture, Economic, and Political Change in 43 Society*, Princeton: Princeton University Press.

Jones, M. D., Shanahan, E. A. & McBeth, M. K., 2014, *The Science of Stories: Application of the Narrative Policy Framework in Public Policy Analysis*, New York, NY: Palgrove Macmillan.

Levi, M., 1998, *Consent, Dissent, and Patriotism*, New York: Cambridge University Press.

Lin, N., 2001, *Social Capital: A Theory of Social Structure and Action*, Cambridge, MA: Cambridge University Press.

Milgram, S., 2017, *Obedience to Authority: An Experimental View*, NY: Harper and Row. Reprint.

Montgomery, J. D., 2000, "Social Capital as a Policy Resource," *Policy Sciences*, vol. 33, pp. 227-243.

Newton, K., 1999, "Social and Political Trust in Established Democracies," in P. Norris, Pippa (ed.), *Critical Citizens: Global Support for Democratic Government*, New York: Oxford University Press, pp. 323-351.

Ostrom, E., 1995, "Incentives, Rules of the Game, and Development," in M. Bruno & B. Pleskovic (eds.), *Annual Bank Conference on Development Economics 1*, Washington, DC: World Bank.

Portes, A., 1998, "Social Capital: Its Origins and Applications in Modern Sociology," *Annual Review of Sociology*, vol. 24, pp. 1-24.

Putnam, R., 1995, "Bowling Alone: America's Declining Social Capital," *Journal of Democracy*, vol. 6, no. 1, pp. 65-78.

Putnam, R., Leonardi R. & Nanetti, R., 1993, *Making Democracy Work: Civic Tradition in Modern Italy*, Princeton: Princeton University Press.

Rusbult, C. E, Farrell, D., Rogers, G. & Mainous, A. G. III, 1988, "Impact of Exchange Variables on Exit, Voice, Loyalty, and Neglect: An Intergrative Model of Responses to Declining Job Satisfaction," *Academy of Management Journal*, vol. 31, pp. 599-627.

Schuller, T., Baron, B. & Field, J., 2000, "Social Capital: A Review and Critique," in S. Baron, J. Field & T. Schuller (eds.), *Social Capital: Critical Perspectives*, New York: Oxford University Press.

Stivers , C. M., 1990, "Active Citizenship and Public Administration," in Gary L. Wamsley et al. (co-authored), *Refounding Public Administration*, Newbury Park, CA.: Sage, pp. 246-273.

Stolle, D. & Rochon, T. R., 1998, "Are All Associations Alike? Member

Diversity, Associational Type, and the Creation of Social Capital," *American Behavioral Scientist*, vol. 42, no. 1, pp. 47-65.

Thompson, D. F., 1985, "The Possibility of Administrative Ethics," *Public Administration Review*, vol. 45, no. 5, pp. 555-561.

Tsang, Steve, 2014, "China after Deng Xiaoping: The Search for a Nondemocratic Development Model," in Hsin-Huang & Michael Hsiao (eds.), *Democracy or Alternative Political Systems in Asia: After the Strongman. Abingdon* (Routledge Contemporary Asia Series), New York: Routledge, pp. 78-96.

Woolcock, M., 1998, "Social Capital and Economic Development: Toward a Theoretical Synthesis and Policy Framework," *Theory and Society*, vol. 27, no. 2, pp. 1-24.

第九章
貪腐關乎性別？性別刻板印象影響廉能治理之初探[*]

周思廷、郭銘峰、林水波

壹、前言

　　貪腐被視為是「政治之癌」（corruption is known as the "cancer of politics"）（Gire, 1999; Wolfensohn, 2005; Heywood, 2018）。如何在政府施政與公共治理的過程中，讓政策執行的核心樞紐——行政官僚，提升公共服務的效率及品質，同時亦抑制官僚不當的偏差行為（bureaucratic deviance behavior），攸關民眾權益的保障、社會資源配置的公平，乃至於政治穩定性與經濟永續發展。故公共部門行政官僚貪腐（bureaucratic corruption）與其背後肇因相關議題，殊值學界與實務界重視與探究（Lederman et al., 2005; Aidt, 2009）。

　　當國際間致力構思反貪舉措的同時，一項在廉政研究領域上的熱點，即是關於性別與貪腐（gender and corruption）的討論。此一發展，主因在於當前整體社會生產結構的改變、教育普及化，女性角色從內到外的轉變與對職場貢獻的提升，致使「性別主流化」[1]（gender

---

[*] 本文曾刊載於《東吳政治學報》，第39卷第3期，頁41-99，筆者誠摯感謝該期刊授權轉載。此外，也感謝科技部專題研究計畫（編號：MOST 109-2628-H-002 -003 -MY3）之經費補助，同時感謝期刊兩位匿名審查委員與編輯部的寶貴修改建議，讓本文更臻於完善。文中若有任何不足之處，概由筆者負責。

[1] 「性別主流化」係指任何政策或計畫應從性別的角度，檢視性別意識的影響，最終目標以實踐性別平等（gender equality）的概念（ECOSOC, 1997）。

mainstreaming）已成為政府決策不可忽視的重點（李美枝、鍾秋玉，1996：265）。然而，國際間學界對於性別與貪腐之關聯性的觀點卻莫衷一是，爭論的焦點包括：女性是否較男性來得清廉？女性比男性較少行賄或受賄嗎？希望回應是否在公務人力資源或民主制度上應「提高女性的從政或執法比例，以利降低公部門貪腐或不法情事發生」的核心命題（Chaudhuri, 2012；陶宏麟、邱于恆，2019）。對此，世界銀行（World Bank）也曾指出一項有趣的貪腐現象：相較於男性，女性對於公部門的貪腐有較強烈的免疫能力。如果女性涉入公共生活愈深，則政府的貪腐程度恐將愈低（World Bank, 2001）。此項報告一經發布後，引發國際上不少研究的關注與論辯。惟相關論者對於性別影響背後的因果關係，目前仍未知半解，值得繼續探究。

詳言之，從性別途徑來檢視公共組織的發展與運作，存有兩派不同的見解：其一，支持性別差異最小化（minimal gender differences）的觀點（Lynn & Vaden, 1979; Lewis & Park, 1989）。也就是認為性別在管理態度與行為上具有相似性，公部門組織的管理及運作時不應特別再做區隔；反觀之，另一派學者則主張：性別是具有差異性（gender is different）。這派學者認為公部門的組織結構、組織文化、權力關係的分配，仍存有性別歧視的問題（Bullard & Wright, 1993; Miller et al., 1999），且性別在公共管理的風格上也不相同，其中女性管理特別具有績效、創新且凝聚等優勢（Meier et al., 2006）。故而，組織若能從工作年限、教育背景、家庭背景及工資水準方面，研究公共部門中女性個體特徵與男性的異同，將有助於組織運作的管理（Hale & Kelly, 1989; Guy, 1992; Naff, 2001）。國際透明組織（TI, 2014）報告更指出：性別不平等的權力動態，會限制女性參與政治、金錢或使用公共服務的機會。因此，在性別不平等的公共領域中，應當提倡女性的價值與經驗，改變現有的公共組織運作模式（Denhardt & Perkins, 1984; McGuire, 2002）。

女性作為社會發展與進步的重要支撐力，儼然成為舉世矚目的重要趨勢（Dollar et al., 2001; Swamy et al., 2001; Branisa & Ziegler, 2011）。就此，學術界與實務界也累積不少成果，致力於相關議題的探討，包括：

性別平等和民主課責的成效（O'Donnell, 1998; Plattner, 1999）；婦女參與政治對於公共支出結構的改善（Lott & Kenny, 1999; Aidt & Dallal, 2008; Aidt & Eterovic, 2011; Bertocchi, 2011）；女性保障名額等政策對政治素質的提升（Sung, 2003; Baltrunaite et al., 2014）。由此顯見，性別平等已成為當代人權的重要議程，應運用社會性別分析作為政策推動及強化公共事務正當性的重要工具（Bauhr et al., 2018: 5）。惟相關論著中較可惜的是，專門從性別角度探究行政官僚貪腐議題的討論相對稀少。進一步來說，在許多政治學、比較政治或經濟學等社會科學的相關文獻，多數探討行政官僚貪腐議題的設定，往往僅依附在政治發展、政府治理、派系政治、制度選擇議題下的次主軸（吳重禮，2018：110）；[2] 即便若干研究曾試圖探究性別與貪腐的關聯性，若非囿於宏觀總體指標、跨國實證調查資料的分析（陶宏麟、邱于恆，2019），便是採取人口學控制變數（demographic controls）的方式（如Sung, 2003; Alatas et al., 2009; Branisa & Ziegler, 2011；陳俊明，2008；蘇毓昌、胡龍騰，2013；莊文忠、余致力，2017），難以深刻描繪性別與貪腐制約的潛在性因由與層次，再次突顯本文的重要性。

　　前述顯露在行政官僚貪腐與公部門管理知識領域上的一重要研究缺口（research gap），亟待彌補。惟也需留意的是，若欲探究性別與貪腐之關聯性存在多重困難，不免可能涉及主觀推斷，且貪腐行為也需考慮到其是社會文化脈絡與制度制約下之產物，始能做出更精準的判斷（Alhassan-Alolo, 2007; Goetz, 2007；汪琦等，2014；莊文忠、余致力，2017）。本文擬針對台灣公務體系與職場環境系絡，探究性別與行政官僚貪腐議題，當前此一議題的相關研究包括如陳新、陳祖英（2008：150）曾基於傳統文化與規範價值面的視角，指出華人女性主體意識因對家庭廉政文化有重

2　吳重禮（2018：110）指出，在政治學與比較政治的研究領域中，政府貪腐問題多是僅依附在政治經濟發展、政府治理、利益團體、派系政治，甚或是制度選擇（如憲政制度、選舉制度、提名制度等）之中，然稍嫌可惜的是，貪腐問題非為各文章探討的主要核心。

要支持的印象，而做出「女性較男性來得清廉」的結論；在經驗資料上，則是如郭夏娟、涂文燕（2017）針對中國大陸公職人員進行性別與貪腐的研究，指出社會文化建構是造成差異的關鍵因素，並且發現女性較男性不能接受對權色交易的貪腐行為。在檢視台灣的公共體系的性別貪瀆數據的情況，從法務部2015年至2020年間貪瀆起訴統計資料顯示，男性公務員貪瀆起訴的比例趨近九成。[3] 相關的研究似乎也都肯認「台灣公務員女性較男性清廉」的結果。是以，在公共領域中的職場環境上，性別與貪腐之間的關係似非單純。其中，性別究竟是如何影響貪腐？哪些因素促使貪腐產生性別的差異？抑或性別對公務體系在廉能治理方面是否造成影響？是否存在先天的結構制約（structural constrains）或性別刻板印象（gender stereotypes）？其內在可能的因果關係為何？既有文獻中都尚未深刻回答其可能的輪廓形貌。就此，本文希望重新梳理國內外的相關研究，以貪腐與性別相關理論為基礎，探究行政官僚貪腐何以受到性別潛在因素的影響，再從性別社會角色的觀點切入，進一步檢視：台灣在性別刻板印象對於行政官僚貪腐間的作用，從而找出構成性別與貪腐潛在的因由與層次，進而歸納得出性別對於公務人員貪腐可能的影響路徑。

前言簡單導論之後，相關章節安排如下：第貳節，爬梳國內外相關文獻，以釐清性別與貪腐理論在當代的重要討論內涵。第參節，依據相關學理的基礎，結合台灣本土系絡，從宏觀、中觀、微觀三層次探究性別影響行政官僚貪腐制約的可能關係與分析框架。第肆與第伍節部分，則是透過深度訪談法（in-depth interview）並扣緊理論相關概念範疇相互進行辯證與反思，以重新檢視本文的問題意識。最後結語部分，將試圖歸納相關結論與經驗資料，提出性別對於台灣公務人員貪腐可能的影響路徑，而非僅將性別視為單一的量化控制變數，並從性別的角度提出抑制貪腐生成的廉能治理策略，希冀有助於推動廉政防弊與興利工作的參考方向。

---

[3]　2020年公務員貪瀆起訴數據（包含民意機關）為男性216人，女性33人；中央與地方行政機關（不包含民意機關）公務人員貪瀆人數則為男性191人，女性28人（法務部廉政署，2020）。

貳、貪腐關乎性別？相關流派的爭辯

　　性別與貪腐的議題，肇始於馬里蘭大學IRIS研究中心（IRIS Center, University of Maryland）的Swamy等人於2001年發表的Gender and Corruption，及世界銀行發展研究小組的Dollar等人於2001年提出的Are Women Really the "Fairer" Sex？之兩篇代表性論著，旨在探索女性在政治參與及貪腐程度間的關聯性（Goetz, 2007: 93）。然而，自世界銀行指出女性較男性不貪腐的現象後（World Bank, 2001），TI的全球貪腐趨勢指數（Global Corruption Barometer, GCB）調查，亦得出：「女性相對於男性較少行賄或受賄」（TI, 2009）。[4] 相關學者，便開始思辨究竟該不該「提高女性的從政或執法比例，以利降低公部門貪腐或不法情事發生？」此一命題，並運用各種方法與不同途徑資料驗證，避免錯誤或過當推論。以下茲歸納不同流派的論點，以瞭解其在研究議程（research agenda setting）的進展：

一、肯定派的觀點：女性具有貪腐減少效應與廉潔的假定

　　秉持肯定派觀點的學者，主要支持「女性較男性清廉」。其核心命題假定爲：女性加入公共部門，將有助於減低政府貪腐的問題。從早期的調查結果，大多顯示：女性較男性少有貪腐行爲，且若能提高女性在公共領域的代表性，將能強化公共事務的正當性（Dollar et al., 2001; Swamy et al., 2001; Branisa & Ziegler, 2011; TI, 2014: 3）。這些研究認爲，女性更具有道德情操與責任感，因而不太能接受貪腐行爲（Swamy et al., 2001），若能在組織中提升女性成員的比例，組織貪腐的問題就較爲輕微。Gatti等人（2003: 11）也曾檢視：35個國家的個人特徵與貪腐認知間之關係，從

4　依據TI於2009年的調查發現：女性行賄與受賄的可能性低於男性，由於女性往往更厭惡風險，並且不太可能與易發生賄賂的公共組織接觸（TI, 2009）。

實證資料中發現女性、有工作者、較不富有和較年長的個人，其對於貪腐
容忍度較低。同樣地，Dollar等人（2001）及Bowman與Giligan（2008）
的跨國實證研究亦指出相符的結果。然而，對於「增加女性比例是否具
有減少貪腐現象？」的問題，從不少研究得出：國家議會的女性比例
與貪腐之間，存在負相關的關係（Dollar et al., 2001; Swamy et al., 2001;
Jha & Sarangi, 2014; Watson & Moreland, 2014; Esarey & Schwindt-Bayrer,
2017）。其中Swamy等人（2001: 36）特別強調：由於女性較具有誠實與
正直的特質，能為公共生活提供更合乎道德的影響。Dollar等人（2001）
亦認為，女性具有較高的倫理行為標準，也更關心公共利益，並肯認：如
增加女性的公共參與，可降低貪腐的程度。而陶宏麟、邱于恆（2019）的
研究使用2009年「國際社會調查研究計畫」，控制工作環境，如就業狀
況、職業、所得等條件，亦得出相同的結果：女性較男性不能容忍成功需
要靠貪腐，並認為提高女性執法與從政比例，可期待貪腐情況的降低。

二、批判派的觀點：質疑女性的貪腐減少效應及廉潔的假定

　　相較於肯定派的研究，仍有不少學者偏向批判派的觀點，對於「女性
較男性清廉」的看法提出質疑，其認為性別對貪腐容忍態度存在複雜的因
素（Gorta & Forell, 1994: 52）。原因在於，性別可能因環境系絡的差異，
造就不同的結果。其中包括：文化差異、歷史背景、社會結構、權力距離
等（Alhassan-Alolo, 2007; Goetz, 2007；汪琦等，2014），從中質疑或挑
戰女性減少貪腐的效應和比較廉潔的假定。Gilligan（1982: 18）則認為，
女性在道德判斷方面存在缺陷，如思考善良、幫助及討好別人等同道德的
看法，將不足以滿足公共生活的需要，僅是遵守普遍的正義原則而已，
因之女性並非較男性清廉。若進一步來看，這種發現，可能存有不少的
限制，如Alhassan-Alolo（2007）針對迦納（Ghana）公務員的態度研究發
現：在女性沒有貪腐機會與網絡的存在，公共領域的女性較男性不貪腐的

說法則不能成立。對此，Esarey與Schwindt-Bayrer（2017: 24）就指出：女性降低貪腐的作用，實須處於課責的環境制衡。也就是說，如若沒有搭配著課責機制的約束，女性是無法降低貪腐的情況。再者，Jha與Sarangi（2014）亦發現若女性位居政策制定的崗位上，才能發揮出減少貪腐的功能。舉例來說，女性議員之所以能減少貪腐的可能，並非因為女性的貪腐程度較低，而是女性在議會環境下對政策的影響。換言之，在這樣的觀點下，女性未必比男性更為清廉。女性能夠較男性更少貪腐情事的產生，除了組織環境必須具有民主治理的課責性與法治化等特徵（UNODC, 2021），也須端賴組織中的性別比例配置，誠如Mukherjee與Gokcekus（2004）在六個國家、90個公家機關，共4,000名公務人員的調查研究結果，指出：若為女性成員居多數的組織下，一味增加女性的比例可能無助於降低貪腐的效益，甚或產生反效果；換言之，提升女性代表的條件必須是當女性處於組織的少數時，貪腐方能有下降的可能。

總括上述，肯定派論者假定：當提高女性的公共參與，將有助於降低貪腐發生的可能，係因女性較不能容忍貪腐的發生。這正與世界銀行報告所指出之看法相似，即「提升女性的政治和經濟參與，代表國家走向更開放、更透明且民主的政府」（World Bank, 2001）。然而，增加女性的公共參與，可能顯著降低貪腐之推論，卻沒有實證結果足資證明性別與貪腐間的因果關係（蘇毓昌、胡龍騰，2013：7-8）。何況在環境系絡的差異下，性別變項對於貪腐影響的解釋力，仍無法有通則性的論定（Alhassan-Alolo, 2007: 236）。因此，在肯定派與批判派的研究論辯下，可見性別與貪腐兩者間是具有討論的空間，惟該如何詮釋其背後的因果關係，乃至於提出更完善的反貪治理措施，仍猶待蒐集更多的經驗證據進行觀察與釐清。

參、性別刻板印象與貪腐生成的潛在制約

在華人社會裡，男女角色仍存在或多或少的既定印象。從社會學的角度來看，性別角色其實是經由後天學習而來的，透過社會化的過程賦予性別特定的規範，而對於性別角色及其行為的信念與態度乃是形成一種刻板的行為標記，因而產生「性別刻板印象」（黃文三，1990；劉秀娟，1999）。況且，性別刻板印象往往以男女的「性格特質」作為印象的焦點，再擴充到其他的範疇（黃囊莉，1999）。爰此，為梳理性別何以產生貪腐的差異？貪腐是否受到性別刻板印象的影響？本文認為不僅須如前述研究提及，應從性別社會角色的視角，辨別男女在社會角色上是否存在性別刻板印象及可能的影響性，並由理論面的宏觀、中觀及微觀三層次思索性別在貪腐生成的潛在制約與相關作用。以下茲根據相關學理梳理之：

一、宏觀文化脈絡的制約：華人關係文化與社會期待

在宏觀的面向上，主要係鑑於社會文化的差異，進而對於性別在貪腐的理解上有所區別。多年的相關研究指出：女性和男性對貪腐的容忍度不同。性別的清廉與否，是受到社會、文化和政治制度等影響（Bullard & Wright, 1993; Miller et al., 1999; TI, 2014；郭夏娟、涂文燕，2017）。對此，Debski等人（2018）在性別與貪腐的研究中，強調文化是建構性別角色差異的關鍵。大多數的研究皆顯示：性別與貪腐之間，係因受到環境系絡的交互影響。基於這些社會文化的差異，也會形塑出性別刻板印象，不管在家庭、求學、工作等面向，均與生活息息相關。在西方社會的研究中，Husted（2002）即發現貪腐程度與性別的文化特質有關，由於拉丁美洲以男性文化的社會為主，男性較為重視成就發展；而女性文化的社會則重視合作與和諧的關係，導致女性對於貪腐有較高的容忍性；Alatas等人（2009）研究亦指出：澳洲的女性較男性更不能容忍貪腐，而印度、印尼和新加坡則沒有差異，其女性角色乃受到特定文化脈絡所影響，並非普遍的現象。

反觀之，在華人社會中的台灣，因受到儒家倫理思想的影響，其對人性看法也較為樂觀，並更加著重於教育和道德勸說方式，高過於法治的約束作用。在性別的社會期待上，受到過去傳統「男主外，女主內」的性別刻板印象之影響，女性被定位為家庭照顧者，負擔家務及育兒照顧的責任。[5] 再者，華人社會相當重視人際關係經營的關係主義，其提供對自己關係人合理化的循私基礎，被視為是干擾公務員權力合理分配的可能因素（余一鳴，2015：1）。Morriss（1997）和Dalton（2005）也在南韓的貪腐研究中，指出儒家文化思想的「家長制」（paternalism）容易導致「賄賂」與「送禮」行為之間的混淆。然而，華人社會的關係主義雖不必然導致貪腐行為，但囿於公共資源的無償性與無限性之考量，易導致「公器私用」的合理化心態，也可能出現「私器公用」的情形，形成「有關係就沒關係，沒關係就有關係」的文化現象（余一鳴，2015：21）。由此可見，西方的關係主義是以社團為基礎，華人的關係主義乃以家族為基礎，於是在文化意涵的差異上，對於貪腐生成環境也有不同的見解。是以，歷史、文化脈絡的社會發展，可說是形塑性別角色與刻板印象的行為發展基礎。其中，在華人社會中尤以重視儒家倫理與關係主義，及對於性別社會角色的刻板烙印，這些是否成為性別對貪腐產生差異的源頭？尚須加以納入的根本考量。

二、中觀組織與結構的制約：官僚制度安排與權力分配

公務體系秉持依法行政原則來建立組織的制度框架，在推動廉政相關工作時，相關職司普遍希望藉由訂定正式規則來進行規範，以對公務人員產生一種行為制約（behavioral constrains），進而落實民主課責的展現（Rosenbloom & Kravchuk, 2002: 555）。Gilman（2005: 13）曾觀察各國

5　根據〈內政部性別平等推動計畫（108至111年）〉中，指出台灣現況仍受到傳統「男主外，女主內」及「男尊女卑」的觀念影響，女性因而被定位為家庭照顧者，負擔家務及育兒照顧責任，且在家庭與社會中，扮演從屬角色（內政部，2021）。

公共倫理政策，其指出「廉潔、客觀中立與效能」是大多國家期待其公務人員應達成的三大價值。對此，台灣為提升國民對於政府之信任及支持，故行政院特設立《公務員廉政倫理規範》，來界定公務倫理與倫理行為內涵，亦訂定文官應具備「廉正、忠誠、專業、效能、關懷」之價值，[6] 也有其他相關倫理法制，如《公職人員利益衝突迴避法》、《公務員服務法》、《公務人員行政中立法》等，這些法制建立之目的乃為形塑良好的組織文化。

　　然而，要構成貪腐行為攸關是否具有貪腐機會的條件：國家掌握資源分配是提供官僚貪腐的機會，而國家管制和涉入經濟活動的程度也會影響貪腐程度之高低，其涵蓋資源分配與管制等的潛在性因子（彭立忠、張裕衢，2007：109-129）。相關研究就指出：在公共體系的女性擁有權力與資源決策權與否，才是影響貪腐的重要因素（Alhassan-Alolo, 2007; Goetz, 2007；汪琦等，2014）。然而，會產生權力距離（power distance）的差異，往往受到機關的組織文化影響（Hofstede, 1980）。再者，貪腐會加劇男女之間權力不均衡的情況（如：職位安排下的資源、決策權和其他面向所擁有的權力），如若女性高階管理者缺乏支持性的環境（受限於男性主導的網絡），就會在面對貪腐上易顯得猶豫不決（TI, 2014: 4），可見權力與涉入貪腐網絡與否，是構成貪腐機會結構制約的因由。

三、微觀個體的制約：從事公職的服務動機與理性選擇

　　從微觀的角度，公務人員從事公職工作時應考量其任職的動機，也就是如Perry與Wise（1990: 368）所提及個人對公共制度與公共利益所產生的傾向，並能藉由從事公共事務獲得滿足個人行動的誘因。復見Vandenabeele（2007: 545）的見解：在公共組織下的公共服務動機（public service motivation, PSM），是一種「信念、價值和態度」。對

6　其中，廉正價值的內容，係以清廉、公正、行政中立、自持、自動利益迴避、公平執行公務，並兼顧各方權益之均衡，以營造全民良善之生存發展環境。

此，部分研究認爲性別對於公共服務動機具有高度的正相關，且女性之所以具有較高的公共服務動機，可能是受到家庭社會化、組織環境及個人因素的影響（潘瑛如，2011）。況且，當社會環境欠缺法治文化、特殊主義氾濫、充斥相對剝奪感及產生社會順從心理時，容易促使貪腐動機的生成（彭立忠、張裕衢，2007：103）。

另外，擔任公職個人的薪酬與升遷條件，也是在理性選擇的過程中所要衡量的因素，如Tanzi（1998: 572-573）就提出工資的水準是：決定貪腐程度的一個關鍵，如若薪資報酬比一般工作優渥，公務人員會認爲沒有必要冒貪腐的風險。在這樣的觀點下，基於在中觀層面是否有貪腐機會與符合微觀個體動機的條件後，不管是男性或是女性，均會透過理性的計算，將貪腐視爲一種「低風險、高報酬」的行爲，並考量貪腐被偵訴的或然率，包括：肅貪組織健全與否、政治菁英支持與否、新聞自由度、因貪腐被判刑所懲罰之輕重等（彭立忠、張裕衢，2007：114-120）。換言之，當個人做理性選擇時，將會考量自身的風險承受度，當評估爲低度風險、高度報酬的情況時，行爲者才有可能從事貪腐的行動（Quah, 1999: 76）。何況，在風險承擔上，女性風險承受度向來低於男性（Esarey & Schwindt-Bayrer, 2017: 1）。是以，男性與女性在貪腐動機的思考與理性計算的面向上，確實存在性別角色本質的差異性，也攸關華人文化脈絡對男女有著應擔負「男主外，女主內」的社會期待之順從度，此顯然地隱含著性別刻板印象在貪腐的性別差異中，能夠產生或多或少的潛在性作用。

肆、研究方法與設計

過往文獻在檢視貪腐現象時，主要從兩面向來看：其一，針對國家經濟指標、貪瀆比例等客觀數據進行總體觀察；其二，聚焦個體受訪對象的貪腐認知或容忍度進行調查（HGI, 1999; Kaufmann, 2006；莊文忠、余致力，2017）。這兩方面的調查，大多數係以民眾作爲主要的探究對象，針對行政官僚爲對象進行貪腐認知的研究相對較少。更甚之，這些研究均顯

少專注討論性別與貪腐間的因果關係（Jha & Sarangi, 2014: 4），猶待透過質性研究來加以釐清。

為有效回答本文之研究問題，本文非僅透過既有官方統計數據來檢視，在研究方法上更採取下述步驟：首先，重新梳理國內外性別與貪腐研究的相關文獻，從宏觀、中觀、微觀三層次來歸納相關的理論基礎，再嘗試探究性別刻板印象與貪腐間可能影響的因子；其次，運用深度訪談法，強化研究實證內容的力據。就此，為進行較全面性的質性研究，本文在選擇深度訪談對象的標準上，將受訪者單位的組織層級（中央單位或地方單位）、職位（主管、科員或職員等）、業務內容及性別（男性或女性）等條件納入考量，採用滾雪球的方法進行樣本的篩選，共計12位的受訪者（如表9-1）進行實證性訪問調查。

■ 表 9-1　深度訪談受訪者名單

代碼	受訪者單位	層級	職位	業務內容	性別	訪談時間
A1	法務部調查局	中央	調查官	情報調查相關業務	女	2018.05.23
A2	法務部廉政署	中央	主管	廉政政策規劃業務	男	2018.11.13
A3	法務部廉政署	中央	科員	廉政推動相關業務	女	2018.11.15
A4	法務部廉政署	中央	主管	南部地區廉政調查業務	男	2021.02.25 2021.12.03
B1	地方縣（市）政府	地方	科員	基層採購業務	女	2018.04.08
B2	地方縣（市）政府	地方	主管	政策推動與管理業務	女	2018.05.28
B3	地方縣（市）政府政風單位	地方	科員	廉政宣導與政風業務	男	2018.08.23

■ 表 9-1　深度訪談受訪者名單（續）

代碼	受訪者單位	層級	職位	業務內容	性別	訪談時間
B4	地方縣（市）政府政風單位	地方	主管	勞檢業務與人員管理	男	2021.02.25 2022.03.18
C1	國內大專院校政治公行系所	-	專家學者	公共行政、廉政治理專長	男	2018.04.16
C2	NGO 廉政組織相關工作者	-	主管	廉政評鑑、反貪研究	男	2018.05.10
C3	NPO 性別組織相關工作者	-	職員	性別與女性保障業務	女	2018.12.27
C4	國內大專院校政治公行系所	-	專家學者	性別政治專長	女	2021.01.15

資料來源：筆者整理。

　　為加強實證研究的基礎，本文同時採取質性的譯碼分析法來進行實證資料分析，係透過資料概念化與範疇化的轉譯過程：首先，將研究資料分類標籤進行概念化；其次，檢視最初的譯碼，確認分析的主要概念方向後，再將最初的概念性標籤予以抽象化以生成副範疇（sub-category），進而檢視主題概念，且將資料分析作為核心範疇（core-category），以嘗試說明資料的主要事實與特點（Miles & Huberman, 1994: 56）。是以，本文係將性別與貪腐之關係資料進行概念化，聚焦在公務人員的性別與貪腐基本認知進行探究，接續檢視性別刻板印象的作用，依照前章節的學理概念將影響性別角色的可能性概念抽象化，以宏觀、中觀、微觀為三層次構面因子為基礎，並整合構成貪腐生成的環境系絡、貪腐機會、貪腐動機之要件，作為後續實證資料的分析範疇，進一步梳理性別與貪腐間背後可能的因果影響機制，期能發展出概念化的研究架構。

▣ 表 9-2　訪談資料譯碼與分析範疇

核心範疇	副範疇	主題概念說明
宏觀文化脈絡的制約：華人社會系統	社會期待 儒家倫理 關係文化	台灣處於華人社會的文化環境，探究在這脈絡下的性別刻板印象如何影響性別社會角色，及造成貪腐認知的性別差異之潛在因素。
中觀組織與結構的制約：行政官僚的貪腐機會	官僚制度安排 組織文化 權力分配	從行政官僚組織下的制度安排與結構面向，探究何以促使性別與貪腐機會中產生差異的主要成因。
微觀個體的制約：個人的貪腐動機	性別特質 社會順從 理性選擇	就性別角色來看，探究性別在產生貪腐動機時的個人選擇，及其可能產生差異的考量因素。

資料來源：筆者整理。

伍、資料分析與討論

　　鑑於性別與貪腐本涉及多元化的討論，且是一種整合的探討分析。於是，在訪談資料譯碼分析的處理時，必須與理論相互檢驗（Miles & Huberman, 1994: 56）。故本文在性別理論分析的應用上，係整合Mintrom（2012: 259-261）在性別分析框架所提及的研究觀點，[7] 並從性別社會角色的分析視角，聚焦在性別刻板印象的作用，探究本土系絡的實際情況，運用上一章節的分析框架，同時節錄訪談內容相互驗證。首先，從公務人員的性別與貪腐進行認知之探討：男性較女性是否更容易貪腐？接續再進行三層次構面因子的分析，其一，宏觀層面：探究台灣處於的文化脈絡中

---

[7] 依此原則，本文研究的分析步驟依序如下：背景選擇、蒐集性別差異、說明性別制度結果或決策、找出歧視性別政策或做法、提出政策行動以糾正歧視和不利條件，及提供女性為男性帶來的損失之過程等。

有哪些價值或因素可能造成貪腐認知的性別差異？其中是否存在性別刻板印象？及其影響性別社會角色在貪腐認知與貪腐容忍度的表現；其二，中觀層面：檢視在台灣的公務體系中，有哪些制度安排與結構性框架或情境，可能促使性別在貪腐機會上產生差異；其三，微觀層面：旨在思索受前兩者的影響後，就性別角色本質分析貪腐動機的個人選擇與其考量因素。茲進一步闡述分析如下：

一、公務人員的性別與貪腐認知：男性較女性更容易貪腐？

近年來，女性地位逐漸提升，世界銀行報告曾指出女性較男性不能忍受貪腐（World Bank, 2001）。而根據台灣實際的官方統計數據顯示，以2015年至2020年間為例，其公務員貪瀆人數中的男性比例趨近為九成（法務部廉政署，2020）。復綜合受訪者A1、A3、B2、B3、C1等人之看法，可以發現：台灣官僚體系以收送禮、金錢的利益交換、互惠方式較為普遍，通常在不透明的狀況下發生，認為男性較女性更容易產生貪腐的行為。另從受訪者A4與B4實務界的觀察，主動擔任揭弊者多為女性，且較男性毫無保留地揭發。

> 我覺得女性比較不貪腐，就我的觀察，幾乎被抓到的對象都是男性，女性公務員確實比較有正義感，且在特質上也比較講究公平。（受訪者A1）
> 我認為性別在貪腐方面有差異，因為中高階男性比例相對較高，而且此行為通常是白領的犯罪，有結構性的問題，以男性居多。（受訪者A3）
> 貪腐就是收錢等違法行為，以致不利於公部門機構的事情。常見的就是貪腐賄賂買通收錢、包庇廠商等。（受訪者B2）
> 實務上，男性貪腐的比例來得高，以我的經驗確實如此。（受訪者B3）

> 我認為女生是較不貪腐，因為經驗觀察是可以符合的，蓋從男女各半統計調查分析及司法案例來看，女性貪瀆確實機率比較低。（受訪者C1）
> 在實務上能發現女性揭弊者會比男性揭弊者，還毫無保留地揭發實情。（受訪者A4）
> 就我觀察，擔任揭弊者大多還是女性比較多。（受訪者B4）

雖然從現行的數據與訪談顯示出初探性結果：受訪者均一致性認同當前在公務體系仍存在男性較女性容易貪腐的性別刻板印象，誠如受訪者A4所述。然而，為何在台灣的公務體系中會認為是男性發生貪腐的行為可能性較高？就此，我們對於行政官僚貪腐行為是否存在性別刻板印象？究竟該如何進行解釋，本文後續將試圖探究其背後所存在可能的因果關係，並加以歸納釐清之。

> 就我認知，的確會存在性別刻板印象，例如一個檢舉案子來，現在的偵辦人員若遇到女性貪瀆，心理多少會抱持一個「會這樣嗎？好像不太可能」的想法，但若是男性就覺得「好像有這麼一回事」的刻板印象。（受訪者A4）

二、華人社會對性別刻板印象的烙印：「男主外，女主內」？

同處於華人社會的台灣，深受華人歷史文化與儒家倫理價值的渲染，故也成為形塑性別社會角色與行為規範之基礎。儘管近年性別主流化的提倡，但藉由多數受訪者的觀察：台灣女性仍保留傳統華人文化脈絡的影響。那麼在過去「男主外，女主內」的固有思想，是否限縮性別在社會角色的行為框架？進而間接影響性別角色的社會期待？對於性別角色是否還是存在過去父權思維的想像？相對地，男性理當也受到家庭責任、道德情操的社會價值期待之規範，但能發現差別在於性別受到社會期待涉入的

強弱度不同。誠如受訪者A1、A4、B1、B3、B4及C1的論述，對於女性的社會角色被賦予之社會期待，多半認為應以家庭為重心，並認為女性應當有高度的道德情操；男性則應負責家庭生計的經濟責任，較重視金錢的獲利、個人受益與人際關係的經營。因此，在這樣的角度下，能理解男性受到貪腐誘惑的抗拒力可能較女性來得低。

> 就我觀察，女性公務人員通常因為傳統文化的影響，其較重視家庭、道德價值的規範，自我約束力就比男性來得高。（受訪者A1）
>
> 女性較重視家庭，照顧小朋友責任也落在女性身上，這相對減少對外接觸的時間，女性道德感較高，也較按部就班。而男性就相對重視利益。（受訪者A4）
>
> 女性要貪腐的機會真的不高，因為有家庭與小孩的關係。（受訪者B1）
>
> 我想家庭因素是個影響關鍵，「男主外，女主內」的傳統思考還是有的，男生多半還是擔負著家庭經濟的主要來源，以致比較難抵擋誘惑。（受訪者B3）
>
> 女性角色因為受到傳統華人文化的影響，比較重視家庭觀念，她們的道德標準也比男性來得高，會有比較不貪腐的印象。（受訪者B4）
>
> 因為女性必須扮演家庭角色，更是社會期待，且在嚴謹的社會文化網絡裡，通常也為了教育下一代，所以女性道德感通常比較高；而對外關係則是男性的角色，其所受到的權力與誘惑就較大，而受到道德文化的規範就較少。（受訪者C1）

再者，華人社會相當重視人際關係的連結，也蘊含其倫理與文化價值（梁漱溟，1986：81）。其中，不可否認地，倫理價值對於華人關係文化具有其根本的作用，再加上法治文化的不足及特殊主義取向的社會規範，凡此，乃被認為是造成貪腐滋生的原因之一（彭立忠、張裕衢，2007：

129）。事實上，講求關係主義可能促使公務員出現將「私器公用」或
「公器私用」合理化的現象，乃是造成公務員貪瀆的重要因素（余一鳴，
2015：21-32）。如同受訪者A1與B2均共同提及，台灣理當受到關係文化
的影響，也會加重貪腐的生成，係因對關係與情誼的重視，再衍生出人際
關係的經營與禮俗行為，並有將其合理化的可能。

> 台灣也受到關係文化的影響，華人關係文化會加重貪腐，因為
> 講關係與人脈，而在這背後，彼此認識會有方便與好處，就很
> 容易就跨越界線變成貪腐了，所以華人文化對貪腐的控制可能
> 是不利的。（受訪者A1）
> 貪腐與華人關係文化有很高的相關性，重視禮俗送禮的這些習
> 俗，所以在公部門必須對公務人員進行規範。（受訪者B2）

　　從上述實證訪談與理論資料相證，關係文化被認為是促進貪腐情事發
生的潛在因素。復從受訪者A4、B4及C2證實這樣的看法：公務體系的男
性較女性更擅長於人際網絡的經營，也更為重視關係主義。再者，在公務
人員進行權力與資源分配的情境下，容易形成「有關係就沒關係，沒關係
就有關係」的文化現象。

> 通常男性人際網絡較廣、外向、重視人際關係間的經營。（受
> 訪者A4）
> 男性比較重視關係文化，像我們這個組織是以男性比例較高，
> 每年都有做風險列管，還是以男性為主。因為男性接觸的人際
> 網絡關係較複雜，包括廠商邀約、應酬等。（受訪者B4）
> 女性確實較男性不貪腐，因為台灣可能受到華人社會的傳統觀
> 念所影響，男性較重視關係主義。（受訪者C2）

　　整體來說，文化因素著實對於貪腐有某種程度的解釋力，且文化存
有路徑依賴的影響（王政，2009：58）。台灣深受華人社會價值的文化薰

陶，「華人社會系絡」可說是建構性別在台灣行政官僚貪腐表現上差異的重要因由，也是造成性別刻板印象生成的源頭。近年來，提升女性地位與實踐性別平等是台灣當前致力的政策方向，惟鑑於文化規範、社會制度及性別刻板印象等，長久以來限制女性家庭與職場的地位，使女性的主體性及發展性明顯不及於男性。經由本文的訪談得證：文化是深化對於性別特質發展出刻板印象的關鍵。在廉政治理的面向上，仍受到「男主外，女主內」的傳統既定印象之影響，包括：女性較男性重視家庭與育兒責任及倫理道德、男性則重視人際網絡與關係主義。因此，在台灣公務體系中，女性的社會角色受到社會價值期待之約束力道相對較大，被認爲須擔負家庭照顧與育兒責任、高道德情操與保守的母系角色；而男性則以經濟利益與人際關係的經營爲焦點，這被認爲是促使男性行政官僚較女性行政官僚更爲容易貪腐的可能原因。

三、涉入公務貪腐機會：男性較女性容易擁有決策權力？

　　近年行政院將「促進公私部門決策參與之性別平等」列爲性別平等重要議題之一，[8] 督促相關機關設定績效指標，讓女性成爲高階主管的機會有著逐步提升的趨勢。對此，公共組織中增加更多女性的公共參與是否眞的能夠減少貪腐現象？女性眞的較男性來得清廉嗎？聚焦在行政官僚組織與結構的層面，性別與貪腐是否受到「男主外，女主內」性別刻板印象所衍生的影響？是以，探究構成貪腐機會的成因，相關研究指出：貪腐行爲涉及的是權力取得與資源分配（Alhassan-Alolo, 2007; Goetz, 2007；汪琦等，2014），係與實證訪談資料相互印證，誠如受訪者A4、B4、C1所述。

8　行政院性別平等處於2018年12月13日召開「精進公私部門決策參與性別比例」研商會議，提及加強女性培力、三分之一性別比例追蹤及持續提升等決議（行政院性別平等處，2022b）。

就我的觀察，在公務機關會發生貪腐的行為，必須與外界有所
接觸外，也要擁有一定的權力。（受訪者A4）

貪腐受到環境、權力與是否接觸外界的條件影響，組織文化也
會引導人員的行為……。（受訪者B4）

就客觀貪瀆案子來看，很多都是司法貪瀆或是公務貪瀆，因這
些貪瀆涉及很多權力與機會的取得。（受訪者C1）

　　從官僚制度與結構的安排面向上，貪腐也攸關機關的組織文化、職務
內容是否能夠與外界接觸（包括：是否有機可乘？是否容易受到懲罰？）
係與受訪者A3、B4及C3的說法相對應。再者，復綜整受訪者B4、C1及
C3所述，在公務體系框架內的法律與制度安排、繁文縟節等行政流程，
是造就貪腐機會的潛在結構因素，包括：揭弊者保護法的完備性，其中是
否就間接建構出容易貪腐的網絡與生成機會，均應納入構成貪腐機會的潛
在性考量。就此觀之，不可否認地，行政官僚的權力取得及是否涉入貪腐
機會的網絡是影響貪腐生成的主要關鍵。

其實單位機關的文化如有存在貪腐行為的風氣，再加上單位內
有機可乘的機會出現，例如，熟悉採購流程操作，那個單位出
現貪腐行為的個人，可能性就比較高。（受訪者A3）

在法規面，前陣子做廉政調查時發現願意揭弊的比例也是一半
一半，我認為揭弊者保護的法規仍然還不夠完備。（受訪者
B4）

從貪腐存在的結構面來看，其實就是誘惑環境與誘惑結構的差
異……有很多管道去賄賂有權力的人，例如，制定、決策的人
或要發包給誰，在某些法律、權力行使還不是很透明下，就會
造成貪腐效應的推定……從中會造成很多貪腐的行為。（受訪
者C1）

從性別角度，工作環境可能會影響性別思考角度的發展，若以
公部門的環境來說，相對企業來講有許多規範，是講究公共利

益的……在這個結構當中，重要的是有沒有貪腐的空間出現，
與對外關係的接觸多寡。（受訪者C3）

　　對此，論及公務體系的行政官僚在對抗貪腐情境下，如何受到性別
刻板印象的作用？根據2020年性別統計數據指出，公務人員男女比例約
57.7%：42.3%。其中，中低階的薦任公務人員比例為女性（58.3%）多
於男性（41.7%）；而高階的簡任公務人員則是男性（64%）高過女性
（37.2%）（行政院性別平等處，2022a：4）。相對就2020年的貪瀆起訴
數據顯示：「地方行政機關」為公務人員貪腐涉案較多的單位；另依照職
務層級的貪瀆人數來看，中高階層主管貪瀆比例以男性居多，女性的貪瀆
比例則多以基層委任為主。[9] 隱約可得知性別在貪瀆人數與高階文官的性
別比例似存有若干關聯，反映權力與決策資源的有無可能帶來之影響。廉
政單位實務的觀察也進而指出，職位分配與職務級別固然是考量之一，不
過，職位是否擁實質的決策權？可能是生成行政貪腐機會的重要催化劑。
舉例來說，從受訪者A2所述：公務體系中所謂「官小權大」的基層公務
人員，更易涉入貪腐機會的網絡中，通常被列為廉政追查的高風險對象。
再者，中央與地方機關組織因層級與職責之差異，對於貪腐也有不同樣態
的呈現，誠如受訪者A4、B4與C1看法，由於地方行政機關的人員，受到
貪腐環境結構所影響，其擁有第一線接觸外界的機會，且直接感受到中央
環境壓力可能也較少，因而受到貪腐的誘惑力相對也來得高；相對在中央
機關因以政策制定為主，與第一線民眾接觸較少，以利益團體遊說或關說
的集體案件為主要之貪腐型態。

---

[9] 依據2020年的貪瀆統計數據顯示：公務人員（不含民意機關）的貪瀆人數為男性191
人，女性28人。從犯罪時服務機關的性別貪瀆人數來觀察，中央行政機關之男性、女
性分別為77人、8人；地方行政機關則是男性114人，女性20人。另依職務層級的貪瀆
人數來看：女性部分可分成約聘僱12人，基層委任10人，中高層簡薦任6人；男性則有
約聘僱57人，基層委任47人，中高層簡薦任75人（法務部廉政署，2020）。

有些官位小權力卻很大的基層公務人員，很容易發生貪腐的問
題。（受訪者A2）

在地方執行機關因貪腐型態多以傳統草根性的金錢收受爲多，
中央機關在政策制定的利益團體也多，較多是集體性貪腐事
件，其行賄方式不只送錢，會讓你小孩來公司上班等。（受訪
者A4）

中央與地方貪瀆樣態不同，中央偏向政策制定易受關說影響，
地方則與地方派系與政治文化有關，例如違建拆建等，像地方
議會有政治壓力。（受訪者B4）

中央與地方的環境結構會有不同，在地方如民代選舉或與外部
社會接觸時，社會對公務機關的誘惑較高，貪腐頻率也比較
高。反之，中央來自直接環境的壓力較少，可能因爲公務人員
素質較高，民眾素質也較高，所以貪腐環境較弱。（受訪者
C1）

接續將性別社會角色納入考量，試圖釐清性別在行政官僚貪腐其中
的結構制約因素。在宏觀層面的文化脈絡影響之前提下，其與中觀層面
的組織結構交互作用也就不低，以致行政官僚制度安排可能有角色上的矛
盾。乃因公權力執行與傳統人情關係間易產生關聯，促使血緣關係所形
成的「先賦角色」（ascribed role），與擔任公職的「權力角色」（power
role）之間，存在一定的衝突性（彭宏偉、張衛東，2010：82-83）。因
之，經實證訪談資料得證：官僚體系中的薪資固定結構、獨占公權力的價
值、資源取得的多寡，確實受到權力距離差異的影響。如又加上工作升遷
的因素，於是在職務層級的提升、職位權力加大亦可能成爲貪腐的途徑。
再者，華人社會中的「男主外，女主內」的性別刻板印象，除了對於性別
角色有著不同的社會期待，也容易反應在性別角色的工作表現上。過去研
究論及相同能力的男性與女性，多半受到性別刻板印象的影響，通常認爲
男性的升遷較女性更具有優勢（吳宗曄，2005）。換言之，男性相對較女
性更能夠掌握權力與資源，且有較多的貪腐機會。從訪談資料的觀察也得

出相符的結果：多半認為男性的升遷機會較女性來得高，且囿於女性升遷機會可能不像男性來得容易，在因應職場關係文化與男女升遷機會不相同的情況下，女性可能更為珍惜工作職位，因而盡量避免貪腐的情事發生，誠如受訪者A1、B1及C2所述：

> 要有權力才有貪腐的機會，通常男性在中高階具有權力的職位上還是較多。（受訪者A1）
>
> 男生升官有優勢，而男生通常有一定的權力，人家才會找你賄賂；女生要升官真的機會很少，可能受到刻板印象影響，覺得男性升官比較有機會，所以女性高階公務人員相對於男性來說，更會珍惜這樣的工作機會。（受訪者B1）
>
> 與升遷制度有關係，若以中高階主管來講，還是男性升遷機會較高，而且男性較握有關鍵的公共政策決策權或較高的裁量權。（受訪者C2）

根據銓敘部性別統計分析資料顯示，女性公務人員比例從1990年的35.94%到2020年底增加至42.3%，[10] 其中，簡任的女性公務人員比例也從2010年的25.9%到2020年底提升為37.2%。[11] 對此，黃煥榮（2021）指出：「台灣女性擔任簡任文官的比例每年約提升1%，呈現穩定向上的趨勢，女性的玻璃天花板（glass ceiling）似已打破的現象」。這正也對應到受訪者A4的見解：「若未來女性的公共參與提高，性別比例可能會產生變化，當前男性較女性貪腐的數據將可能產生不同的結果」。更進一步來看，受訪者A4、B4、C3及C4均認為：若女性與男性持有相同的決策權力及接近貪腐機會的網絡，未來可能未必會形成「女性比男性較清廉」的現

---

[10] 依據2020年底統計，全國公務人員為366,494人，性別比例為男性與女性比為57.7%：42.3%（銓敘部，2021）。

[11] 薦任（派）公務人員男女性別比例約為41.7%：58.3%；而簡任（派）公務人員男女性別比例約為64%：37.2%（行政院性別平等處，2022a：4）。

象，惟此仍有待後續實證研究再持續進行觀察與驗證。[12] 再者，就Esarey
與Chirillo（2013）的研究提出，性別與貪腐之間的關係，向來受到制度
結構的影響。在這樣的角度，除了考量性別比例的變化外，若有制度的支
持下，貪腐行為被認為是性別權力平等且正常運作的情況時，貪腐就可能
不存在性別的差異。

> 從我偵辦肅貪業務的觀察，雖然現行數據女性顯示比較清廉，
> 但討論到公務體系要考量未來性別比例變化，目前高階主管與
> 掌權者大多還是男性，其被告案件也較多，若再往後幾十年，
> 女性官僚提升，這樣的數據也未必是如此……若男性與女性都
> 在相同的權力網絡，若貪腐的原因是「濫用權力」，我認為性
> 別就沒有太大的差異，因為對任何人都有可能發生。（受訪者
> A4）
> 我認為工作組織的環境與制度，其賦予的權力會大於性別因
> 素，有絕對的權力的時候，性別對於貪腐應該不會有太大的差
> 異。（受訪者B4）
> 從性別觀點來看，女性比男性不貪腐是成立的，因為女性在台
> 灣各級機關所擁有的決策權力還是較為少的……，還有一個重
> 點就是升遷，通常男性升遷還是比女生的機會高，因此，貪腐
> 行為的生成，我認為還是男性居多。但女性若有和男性上述相
> 同的條件，女性比男性不貪腐就不一定成立。（受訪者C3）
> 倘若女性也有男性相同的決策權力與接近貪腐網絡的機會，男

---

[12] 由於當前公務人員在主管職位與升遷的性別比例仍處於男女失衡的情況（2020年公務
人員擔任主管者的男女性別比為59.6%：40.4%），惟女性擔任主管職的比例有逐年增
加的趨勢（從1990年女性簡任官的比例僅有5.83%，至2020年已達到37.2%），且性別
主流化政策漸提升女性在公共參與的重要性。有關女性與男性在具有相同的決策權力
與網絡中的貪腐表現，則猶待更多時間序列資料來觀察公務人員職涯的變化，或採行
實驗情境設計的方式加以證實。

性與女性對於貪腐行爲的可能性會是一樣的。（受訪者C4）

　　誠然，從官僚結構的職位任用上思考，男性在當前的公務體系看似多半較具優勢，有較多的決策權與資源分配，似乎更爲接近貪腐機會的網絡之中。然而，貪腐機會條件是有其區隔性的，包括：決策權力與資源分配、升遷的機會、薪資結構的調整、組織文化等。不過，更爲重要的構成條件乃在於：擔任的職務是否具有構成貪腐的權力，並致使其接近或參涉貪腐的機會網絡？就此，爲釐清「性別究竟是如何影響貪腐？」，除了性別在環境系絡與貪腐機會的聯想外，本文認爲仍須將性別個體對於貪腐動機與貪腐容忍度的作用也納入考量。

四、貪腐動機與行爲的抉擇：社會順從與理性選擇讓女性趨於保守？

　　從微觀的個體層次框架觀之，性別本存在生理結構上的不同，理當呈現性別特質的差異。在社會角色的定位上，誠如受訪者A3、C1所提及，個人的貪腐動機仍受到文化脈絡的價值規範、官僚組織結構與制度安排所影響。其中，機關內所形塑的組織文化，可能是影響個人貪腐意願的重要環節。

貪腐行爲除了是否受到權力影響之外，機關的文化也是關鍵，如若機關出現有機可乘的機會，就會影響個人貪腐的意願。（受訪者A3）
個體面上，個人性格特質很重要，因爲有些具有貪腐的性格者，通常看錢非常重；而有些很排斥……就像有些朋友因爲受到壓力，另有些因情感因素而容易造成貪腐，有些會討人情等。這種情況就是受到華人關係文化影響個體特質的例子。（受訪者C1）

　　由於性別角色的分化是經由社會化的過程，包含前述提及的文化脈絡因素，所形成對於性別特質有刻板化的印象，且對於性別的行為與特質要求極為不同，例如：男性被要求追求成就、獨立、勇敢、果決等與工具性（instrumental）及主動性（active）有關的特質；女性則應具有順從、依賴、細心、敏感、富同情心等情感表達有關的特質（李美枝、鍾秋玉，1996：272）。在實證研究過程中，從社會角色的視角來檢視，進而發現：公務人員行為深受文化、社會對特定職位的態度和行為的模式所影響。理論上，考量的影響因素包括：對於性別特質的刻板印象、個人對所處職位應有的行為認知、個人對他人職位角色的期望等，而在偏離該期望後，個人對壓力和懲罰的恐懼程度。再者，從任職的服務動機面向上，如同受訪者C2所提及，若個人追求理想性較高的自我滿足感，對金錢誘惑的抗拒就相對較高。這其中，性別刻板印象是否也間接造成女性在貪腐動機的考量？從任職於官僚體系的受訪者B1、B2、C4之論述中觀察到：女性升遷機會不易或難以進入權力關係的網絡中，被認為較沒有機會行賄或受賄的其中因素。

> 我認為會影響貪腐的行為，乃因天生理想性較高，更與人的需求層級有關；再者，如若因動機或激勵因子較高，需要追求心理的滿足，乃對於金錢的誘惑較低。（受訪者C2）
> 高階主管的女性對於得來不易的工作職位，行事當然會更加小心，避免和貪腐情事有掛鉤。（受訪者B1）
> 女性若居於高階主管的位子上，較會珍惜現在的工作崗位，並對於錢的誘惑也較能把持住，她們比較保守且具有較高度的正義感。（受訪者B2）
> 女性相對於男性處於較弱勢的地位，一方面因為較難進入權力關係圈內，相對於男性貪腐機會也較少，女性貪腐意願也就低。（受訪者C4）

　　復從貪腐動機選擇的面向觀之，個人不太可能從事「高風險、低報

酬」的冒險行為，且基於男性、女性呈現不同的特質表現，向來會受到個人理性選擇的制約，包括：成本效益計算、風險承受度、偏好選擇、社會順從等。是以，綜合受訪者A1、A4、B2、B4、C1及C2的論述觀之，在面對職場關係文化，女性因受到家庭與儒家倫理的社會價值期待之約束，所以呈現較具有正義感且高社會敏感度之印象，因而容易產生愧疚感、害怕受到懲罰的特質。而在計算風險利益行動時，多半會成為風險趨避者，趨向保守的作風。對此，我們能夠發現：儘管在公務體系推動性別平等政策，致力縮小決策權力職位的性別差距，惟實務上仍對於男性與女性在職位有或多或少不平等的刻板印象，女性可能因此對於工作崗位較為珍惜、行事作風也較為保守。就此，其是否導致個人受到社會服從的性別制約？乃為本文思索性別個體在貪腐議題的其中要因。

> 女性風險承受度可能不高，因為我觀察女生若貪腐很容易被抓到，女生就會自責，若被檢舉或抓到時，就會痛哭流涕承認她錯了；男生則死不認罪……而且男生本來就較愛講特權，認為人際關係的交往大於法律，凡事喬成功就代表很夠力；但女生則不喜歡講特權，反而講求公平正義，認為每個人應該被公平對待，依法辦理。（受訪者A1）
>
> 女性較細心、會按部就班去依法行政執行，男性因為外向，重視關係，則偏重結果論，只要完成就可以，中間過程比較多投機取巧，只要達到結果就好。（受訪者A4）
>
> 女生比較有正義感，不敢去冒險，也較為保守。男生喜好掌握權力，並持有領導決策的特質，願意冒險的程度高，敢衝，接受挑戰及更好遊走於法律邊緣的行為，於是，貪腐的接受度可能也較高。（受訪者B2）
>
> 女性道德感比較高、較有同情心，較會為別人著想，對於風險也比較規避，想得比較多。若廠商想多聊聊業務，女性會比較敏感，比較會去迴避，且迴避比例較多。（受訪者B4）
>
> 男生參與機會多，且男性之所以發生貪瀆的案子，可能是對於

金錢的野心較大。（受訪者C1）

女性具有道德感的比例相對男性來得多一點……那麼男女職場
條件若都一樣，女性是否比男性還清廉，我認為會。要說明這
種現象，仍須考量男女在性別特質上有何差異。例如，理性與
感性……另外一點，要從成本效益分析的考量……如果女性也
經過深思熟慮，就會比較容易發現貪腐之後的後果，男性因為
敏感度沒這麼高，也有可能會輕忽掉。（受訪者C2）

　　值得注意的是，受訪者C1提及公私部門貪腐情事的不同，且公部門
端多半為受賄人。復受訪者A1、A3與A4在調查辦案過程上的觀察，並由
行賄端的思考發現，行賄者對於受賄對象通常會選擇男性，除考量性別本
身對於道德感情操的判斷、貪腐接受度與風險承受度的不同外，乃認為男
性受賄成功的機會向來較女性來得高。其中，多半認為男性較重視關係主
義，隱含著「男主外，女主內」的性別刻板印象。而在面對違法的上級命
令時，女性公務人員通常較男性不能接受。

企業想要牟取特權，就是行賄人，公部門就是受賄人……如果
現在還有買賣官的個案時，那麼買官就是行賄人，賣官就是受
賄人。（受訪者C1）

我覺得在貪腐機會差不多的狀況下，男性還是最容易貪腐，為
什麼呢？因為給錢的人會去評估它要行賄男生還是女生，用女
色、用酒、或用金錢，而且行賄男生較好買通，但這三種女生
都不愛，行賄女生就易失敗與曝光……而且假如我是廠商我也
會選擇男生，因為在選擇行賄對象時，選擇男生的機會也比較
高。（受訪者A1）

在外面應酬大多是男生，且通常男生比較好說話，女生也很難
去應對，所以大多行賄對象都會找男生，我想這也是文化的問
題。（受訪者A3）

貪腐的人通常人脈較廣，多以男性為主。而女性服從來自合法

的命令，但如果長官的指令是涉及貪腐的，女性比較容易跳出來舉發。而男性比較少把這種事情講出來。（受訪者A4）

在2019年《APEC第28次反貪腐暨透明化工作小組會議報告》指出：女性可能無法獲得與男性相同經濟手段來保護自己免受貪腐行為的侵害，且當女性被發現貪腐，她們會受到更嚴厲的懲罰（詹常輝、蔡曉雯，2019：19）。這如同受訪者C4的女性主義觀點：女性相較於男性處於較為弱勢的地位，受到社會課責的力道也相對較大。

從女性主義來看，女性相較於男性長期處於弱勢地位，害怕被發現，而且在社會角色通常受到社會懲罰的力量也較大。（受訪者C4）

因此，女性在貪腐動機選擇上可能較男性更為保守，女性的自我選擇也和性別工作隔離現象（gender job segregation）及玻璃天花板有關（施能傑，2015），[13] 再者，囿於社會上的刻板印象讓女性在職場上較男性面臨更多的壓力及課責性，進而納入個人在考量內外報酬的理性計算，尚包括：自身從事公職的公共服務動機、對傳統性別框架的社會順從、個人需求滿足層次較低等潛在的因素之影響。反之，男性則可能較女性更具有領導、冒險的性格、社會敏感度較低、重視經濟利益的特質，於是對於金錢的野心相對較大，受到道德情操及家庭倫理的規範力較小，故承擔貪腐風險承受度相對比女性來得高。歸結所述，女性在貪腐動機與行為的抉擇過程，似乎較男性更為保守，可能是受到社會順從與個人理性選擇（包括：個人風險利益考量與內、外在報酬的計算）的結果。

---

13 施能傑（2015：206-207）指出，女性自我選擇工作類別會影響自身的玻璃天花板，並產生性別工作隔離現象。其中，產生性別工作隔離現象經常存在執法體系與非執法體系、行政工作類與技術工作類的職系中，若性別工作隔離現象深化，容易造成性別工作牆及不利性別主流化的核心理念。

五、綜合討論

　　貪腐本質上是動態發展且具複雜性的，在持續的研究過程中，必須根據不同狀況整合各種解釋貪腐的可能因素（Meier & Holbrook, 1992: 138）。有鑑於此，首先，對於台灣公務體系下貪腐行為的成因進行探究，從環境系絡、貪腐機會、貪腐動機切入得出：除了在華人文化脈絡下關係主義的影響，主要條件在於「如何形成貪腐機會？」，而其發生貪腐機會的成因諸如：機關的組織文化對於反貪的重視度、擔任職位是否擁有足夠的權力資源與參與網絡涉入度（是否容易接觸外界？）等。再者，貪腐動機攸關個人的理性選擇，這涉及到是否滿足生理的最低生存所需，或可能來自社會順從等心理層面的行為動機。況且，在個人的理性選擇上仍會進行貪腐風險的估算，並依據「貪腐受偵查的機率」、「貪腐被偵查所受到的懲罰輕重」等做出理性的判斷（彭立忠、張裕衢，2007：110-111）。

　　其次，經本文實證發現受訪者大多認同：「公務體系的女性可能較男性清廉」之印象。對此，為進一步解讀其背後性別與貪腐可能的因果關係，本文乃從性別社會角色的觀點探究之，透過學理面的宏觀、中觀、微觀三層次作為分析範疇，並彙整構成貪腐生成的環境系絡、貪腐機會、貪腐動機之要件，對可能造成性別與貪腐制約的因由與層次進行解讀：其一，在宏觀層面之剖析，華人社會的「男主外，女主內」性別刻板印象之烙印，包括：儒家倫理、關係文化、家庭責任與社會期待等，無形賦予性別社會角色的定型化框架；其二，在中觀層面的觀察，儘管台灣政府正提倡公共參與性別平等的相關政策，在當前公務體系仍存在性別的權力分配不平等的現象，其中涉及官僚制度安排、機關的組織文化、權力與資源分配等，均是促使行政官僚貪腐發生性別差異之潛在成因。經實證得出：男性較女性更具有公務職場優勢的地位，在決策權力與資源掌握、升遷機會等較女性來得容易，因而也較容易接近權力距離與涉入貪腐機會的網絡中，故被認為是男性易產生貪腐行為的主因。而就官僚層級結構來看，對應相關數據顯示，地方行政機關比中央行政機關更易有貪腐的情事，乃因

地方機關比中央機關有較多與外界接觸的機會，使「官小權大」的基層人員受到貪腐誘惑的壓力也相對較高；其三，在微觀層面對貪腐動機的探詢，個人理性選擇係攸關風險利益考量與內外在報酬的計算，包括：個體的性別特質、公共服務動機、社會順從度、性別懲罰的不對稱性及貪腐風險計算等。且訪談資料發現女性對於行政官僚貪腐的風險接受度可能較男性來得低，則被認為是女性較男性不敢貪腐的微觀成因。再者，這三層次均隱含著性別刻板印象的潛在作用，也能發現並非單一層面的直線發展，而是彼此相互作用的影響過程。於是，我們不可否認性別刻板印象所形塑的性別社會角色與行政官僚貪腐之間是存在可歸咎的關聯性。

■ 表 9-3　訪談資料分析結果歸納

核心範疇	副範疇	實證分析結果
性別與貪腐之關聯	貪腐行為	公部門多為受賄端；私部門多為行賄端。以男性優先為受賄對象。
	性別與貪腐	從數據與訪談可觀察到職場上存有女性較男性廉潔之假定，且揭弊者當前也多以女性為主。
宏觀文化脈絡制約：華人社會系統	社會期待	華人社會脈絡中蘊含「男主外，女主內」傳統性別社會角色之影響，多數認為女性較男性有更多照顧家庭與育兒之責、且須依循家庭倫理的力道來得大，這樣傳統性別刻板印象本根源於台灣歷史文化的影響。
	儒家倫理	華人傳統的儒家倫理價值，係重視「以人為本」及道德規範之遵守，人應該依「道」而行，不應該為個人之私利而做出違背道德的事情。其中，女性官僚的特質，被認為受道德規範影響較大，相較於男性，她們普遍被認為趨向保守性格、道德感較高、擔負母系育兒角色，因而對於貪腐的容忍度可能較低。
	關係文化	華人社會中的關係文化被認為是：公務人員貪腐的另一種合理化解釋。包括：送禮文化與人際關係，對於其與貪腐行為的解釋就產生模糊空間。經實證結果，男性多被認為較女性更重視關係主義與人際的經營。

🔲 表9-3　訪談資料分析結果歸納（續）

核心範疇	副範疇		實證分析結果
中觀組織與結構的制約：行政官僚貪腐機會	官僚制度安排		公務體系的制度結構設計對於貪腐機會的抑制或生成具有影響性，其因素包括：公務倫理規範、法制設計、繁文縟節之流程及性別職位結構的考量，凡此均可能抑制或因漏洞而滋養個體層次的貪腐動機。在華人社會的關係文化與「男主外，女主內」的印象下，對外社交工作多交由男性主導。職位升遷管道與進入決策圈也多半被認為男性較女性更有機會。此外，固定薪資結構，男性在不滿足的情況下，亦被認為是滋生貪腐的可能。
	組織文化		組織文化本會影響個人貪腐的意願，其因素包括機關單位所形塑的風氣與氛圍、是否產生有機可乘之處及對於能否貪腐成功的可能性考量，在容易產生貪腐的機關單位其組織文化與氛圍，被認為是助長人員對貪腐的疏離或是貪腐行為的產生。
	權力分配	權力距離	擁有公務權力與否是貪腐生成性別差異的關鍵因素，這恐涉及決策權的掌握、資源的分配、未來升遷機會等，也關係著公務制度設計與職位結構對性別刻板印象的影響。經由實證結果得出男性官僚位尊且接近權力的核心；而女性行政官僚相對離權力核心距離較遠。在地方機關多有「官小權大」的貪腐高風險職位，仍以男性行政官僚為多。
		參與網絡	除了掌握公務權力的影響力與否外，對於是否涉及權力網絡也應當納入抑制或生成貪腐的考慮。參與網絡的涉入度與貪腐機會的生成呈正比，可由實證得出：台灣男性官僚參與核心網絡的比例較高；女性官僚涉入易發生貪腐網絡的機會較少。

表 9-3　訪談資料分析結果歸納（續）

核心範疇	副範疇	實證分析結果
微觀個體的制約：個人貪腐動機	對性別特質的刻板印象	依性別社會角色與生理特質觀之，女性被認為較感性、細心、同理心、高道德情操等情感表達有關的特質；男性則被認為較理性、追求成就、利益取向、獨立、勇敢等與工具性及主動性有關的特質。依關後果承擔與冒險的精神上，得出男性較女性更具有冒險精神、外向、重視關係文化。
	社會順從	公務體系下的男性與女性行政官僚都會受到環境及社會風氣的影響，女性受制華人社會傳統家庭觀念的印象，包括：「男主外、女主內」，進而在貪腐動機層面上產生社會順從的考量因子，女性在華人社會家庭與儒家倫理社會期待的影響力道可能較大，故性別刻板印象讓女性在職場上較男性面臨更多壓力。
	理性選擇	受到華人社會文化的社會期待、官僚結構的制度環境等多重因素，經由個人理性選擇，其依關內外在報酬的計算，包括：風險評估的考量（性別懲罰的不對稱性）、自身的公共服務動機、性別特質與自身偏好等均可能影響其對貪腐動機的生成。故在面對職場關係文化，通常女性行政官僚被認為是較為保守的社會角色，害怕受到懲罰且對貪腐的慾望恐較低。然而，個人對於公共服務動機或工作投入心態的表現，是否存在工作倦怠感、性別在職場的個人配適度，亦是可能連帶影響性別在貪腐容忍度的表現。

資料來源：筆者整理。

陸、結論與建議

　　近年來，女性權利意識高漲，性別平等在國際上的重要性日漸提高，已成為各國政府決策的重要考量。台灣亦陸續推動「性別平等政

策綱領」、《消除對婦女一切形式歧視公約》（*The Convention on the Elimination of All Forms of Discrimination against Women*, CEDAW）及聯合國「永續發展目標」（Sustainable Development Goals, SDGs），這些均是促進女性參與公共生活和領導的決策爲目的，其中也包括對廉政領域中性別平等與消除性別歧視的推動。然而，從本文實證過程發現，儘管政府這些年致力推展性別平等政策，廉政治理的範疇上仍可能存在性別刻板印象。再者，因性別過去僅作爲貪腐研究的宏觀量化指標，專門從性別角度探究行政官僚貪腐議題的討論相對稀少，也缺乏對性別內在因果機制的梳理。對此，爲探究性別與貪腐背後的因果連結性：性別究竟是如何影響貪腐？台灣行政官僚貪腐何以產生性別差異？是否存在先天的結構制約或性別刻板印象的潛在作用？本文採取質性研究的深度訪談方式，試圖找出構成性別與貪腐潛在的因由與層次，進而得出性別對於台灣公務人員貪腐可能的影響路徑。

綜觀當前國際間的文獻研究，世界銀行性別平等促進發展政策報告顯示：性別與貪腐存在關聯性。該報告指出：女性經濟社會權力與國家貪腐程度呈現反向關係（World Bank, 2001）。而對於女性是否有助於降低貪腐的廉潔假定，有諸多不同的看法，本文茲歸納不同流派的論點，以瞭解其在研究議程的進展，從中發現性別與貪腐的關係並非直線式發展，且肯定其間是具有關聯性的憑據。然而，對於「女性何以較難容忍貪腐？」之討論，在2019年《APEC第28次反貪腐暨透明化工作小組會議報告》顯示，基於女性被社會期待須扮演傳統家庭照顧者，可能無法獲得與男性相同經濟手段來保護自己免受貪腐行爲的侵害，容易受到其他形式的貪腐影響，如工資過低、在工作場所晉升而被忽視等，且當女性發生貪腐情事其懲罰力道可能相對於男性來得大（詹常輝、蔡曉雯，2019：19）。再者，聯合國毒品和犯罪問題辦公室（UNODC）在2021年〈時機已到：解決貪腐的性別層面〉（The Time is Now: Addressing the Gender Dimensions of Corruption）的最新報告顯示，實現性別平等是有助於控制貪腐的情況；並指出：對於女性掌權較多的政府，其貪腐程度較低的原因是這些政府具有民主治理的特徵（例如：新聞自由、法治化、課責性、自由公正的選

舉）。對此，本文爲進一步探究在台灣其可能的因果機制及性別刻板印象導致行政官僚貪腐的性別差異的影響，嗣由本文實證分析結果中提出以下性別對於台灣公務人員貪腐可能的影響路徑（圖9-1）。

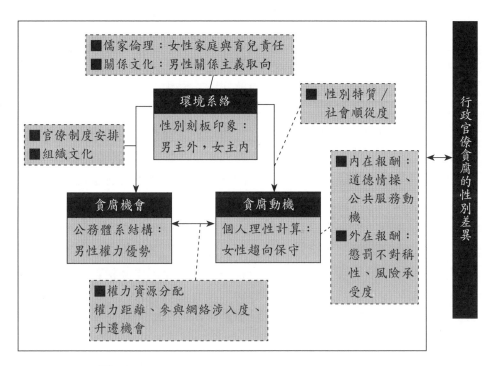

🔲 圖 9-1　性別對於公務人員貪腐可能的影響路徑

資料來源：筆者自行繪製。

　　申言之，本文係從性別社會角色的觀點，結合台灣本土系絡，歸納出宏觀、中觀、微觀三層次的學理基礎，並整合構成貪腐生成的環境系絡、貪腐機會、貪腐動機之要件，作爲實證分析的構面因子，經實證研究結果得證：性別刻板印象對於行政官僚貪腐的性別差異有其影響作用。其一，鑑於關係文化、儒家倫理道德觀、對家庭角色的社會期待所建構出華人社會的文化脈絡，並以受到傳統「男主外，女主內」的性別刻板印象之影響，形塑出「女性重視家庭與倫理道德，相較於男性更不易有貪腐行

為」的想像;其二,公務體系的制度與結構影響貪腐性別的差異,包括:官僚制度安排、性別職位結構的考量、機關組織文化、性別的權力資源分配(權力距離、升遷機會及參與網絡的涉入度)等因素,都是以男性較女性更為優勢;其三,構成微觀面的貪腐動機,經由個人內外在報酬的理性計算,包括:自身的公共服務動機、性別特質(包括:道德情操)與個人偏好、對於社會期待的順從度、貪腐風險評估的承受度(性別懲罰的不對稱性)等是造成貪腐性別的差異之可能原因。其中,女性行政官僚的社會角色被認為是深受社會期待價值的影響,諸如:育兒與家庭照顧者的角色定位、具有高道德情操與正義感,在升遷機會不容易的公務體系下,女性受到懲罰的力道可能較大,故在面對職場關係文化時,女性因而不輕易冒險,較男性更為珍惜工作崗位且較為保守的行事作風,可能呈現出女性貪腐風險接受度較男性低的現象。就此,本文歸結出:雖然近年台灣對於性別平等日益重視,並促進女性公共參與及提升性別平等的相關政策,惟在廉政治理的貪腐議題上,女性行政官僚仍受到性別刻板印象的影響,在公務體系的職位考量與權力資源分配也存在性別差異,男性相對於女性較具有職場優勢的地位(決策權力與資源掌握、升遷機會等),可能較為接近貪腐網絡與權力的距離,係被認為是男性行政官僚因而較多貪腐機會的主因。

然而,廉政治理是一個持續推動的過程。在推動廉政工作時,除了將性別納入考量有必要性外,本文認為「應加強弱化性別刻板印象對於廉政工作的影響」,期以提升廉能治理的效能,具體建議方向如下:其一,改變廉政工作對於性別刻板印象的思考,落實男性和女性在職位與升遷分配的實質公平性,而非僅拘泥於形式性的考量,例如:應轉換性別用人之思考,消除性別工作隔離現象,依照工作內容進行適切的性別職務分工,建立女性升遷制度的保障機制;其二,建置高透明性與高課責性的組織環境,例如:針對高貪腐風險的組織環境,加強落實行政課責與檢討工作,彈性增加女性的決策參與以調和該機關的組織文化風氣;其三,除了強化現有的性別平等政策外,建議加強性別平等在法制化的規範,例如:將性別角色與認知差異納入專責的廉政倫理內容、透過文官訓練強化公務人

員服務動機與公務倫理，破除「男主外，女主內」公務職場的性別刻板印象，落實性別主流化的實質理念，加以補強性別刻板印象的缺漏，希冀有助於推動廉政防弊與興利工作的參考方向。

　　最後，本文旨在探究：台灣政經社文系絡下的行政官僚貪腐是如何受到性別的影響，期能藉以此研究有所貢獻，能夠提供學術界對於性別與貪腐背後的因果研究有更多的理解，而非僅將性別視為單一的量化控制變數，並重新檢視性別在廉政治理中的潛在性作用，據以精進公共領域在性別與廉能政府上的應用策略。此外，本文觀察到：若是女性也與男性同處於相同的決策權力與貪腐機會的網絡之中，未必是女性較男性來得清廉的情況。這正是對應在UNODC的研究報告：「在適當的情況下，女性和男性同樣容易貪腐的結果」（UNODC, 2021），其與本文在檢視台灣行政官僚貪腐在性別的差異之見解有著異曲同工之處。惟此仍猶待後續更多實證研究進一步驗證。故建議後續研究在方法的操作上，結合量化技術輔以質化分析，增加更多的個案觀察樣本與時間序列的職涯發展變化相關資料，或採實驗情境設計方法，進而拓展資料蒐集方法與範圍，以提升研究實證成果的信度及效度，並深化證成貪腐與性別間影響機制之完整性。

參考文獻

一、中文部分

內政部，2021，〈內政部性別平等推動計畫（108至111年）〉，2021年12月2日，取自：https://ws.moi.gov.tw/Download.ashx?u=LzAwMS9VcGxvYWQvNDAwL3JlbGGpbGUvODk5OS8yMTMwLzQ1NTAzYzFkLTZkMDktNDUxOS1hYjM0LTUyNDFjZDQ2YjFiZC5wZGY%3d&n=5YWn5pS%2f6YOo5oCn5Yil5bmz562J5o6o5YuV6KiI55Wr77yIMTA46IezMTEx5bm077yJLnBkZg%3d%3d。
王政，2009，〈如何消除貪腐——四種途徑之分析〉，《文官制度季刊》，第1期，頁51-76。

行政院性別平等處，2022a，〈2022性別圖像〉，2022年3月20日，取自：
　　https://gec.ey.gov.tw/Page/8996A23EDB9871BE。

行政院性別平等處，2022b，〈促進公私部門決策之參與性別平等〉，2022
　　年10月31日，取自：https://gec.ey.gov.tw/Page/8F04E73DC96E5F11。

余一鳴，2015，〈關係與貪瀆：華人關係文化脈絡下的公務員倫理行
　　為〉，《行政暨政策學報》，第60期，頁1-40。

吳宗曄，2005，〈性別角色標準的改變〉，《網路社會學通訊期刊》，
　　2019年7月12日，取自：http://mail.nhu.edu.tw/~society/e-j/48/48-33.
　　htm。

吳重禮，2018，〈臺灣縣市政府貪腐現象的再檢視：以地方法院司法判決
　　為例〉，《公共行政學報》，第55期，頁109-121。

李美枝、鍾秋玉，1996，〈性別與性別角色析論〉，《本土心理學研
　　究》，第6期，頁260-299。

汪琦、閔冬潮、陳密，2014，〈性別與貪腐──以中國為例〉，《婦女研
　　究論叢》，第4期，頁5-13。

林向愷，2008，〈貪腐與民主〉，《臺灣民主季刊》，第5卷第3期，頁
　　167-176。

法務部廉政署，2020，〈2020貪瀆起訴視覺化〉，2021年12月2日，取
　　自：https://eciv.aac.moj.gov.tw/index/index.jsp。

施能傑，2015，〈政府部門女性公務人員的代表性分析〉，《台灣政治學
　　刊》，第20卷第1期，頁169-227。

梁漱溟，1986，《中國文化要義》，台北：里仁書局。

莊文忠、余致力，2017，〈貪腐容忍度的類型化建構：內在與外在效度的
　　評估〉，《行政暨政策學報》，第64期，頁37-67。

郭夏娟、涂文燕，2017，〈女性是否比男性更清廉？──基于中國公職人
　　員腐敗容忍度的分析〉，《婦女研究論叢》，第4期，頁5-16。

陳俊明，2008，〈循證型的廉政政策研究：台灣地區廉政指標民意調
　　查〉，《公共行政學報》，第29期，頁133-152。

陳新、陳祖英，2008，〈女性主體意識在家庭廉政文化建設中的重要作

用〉，《東南學術》第2期，頁150-155。

陶宏麟、邱于恆，2019，〈貪腐容忍的性別差異〉，《調查研究－方法與應用》，第42期，頁83-123。

彭立忠、張裕衢，2007，〈華人四地貪腐程度之比較──以「貪腐成因」為分析途徑〉，《公共行政學報》，第24期，頁103-135。

彭宏偉、張衛東，2010，〈透析「差序格局」背景下的公共權力腐敗〉，《北京行政學院學報》，第1期，頁81-85。

黃文三，1990，〈我國青少年性別刻板印象之比較研究〉，《教育文粹》，第20期，頁89-104。

黃煥榮，2021，〈女性突破玻璃天花板之後，玻璃牆依然矗立？〉，《國家人力資源論壇》，第4期，2022年3月20日，取自：https://www.exam.gov.tw/NHRF/News_EpaperContent.aspx?n=3778&s=42919&type=20C1A3DAF6A74FCE。

黃孋莉，1999，《跳脫性別框框》，台北：女書文化。

詹常輝、蔡曉雯，2019，〈參加亞太經濟合作組織（APEC）第28次反貪腐暨透明化工作小組會議〉，法務部廉政署，2021年7月20日，取自：https://report.nat.gov.tw/ReportFront/ReportDetail/detail?sysId=C10800589。

銓敘部，2021，〈109年底公務人員性別比率：按機關性質分〉，2021年12月20日，取自：https://www.mocs.gov.tw/FileUpload/1134-9347/Documents//1.109年底公務人員性別比率按機關性質分.pdf。

劉秀娟，1999，《兩性教育》，台北：揚智文化。

潘瑛如，2011，〈公共服務動機與基礎訓練滿意度及成效之相關研究〉，國立臺灣師範大學科技應用與人力資源發展學系博士論文。

蘇毓昌、胡龍騰，2013，〈誰能容忍貪腐？〉，《臺灣民主季刊》，第10卷第2期，頁1-38。

二、外文部分

Aidt, Toke. S., 2009, "Corruption, Institutions, and Economic Development," *Oxford Review of Economic Policy*, vol. 25, no. 2, pp. 271-291.

Aidt, T. S. & B. Dallal, 2008, "Female Voting Power: the Contribution of Women's Suffrage to the Growth of Social Spending in Western Europe (1869-1960)," *Public Choice*, vol. 134, no. 3, pp. 391-417.

Aidt, T. S. & D. S. Eterovic, 2011, "Political Competition, Electoral Participation and Public Finance in 20th Century Latin America," *European Journal of Political Economy*, vol. 27, no. 1, pp. 181-200.

Alatas, Vivi et al., 2009, "Gender, Culture, and Corruption: Insights from an Experimental Analysis," *Southern Economic Journal*, vol. 75, no. 3, pp. 663-680.

Alhassan-Alolo, Namawu, 2007, "Gender and Corruption: Testing the New Consensus," *Public Administration and Development*, vol. 27, pp. 227-237.

Baltrunaite, A., P. Bello, A. Casarico & P. Profeta, 2014, "Gender Quotas and the Quality of Politicians," *Journal of Public Economics*, vol. 118, pp. 62-74.

Bauhr, M., N. Charron & L. Wängnerund, 2018, "Exclusion or Interests? Why Females in Elected Office Reduce Petty and Grand Corruption," *European Journal of Political Research*, vol. 58, no. 4, pp. 1-16.

Bertocchi, Graziella, 2011, "The Enfranchisement of Women and the Welfare State," *European Economic Review*, vol. 55, no. 4, pp. 535-553.

Bowman, D. M. & G. Giligan, 2008, "Australian Women and Corruption: The Gender Dimension in Perceptions of Corruption," *Journal of Administration and Governance*, vol. 3, no. 1, pp. 1-9.

Branisa, B. & M. Ziegler, 2011, "Reexamining the Link between Gender and Corruption: The Role of Social Institutions," *Proceedings of the German Development Economics Conference*, February 28, 2011, Berlin: Research

Committee on Development Economics (AEL), German Economic Association.

Bullard, A. M. & D. S. Wright, 1993, "Circumventing the Glass Ceiling: Women Executives in American State Governments," *Public Administration Review*, vol. 53, no. 3, pp. 189-202.

Chaudhuri, Ananish, 2012, "Gender and Corruption: A Survey of the Experimental Evidence," in Danila Serra & Leonard Wantchekon (eds.), *New Advances in Experimental Research on Corruption*, Bingley, UK: Emerald Group Publishing Limited, pp. 13-49.

Dalton, B. M., 2005, "Corruption in Cultural Context: Contradictions within the Korean Tradition," *Crime, Law & Social Change*, vol. 43, pp. 237-262.

Debski, J., M. Jetter, S. Mösle & D. Stadelmann, 2018, "Gender and Corruption: The Neglected Role of Culture," *European Journal of Political Economy*, vol. 55, pp. 526-537.

Denhardt, R. & J. Perkins, 1984, "The Coming Death of Administrative Man," *Public Administration Review*, vol. 36, no. 4, pp. 379-384.

Dollar, D., F. Raymond & R. Gatti, 2001, "Are Women Really the 'Fairer' Sex? Corruption and Women in Government," *Journal of Economic Behavior and Organization*, vol. 46, no. 4, pp. 423-429.

ECOSOC (Economic and Social Council), 1997, "Agreed Conclusions1997/2," December 1, 2020, retrieved from: http://www.unhcr.org/cgi-bin/texis/vtx/refworld/rwmain?docid=4652c9fc2.

Esarey, J. & G. Chirillo, 2013, "'Fairer Sex' or Purity Myth? Corruption, Gender, and Institutional Context," *Politics and Gender*, vol. 9, pp. 390-413.

Esarey, J. & L. A. Schwindt-Bayrer, 2017, "Women's Representation, Accountability and Corruption in Democracies," *British Journal of Political Science*, vol. 48, no. 3, pp. 1-32.

Gatti, R., S. Paternostro & J. Rigolini, 2003, "Individual Attitude toward Corruption: Do Social Effects Matter?" March 14, 2020, retrieved from: https://openknowledge.worldbank.org/handle/10986/18137.

Gilligan, C., 1982, *In a Different Voice: Psychological Theory and Women's Development*, Cambridge, MA: Harvard University Press.

Gilman, S. C., 2005, *Ethics Code and Codes of Conduct As Tools For Promoting Ethical and Professional Service: Comparative Success and Lessons*, Washington, D.C.: The World Bank, March 20, 2019, retrieved from: https://www.oecd.org/mena/governance/35521418.pdf.

Gire, J. T., 1999, "A Psychological Analysis of Corruption in Nigeria," *Journal of Sustainable Development in Africa*, vol. 1, no. 2, pp. 1-15.

Goetz, A. M., 2007, "Political Cleaners: Women as the New Anti-corruption Force?" *Development and Change*, vol. 38, no. 1, pp. 87-105.

Gorta, A. & S. Forell, 1994, *Unravelling Corruption - A Public Sector Perspective: Survey of NSW Public Sector Employees' Understanding of Corruption and their Willingness to Take Action*, Sydney: ICAC.

Guy, M. E., 1992, *Women and Men of the States: Public Administrators at the State Level*, Armonk, NY: M.E. Sharpe.

Hale, M. M. & R. M. Kelly, 1989, *Gender, Bureaucracy, and Democracy*, New York, NY: Greenwood Press.

Heywood, P., 2018, "Combating Corruption in the Twenty-first Century: New Approaches," *Daedalus*, vol. 147, no. 3, pp. 83-97.

HGI (Hungarian Gallup Institute), 1999, "Basic Methodological Aspects of Corruption Measurement: Lessons Learned from the Literature and the Pilot Study," Hungarian Gallup Institute, March 15, 2020, retrieved from: http://www.unodc.org/pdf/crime/corruption_hungary_rapid_assess.pdf.

Hofstede, G., 1980, *Culture's Consequences: International Differences in Work-Related Values*, Newbury Park, CA: Sage.

Husted, B. W., 2002, "Culture and International Anti-corruption Agreements in

Latin America," *Journal of Business Ethics*, vol. 37, no. 4, pp. 413-422.

Jha, C. K. & S. Sarangi, 2014, "Women and Corruption: What Positions Must They Hold to Make a Difference?" *Journal of Economic Behavior and Organization*, vol. 151, pp. 219-233.

Kaufmann, D., 2006, "Myths and Realities of Governance and Corruption," in A. Lopez-Claros, M. E. Porter & K. Schwab (eds.), *Global Competitiveness Report 2005-2006, The World Economic Forum*, March 30, 2020, retrieved from: https://mpra.ub.uni-muenchen.de/8089/1/MPRA_paper_8089.pdf.

Lederman, D., N. V. Loayza & R. R. Soares, 2005, "Accountability and Corruption: Political Institutions Matter," *Economics & Politics*, vol. 17, no. 1, pp. 1-35.

Lewis, G. B. & K. Park, 1989, "Turnover Rates in Federal White-collar Employment: Are Women more Likely to Quit than Men?" *The American Review of Public Administration*, vol. 19, no. 1, pp. 13-28.

Lott, J. R. & L. W. Kenny, 1999, "Did Women's Suffrage Change the Size and Scope of Government?" *Journal of Political Economy*, vol. 107, no. 6, pp. 1163-1198.

Lynn, N. B. & R. E. Vaden, 1979, "Toward a Non-sexist Personnel Opportunity Structure: The Federal Executive Bureaucracy," *Public Personnel Management*, vol. 8, no. 4, pp. 209-217.

McGuire, G. M., 2002, "Gender, Race, and the Shadow Structure: A Study of Informal Networks and Inequality in a Work Organization," *Gender and Society*, vol. 16, no. 3, pp. 303-322.

Meier, K. J. & T. M. Holbrook, 1992, "'I Seen My Opportunities and I Took 'Em:' Political Corruption in the American States," *The Journal of Politics*, vol. 54, no. 1, pp. 135-155.

Meier, K. J., L. J. O'Toole & H.T. Goerdel, 2006, "Management Activity and Program Performance: Gender as Management Capital," *Public*

Administration Review, vol. 66, no. 1, pp. 24-36.

Miles, M. B. & A. M. Huberman, 1994, *Qualitative Data Analysis*, Thousand Oaks, CA: Sage Publications.

Miller, W., B. Kerr & M. Reid, 1999, "A National Study of Gender-based Occupational Segregation in Municipal Bureaucracies: Persistence of Glass Walls?" *Public Administration Review*, vol. 59, no. 3 , pp. 218-230.

Mintrom, M., 2012, *Contemporary Policy Analysis*, New York: Oxford University Press.

Morriss, P., 1997, "Roh Regrets: Leadership, Culture and Politics in South Korea," *Crime, Law and Social Change*, vol. 28, no. 1, pp. 39-51.

Mukherjee, R. & O. Gokcekus, 2004, "Gender and Corruption in the Public Sector," in Robin Hodess & Toby Wolfe (eds.), *Global Corruption Report 2004*, London: Pluto Press, May 26, 2018, retrieved from: https://works.bepress.com/omer_gokcekus/35/, pp. 337-339.

Naff, K. C., 2001, *To Look Like America: Dismantling Barriers for Women and Minorities in Government*, Boulder, CO: Westview Press.

O'Donnell, G., 1998, "Horizontal Accountability in New Democracies," *Journal of Democracy*, vol. 9, pp. 112-126.

Perry, J. L. & L. R. Wise, 1990, "The Motivational Bases of Public Service," *Public Administration Review*, vol. 50, no. 3, pp. 367-373.

Plattner, M. E., 1999, "From Liberalism to Liberal Democracy," *Journal of Democracy*, vol. 10, pp. 121-134.

Quah, Jon S. T., 1999, "Comparing Anti-corruption Measures in Asian Countries: Lessons to be Learnt," *Asian Review of Public Administration*, vol. 11, no. 2, pp. 71-90.

Rosenbloom, D. H. & R. S. Kravchuk, 2002, *Public Administration: Understanding Management, Politics, and Law in the Public Sector* (5th ed.), New York: MacGraw-Hill.

Sung, Hung-En, 2003, "Fairer Sex or Fairer System? Gender and Corruption

Revisited," *Social Forces*, vol. 82, no. 2, pp. 703-723.

Swamy, A., S. Knack, Y. Lee & O. Azfar, 2001, "Gender and Corruption," *Journal of Development Economics*, vol. 64, no. 1, pp. 25-55.

Tanzi, V., 1998, "Corruption around the World: Causes, Consequences, Scope, and Cures," *Staff Papers*, vol. 45, no. 4, pp. 559-594.

TI (Transparency International), 2009, "Global Corruption Barometer," December 13, 2019, retrieved from: https://images.transparencycdn.org/images/2009_GCB_EN.pdf.

TI, 2014, "Gender, Equality and Corruption: What are the Linkages?" December 13, 2019, retrieved from: https://www.transparency.org/en/.

UNODC (United Nations Office on Drugs and Crime), 2021, "The Time Is Now: Addressing the Gender Dimensions of Corruption," December 1, 2021, retrieved from: https://www.unodc.org/documents/corruption/Publications/2020/THE_TIME_IS_NOW_2020_12_08.pdf.

Vandenabeele, W., 2007, "Toward a Public Administration Theory of Public Service Motivation," *Public Management Review*, vol. 9, no. 4, pp. 545-556.

Watson, D. & A. Moreland, 2014, "Perceptions of Corruption and the Dynamics of Women's Representation," *Politics and Gender*, vol. 10, pp. 392-412.

Wolfensohn, J. D., 2005, "Voice for the World's Poor: Selected Speeches and Writings of World Bank President James D. Wolfensohn, 1995-2005," March 30, 2021, retrieved from: http://documents.worldbank.org/curated/en/717111468137730697/pdf/343620PAPER0Vo101OFFICIAL0USE0ONLY1.pdf.

World Bank, 2001, "Engendering Development Through Gender Equality in Rights, Resources and Voice. A World Bank Policy Research Report," March 12, 2018, retrieved from: https://documents1.worldbank.org/curated/en/512911468327401785/pdf/multi-page.pdf.

|第十章|
揭弊者保護法制的想定：
制度結構與期待效應透視[*]

邱靖鈜

壹、前言

　　在現今全球化的浪潮下，衡量一個民主政治的發展，除了針對政府治理職能的表現外，更加重視廉能與施政透明的程度。而國際第三部門組織（如國際透明組織（TI）、世界銀行），每年均會針對全球各國的貪腐情況進行評比，透過貪腐情況的公布，喚醒世人對於貪腐問題的重視。尤有甚者，國際衡量國家廉能的重要指標：揭弊者保護專法，一直被視為國家能否真正邁入廉潔社會的標竿。何況，貪腐對於政府治理的正當性最具有威脅性，其並會對經濟成長與良善治理造成阻礙（Sharman & Chaikin, 2009），而且政治體系運作的正當性莫不以取得民眾的政治支持為核心要素，而政府運作若能效率與效能兼顧，並確保過程的公開與透明化，建制完整的貪腐防制工具，將能夠使治理的負面因素降至最低，俾以取得民眾對政府的信任與治理的正當性與合法性認定（Hindess, 2009）。然而，廉能社會的形塑，除了需要反貪機構的查察執行，更需要有涉貪組織內部人員的誠願協力。因之，組織內部的吹哨者發覺所屬機關或單位有了違法情事，基於公共利益而將所屬組織所發生事件予以對外舉報，將使得組織內部有權者或外部受理揭弊機關，更易於介入處理及追訴違法情事。我國公私部門發生數起影響社會公益的吹哨者事件，例如，林子文揭弊遭解僱

---

[*] 初稿發表於「中國政治學會2020年會暨『新媒體時代下的解構與重構：公共治理、民主政治與國際安全』國際學術研討會」（2020年10月31日）。

案、公務員戴立紳免職案及永豐金張晉源案等，因尚未設有揭弊者保護的專法，造成揭弊者的工作喪失，甚至被列入社會拒聘用的黑名單。吾人觀之，歐美國家對於公私部門內部的揭弊者，透過合法化過程建置揭弊者保護的相關法規及機關，降低及調和各種利益及價值的衝突（Loyens & Vandekerckhove, 2018）。因此，藉由相關制度及法規來教育及訓練公民具有公義與忠誠的精神，更提供完整的保護程序，讓揭弊者無後顧之憂。

　　為探討問題的本質，深入瞭解問題的核心，分析問題就要有分析架構與操作工具。由於本文以揭弊者保護法草案為探討核心，用政策評估為途徑，旁徵博引相關文獻及參照架構，祈能更洞識問題的樣貌，得出更為豐碩的研究成果。茲就相關內涵分述如次。

一、研究途徑

　　有效政策效益的發生，不可忽視三大要素存在的事實：和諧執行結構、組織內外在環境脈絡的對應及公民社會的協力（圖10-1）。其一，和諧執行結構，指出揭弊者保護法的制定及施行，皆屬政府職能之一部分；其次，組織內外在環境系絡，意指政策所指涉的標的對象，對於揭弊保護的內涵認知、偏好及支持程度；最後，公民社會泛指揭弊者保護法所指向的風土文化環境，其是否健全及公民對於揭弊的態度，勢將影響揭弊者保護的效益展現。

　　公私部門組織的治理能力、公民社會及和諧制度結構三者完全配合（黃錦堂，2021），共同輻輳於揭弊者保護法的運營焦點上，乃發揮制度期待效應及貫徹制度臻於完善之境。由上述論述吾人可知：一項政策的執行，若能在能力充足的治理機關主導下，透過制度結構成員的合作協力，並得到強健公民社會的支持，將可預期反貪促廉政策目標的有效達致。

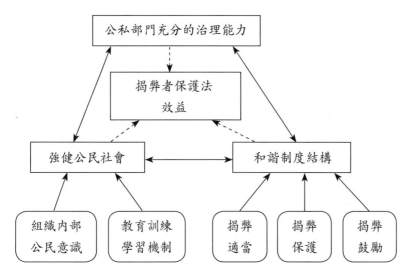

圖 10-1　揭弊者保護法發揮效益之因素結構

資料來源：筆者自製。

二、研究方法

　　揭弊者保護法的資料的揀取、論述、分析及呈現，均運用政策敘事（policy narrative）的方法。政策敘事係為達到政治目的而形塑的具說服性故事，包括敘事的背景、發生場域、情節及角色，並以符合偏好的政策結果方向進行傳播（Oliver, 1998; Shanahan et al., 2011）。蓋政策領域原本充滿了不確定性，相關人事物複雜，及通常本係處理極端性質的問題，和各式爭論與情境衝擊，如何透過有效處理與解析情境，便是重要的課題（Roe, 1994: 156）。敘事有助於將故事的情節與公共管理的概念，及技術之間進行交流，以獲致有意義的公共價值（Borins, 2011: 72）。綜上論點，相關案例敘事結構分為四大部分，即場域、人物、事件及情節，其中時間是情節發展的關鍵，它提供政策敘事的意義，透過統整性的敘事架構，可以更加瞭解並解釋事件和公眾生活、政策變遷間的關聯性，賦予其意涵。

貳、以六性評估揭弊者保護法草案

　　揭弊者或稱爲吹哨人（whistle-blower）係英文翻譯而來，[1] 意指那些對自處機關或單位揭開黑幕的人。[2] 易言之，揭弊者係指有確切理由認定：自身組織之作爲恐已經造成違反法規，構成不當管理、濫用職權、浪費公帑、詐欺及危害公共利益之情事，進而願意挺身而出予以揭發的組織成員（Near & Miceli, 1985, 1995; Shafritz & Russel, 2016）。他或她且認爲對於社會的義務應大於對組織的忠誠義務，因此，揭弊者信守公共利益遠比組織或個人的利益更加至上。不過，每人從小在教育訓練過程中，都被教導：吾人不可做一個爆料的組織背叛者，凡此類皆顯示出揭弊者文化與過去觀念之間具衝突性及兩難性。吾人從貪瀆件數、金額來看，我國貪瀆情況雖有改善的趨勢，但據2019年TI所公布的全球貪腐趨勢指數，台灣排名世界第28名，與過往十年的差距不大（Re-lab團隊，2019）。根據2018年國內廉政指標民意調查結果顯示，其中受訪者檢舉貪污不法行爲的意願僅67.5%；而受訪者不檢舉不法的幾項原因包括：認爲事不關己有24.5%、檢舉也沒用占24.2%及怕遭到報復亦有20.8%（法務部廉政署，2019：22）。由上述調查資料分析可知，一般民眾對於揭弊的決心及意願尚待提升，亦可以看出民眾認爲揭弊制度保護實效不足。

　　以下提出六項評估標準，以檢視揭弊者保護法草案的結構，再據以提出如何產出更具期望效益的制度。

---

[1] 「吹哨人」這個詞起源自19世紀警察發現有犯罪案發生時會吹哨子的動作，以引起同僚以及民眾的注意。而從此延伸出來，目前所指的「吹哨人」是爲使公眾注意到政府或企業的弊端，以採取某種糾正行動的人。弊端或不當行爲指有人違反了法律、規則或規例，進而直接威脅到公眾的利益，例如欺詐，以及貪污腐敗。亦有說法稱這個詞來自於競技體育比賽中裁判往往吹響口哨來制止犯規行爲的動作。2020年2月11日，取自：https://en.wikipedia.org/wiki/Whistleblower。

[2] A person who tells someone in authority about something illegal that is happening, especially in a government department or a company.參考劍橋百科全書，2020年2月11日，取自：https://dictionary.cambridge.org.r。

一、充分（adequacy）

　　本項標準係指有效的績效，得以滿足利害關係人的需要、價值或機會的程度。易言之，即政策目標成就後，其所能消除政策問題的程度（Dunn, 2018）。傳統的組織文化都將揭弊者視為「抓耙仔」[3]，而不是社會良知者，也常認為揭弊是「窩裡反」或「深喉嚨」（deep throat）：主要源自利益分配不均，因此，揭弊者鮮少能獲得他人喝采，且多數會遭到組織內部不合理的待遇及報復（Shafritz & Russel, 2016）。尤有甚者，多數的犯罪行為本具有隱密的特性，若非知情者揭弊，想對之破案多有困難。不過，揭弊者經常已是醬缸文化的一環，通常也可能是共犯者，揭弊後恐將面臨被人報復或遭公司解僱的風險。因此，若無一套鼓勵揭弊的特別措施，一廂情願期待個人憑道德良心去揭弊，對人性而言是較無可能（湯文章，2019）。基此，歐美先進國家對於政府或組織內部不法行為的揭弊，絕大部分都設有揭弊者保護機制，[4]以提升揭弊的勇氣。

二、公正（equity）

　　本項標準係指一項政策的績效及投入量，在社會不同組織之間所造成分配的情形。換言之，政策在合法化之後，政策標的團體所分配到的資源、所享受到的效益及所負擔的成本等公平分配的程度。就私部門揭弊而言，台灣是一個中小企業為骨幹的經濟體，揭弊專法的訂定，必須考量到中小企業的法規調適能力。以勞動法規為例，目前勞工檢舉企業違反勞檢項目，相關法規都明定雇主不得對檢舉的勞工解僱、調職或其他不利之處

---

[3]　報馬。指在背地裡打小報告、通風報信的人。例：電影內底的抓耙仔攏無好尾。參考教育部臺灣閩南語常用詞辭典，2020年2月15日，取自：https://twblg.dict.edu.tw/holodict_new/index/shengmu_level1.jsp。

[4]　例如，美國的《揭弊者保護法》（*Whistleblower Protection Act*）、英國的《公益揭露法》（*Public Interest Disclosure Act*），以及日本的《公益通報者保護法》等。

分（林上祚，2019）。而法務部在揭弊專法立法過程，擔心勞工以舉發雇主為要挾，要求雇主不得對其任意資遣。揭弊專法立法的主要目的：希望鼓勵內部人主動舉發公部門與私部門違反「公眾利益」之行為，因此揭弊之範疇應該與「公眾利益」具有顯著相關性。

三、適當（appropriateness）

　　一項政策的各種目標，所呈現的價值或所代表的重要性，以及擬定這些目標時，所根據的假定是否適當的基礎。而揭弊者保護法立法目的在於：鼓勵及保護知悉弊案而勇於舉報貪腐行為之人士，因此，其重要的關鍵在於「鼓勵」（encourage）及「保護」（protection）的措施及作為。就鼓勵面向而言，因組織內部人員對於弊端的發生與經過擁有第一手的原始資料，若能透過主動揭發，必可以事先加以防止傷害組織及公共利益的情事發生。因之，基於愛護組織的生存發展及堅持個人正義的理念價值，必然激發組織成員的榮譽心及責任感，勇於對於不公義及不法的行為扮演揭發者的角色。最後，吹哨者最在意身分保密，因此如何落實吹哨者身分的保密，是吹哨制度邁向成功的關鍵。因此，吹哨者所關注的是揭弊之後，是否會被人發現身分，而揭弊保護制度如無法確實達成身分保密，人身安全即無法獲得保障，經濟生活也恐因失去工作而無法獲得保全，遑論再高的檢舉獎金也創造不出揭弊的誘因。此外，我國傳統文化上重視人情義理，對於熟識之人均難以啟齒指摘的文化，以及台灣中小企業員工人數甚少的產業結構，若強迫員工必須先向內部主管或負責人檢舉始受保護，恐與現實環境脫節。是以，草案依據東方社會重人情文化的假定，讓揭弊者得自行選擇的併行制，以符應適當性的內涵。

四、回應（responsiveness）

　　此項意指一項政策滿足某些特殊團體或組織的需要、價值及偏好的程度。任何政策的制定均會涉及到一些標的對象，大到影響整個系統，小至

影響單一個體。因此，這些標的組織或團體一旦在政策或制度施行後，勢必會受到引導、管制抑或影響，冀以達致原先設定的政策目標，並滿足各種偏好、需要或追求的價值。設若政策確能符應上述情形，則其回應性就愈高。不過，揭弊者必須面對原屬組織的壓迫及制裁的風險，包括其本人的工作權及財產權會受到剝奪（Shafritz & Russel, 2016）。尤有甚者，包括揭弊者的親近家人亦會受到威脅及壓迫，因之其在心理及生理上面對組織集體性的排擠及抵制，設若缺乏適當及全面保護措施，將使揭弊者自己承當後果，衍生揭弊者寧可共同沉淪於組織犯罪結構中，這對於未來公益及社會的健全發展將有重大斲傷。

五、效率（efficiency）

　　一項政策產生某種程度的效果，及其所必須的投入、工作量，本就有密切的關聯度。效率較注重以較佳的方法執行政策，並非以有效的途徑來成就政策目標觀之。揭弊者保護法未採取如美國公、私部門揭弊者保護法分開立法（陳瑞仁，2019），亦未如美國係聯邦政府體制，而採取中央及地方法規予以規範。因此，基於法律一致性，樹立一套中央的法律共同規範公私部門吹哨行為的保護，可以將資源予以集中，並避免分散立法[5]所

5　目前規範各產業法規的揭弊條款，例如《勞工退休金條例》第40條第2項規定，「勞工發現雇主違反本條例規定時，得向雇主、勞保局、勞動檢查機構或主管機關提出申訴，雇主不得因勞工提出申訴，對其做出任何不利之處分。」、《職業安全衛生法》第39條第4項規定，「雇主不得對第一項申訴之工作者予以解僱、調職或其他不利之處分。」、《食品安全衛生管理法》第50條第1、2項規定，「雇主不得因勞工向主管機關或司法機關揭露違反本法之行為、擔任訴訟程序之證人或拒絕參與違反本法之行為而予解僱、調職或其他不利之處分。雇主或代表雇主行使管理權之人，為前項規定所為之解僱、降調或減薪者，無效。」、《水污染防治法》第39條之1第1項規定，「事業或污水下水道系統不得因廢（污）水處理專責人員或其他受僱人，向主管機關或司法機關揭露違反本法之行為、擔任訴訟程序之證人或拒絕參與違反本法之行為，而予解僱、降調、減薪或其他不利之處分。」及《勞動基準法》第74條第2項規定，「雇主

產生法規間的衝突及矛盾，致讓民眾更易於知悉及理解法律內涵，促使政策更能有效地執行及發揮預期的目標。

六、效能（effectiveness）

政策達成預期結果或社會影響的程度，亦即將實際達成者與原訂的預期水準相比，以瞭解政策是否產生原本期望的結果或影響。易言之，效能係指政策對於實際的問題及環境造成的影響，包括受政策影響者其在身心、認知、態度或行為上產生變遷的情形。而這樣變遷的程度與政策原先擬定的目標比較後，瞭解其成就的狀況（Dunn, 2018）。據揭弊者保護法，在私部門的執行上，恐有讓個人被國家吸納，導致刑事訴追過程中私人的公署化（許恒達，2015），國家享受政治及經濟秩序的純淨，滿足廉潔社會無弊案的期待，將造成社會成員之間信任感的危機。

嗣經六個評估標準檢視目前「揭弊者保護法草案」的內涵，吾人可發現：在充分上部分尚未能滿足相關人的需求及價值；公正面向可看到草案似全部集中在公部門組織的焦點上，對於如何滿足及平衡因私部門性質不同而產生的衝突，復如何妥適予以調適；以適當而言，強制規定具名揭弊，無採用具名及匿名併行的制度；回應而論，過去因揭弊造成工作及生活的衝擊，草案並未以特別方式處理及對應，實並未充分考量揭弊者的真正訴求；以效率而言，以單一立法來規範公私部門的揭弊保護，確實可以達到集中及統合資源，且催化出更大的政策效益產出；最後，以效能面觀之，揭弊者保護法希望透過組織內部自主控制及監督矯正作為，以消弭貪腐對於組織內外部的影響；然而，揭弊者保護法的成功除了要有合適的專法規範，更須有培塑出良善公民道德良知及倫理的環境土壤，此部分仍有待時間個案的累積及空間的形塑，方可達成。

不得因勞工為前項申訴，而予以解僱、降調、減薪、損害其依法令、契約或習慣上所應享有之權益，或其他不利之處分。」等，由上述可知，其立法均參考國外揭弊者保護的立法例，惟無法統一適用在各行業之間。

參、揭弊者個案敘事探討

本文將個案分析的政策敘事結構分為四大部分，即場域、人物、事件及情節分析，俾以更加瞭解並解釋事件和政策變遷間的關聯，賦予其意涵。

一、案例1：林子文揭弊遭解僱案

新海瓦斯工會常務理事林子文於2007年4月2日召開記者會，揭發瓦斯業違反用戶利益，於2006年起超收每戶8,400元管線補助費。這消息見報之後，主管單位提出了糾正，各瓦斯公司也取消收取這筆費用。新海瓦斯公司隨後以違反工作規則，即「張貼、散發煽動性文字、圖畫足資破壞勞資情感者」為由，解僱資深工會幹部林子文。工會不服而提出「非法解僱」訴訟，歷經纏訟多年，2009年3月，高等法院二審法官以林子文「違反忠誠義務，情節重大」，最終判決解僱成立。工會幹部林子文遭解僱事件，為近年來勞工以公共利益理由揭弊，遭到資方報復的重要案例，勞工保護團體不斷積極呼籲及推動催生公益揭發的保護法制，以有效保護最為弱勢的勞工。[6]

二、案例2：公務員戴立紳免職案

任職於新竹縣家畜疾病防治所的戴立紳先生，2012年在縣府政風處相關官員的建議及陪同下，向法務部廉政署揭發家畜防治所挪用公款、採

6 　勞工團體於2022年6月23日「國際揭弊者日」（World Whistleblowing Day）呼籲行政院，應盡速完成草案審查，送至立法院審議。過去國內發生多起黑心食品或金融弊案，對社會造成無法回復的傷害，這些案件往往首當其衝受害的就是勞工，因為他們長期曝露於危險的工作環境之中，甚至因此失業，因此公民團體多年來積極倡議「公益揭弊者保護法」立法（林詠青，2022）。

購貪瀆弊案。檢察官以公務員登載不實文書罪、公務員不法利用職務詐取財物罪等罪，起訴包括戴立紳在內的11名被告。2016年經新竹地方法院審理，戴立紳以「被告不懼壓力，勇於檢舉並挺身自首，是被告於犯罪後自首，並已自動繳交其全部所得財物，亦因而查獲其他正犯，均應依《貪污治罪條例》第8條第1項免除其刑」，在該院判決幾個月後，新竹縣政府依《公務人員任用法》第28條第1項第4款相關規定，核定戴立紳免職，不得任用為公務員，[7]顯示現行公務員法制與未來揭弊者保護法制有予以價值衡量及整合的必要性，以達致揭弊者保護制度相對應的立法改良。

三、案例3：永豐金張晉源案

張晉源擅長於併購，進入永豐金九年有餘，多半擔任策略長、財務長、發言人等非業務工作。沒想到，才出任銀行總經理一年就出事，牙材商鼎興貿易開始跳票，張晉源心中警鈴大作。他指示同仁：「需要幾百個牙醫才會跳票4億，疑似詐騙，請報警。」為什麼牙醫師可以借這麼多錢？加上鼎興貿易負責人姓何，雖然熟悉何家的經理人告訴他，鼎興不是銀行的利害關係人，但為求慎重，透過助理親自去查，是不是與銀行有什麼其他關係。張晉源亦立刻派員通知金管會，銀行局局長王儷娟第一時間受理。同一時間，他也向何壽川報告。張晉源甚至在法說會[8]上主動告知媒體此事，「永豐金高層意外自爆『案外案』」（陳一姍、盧沛樺，2017）。

7　2018年1月10日司改會為戴立紳遞狀聲請大法官解釋，主張《公務人員任用法》第28條規定「只要曾服公務且有貪污行為，經有罪判決，就應免職並不得再任用」，未慮及吹哨者保護對公務員的身分保障，將有吹哨行為的公務員不分情節輕重一律免職，侵害《憲法》保障服公職權的核心；此外，規定未區分公務員的有罪判決態樣，以致涵蓋過廣，導致個案過苛，不符比例原則（蔣永佑，2022）。

8　「法說會」、「法人說明會」，全名是「對法人投資機構的業績說明會」（earnings call），目的是對投資大眾說明公司目前營運狀況及未來獲利展望，以利大家瞭解公司經營與獲利狀況。

四、案例4：台鐵重懲修理吹哨人，輕罰超速司機

　　普悠瑪號出軌釀18死，關鍵肇因是超速，也使超速成為台鐵司機員不可犯的「天條」，有台鐵司機員慣性超速，利用進站號誌的列車自動防護系統（automatic train protection, ATP）[9]寬限值漏洞，在十二天內超速八次，最嚴重竟以時速近90公里飆往車站；台鐵當時證實此事，強調已啟動大規模稽查，發現另四人偶有超速，當時一併懲處並啟動全面教育訓練。未料事隔近半年，台鐵內部竟上演「白色恐怖」，鋪天蓋地追查「吹哨者」，大動作懲處一名調閱超速資料的系統管理人員及一名看過資料的司機員，皆記小過一支，但犯了「嚴禁超速」天條的司機員，卻僅記申誡和停止勤務三天（李姿慧、甘芝萁，2020）。

　　該名受害台鐵司機員指他曾和該超速司機員共同乘務，發現其開火車常超速，也當面勸導過，更曾向主管反映，但皆無效，他向管理ATP資料人員調閱超速司機員行車紀錄並討論其開車模式，但僅止於兩人討論，看過該資料人員也不少，他並無向媒體爆料。況且他是透過合法ATP管理人員查閱資料，公司內部ATP使用及管理要點並未規定授權程序，台鐵內部上課亦有調閱ATP行車紀錄給司機員看，每月皆有公告ATP違規人員，司機員雖未具考核身分，但也有關心行車安全權利，卻因他看過資料也曾向主管反映過，就因此安他罪名，並沒有怠忽職責及違反服務規定情節重大，就遭記過處分，且懲處比慣性超速司機員還重。

　　由上述案例情節觀之，在在顯示出：目前揭弊者保護法專責立法的迫切及必要性，案例1顯示國內一方面欠缺「公益揭弊者保護制度」，另一方面司法體系立場仍舊傾向保障資方。不過，林子文尚有工會支持，一般沒有組織支援的孤立勞工，如欲保住工作，更不可能主動揭露資方的不法（徐沛然，2013）；案例2則顯示出公務員挺身揭弊面臨工作及生活的沉重壓力，只能獨自承擔的無奈；案例3中為求慎重，透過助理親自去查，

9　或稱列車自動保護系統、列車超速防護系統，為列車超過規定速度時即自動制軔的系統。

是不是與銀行有什麼其他關係。依據《銀行法》，利害關係人不能做無擔保貸款，且必須送董事會做成決議，還必須揭露已嚴重違法；案例4台鐵事後派人員調查，要吹哨者禁聲，形同變相職場霸凌，而從懲處更可看出，抓出吹哨者比矯正違規超速更重要，對調閱超速資料者重罰。令人質疑被揭弊機關想隱藏什麼和保護犯罪的人，找出吹哨者殺雞儆猴，要組織成員從此噤聲不可以再揭弊。

肆、以內容分析揭弊者保護法草案制度結構的內涵

美國的揭弊者保護法（或稱吹哨者）法制較完備，法案也經歷了四個階段的演變，[10] 逐漸演化成現今的制度。而揭弊者所揭發的均為違反法規，類型為不當管理、浪費公帑、濫用職權，及危害公共等情事。因此，揭弊係確保行政倫理，防止行政腐敗的重要機制。茲就外國立法例及經驗剖述如下。

一、美國經驗汲取

美國國會在安隆公司倒閉，產生大批投資人受害案件，於2002年通過《SOX法案》，並且特別加入保護揭弊者的條款。美國不僅透過法律規範[11] 鼓勵揭弊行為，更將揭弊視為一種倫理行為（賴靖宜，2018），而

---

10 在南北戰爭期間，政府買的槍械物資都不太能用，後來發現是有人造假欺騙政府，於是1863年訂立美國第一個吹哨者法案——《FCA法案》，鼓勵舉報欺騙政府的案件。1986年發生美國挑戰者號太空梭爆炸，事前已發現問題卻沒有人檢舉，1998年制定《WPA法案》，鼓勵政府公僕發現問題時勇於吹哨檢舉；2000年爆發安隆案，上市公司做假帳多年卻因怕被報復無人檢舉，因而制定了《SOX法案》，規定對吹哨者報復須罰錢又坐牢。2008年美國又發生雷曼兄弟案，因吹哨者怕失去生活保障，無人事先檢舉，美國遂在2010年制定《DODD–FRANK法案》，給吹哨者高額獎金，以保障吹哨者的生活（吳協展，2018；陳瑞仁，2019）。

11 例如，1978年《政府倫理法》及1980年《政府服務倫理典則》。

揭弊保護法制強調透過完整的程序正義，以逐步達致實質正義的履踐（黃宏森，2005）。

台灣在揭弊者保護法草案中，有許多學習及移植美國的立法例（如表10-1），例如在弊案的定義上，盡可能將各種情形規範在內，而為了兼顧

■ 表 10-1　揭弊者保護法草案制度學習一覽

揭弊者保護法草案	規範內容	制度學習
第3條第1款、第2款、第4款及第5款	影響政府廉能不法資訊揭露，均屬所稱「弊」。[12]	美國
第4條第2項、第3項	揭弊者為現役軍人或情報人員，或揭弊內容涉及國家機密，應向特定機關為之始受保護。	美國
第5條第1項第2款	私部門揭弊者所稱關係企業定義。	美國、日本
第5條第2項前段	指政務官及各級民意代表以外，適用《國家賠償法》之公務員。	美國
第7條第2項、第4項	所稱不利人事措施的定義。非財產損害之範圍。	美國
第8條第1項、第2項	採取積極舉證責任分配，不限於司法訴訟階段始有適用。	美國
第9條第5項	引進「法庭之友」制度。	美國
第12條	揭弊者免責條款。[13]	美國
第16條第2款	針對非首位檢舉之揭弊者，其權益亦受保護。	美國

資料來源：筆者整理。

---

[12] 如犯《刑法》瀆職罪、《貪污治罪條例》、《公職人員利益衝突迴避法》、其他重大管理不當。公務員有最高的公務倫理。

[13] 向受理揭弊機關之陳述內容涉及國家機密、營業祕密或其他依法應保密之事項者，不負洩密之民事、刑、行政及職業倫理之懲戒責任。

國家安全及揭弊後果的利益權衡，乃要求須向特定受理揭弊機構爲之，避免所揭弊事尚未查證即傳播洩漏，而造成公共利益的重大及不可回復之損害。此外，對於揭弊者所爲的各種不利人事措施則予以明定，包括非財產受害如身體、健康、名譽、自由、信用、隱私上之損害，及被同事孤立、歧視等精神上的痛苦。因揭弊者保護涉及公益，法院於個案之決定因影響深遠，故引進「法庭之友」制度，讓公益團體、同業公會、工會、主管機關或檢察署，得針對事實與法律表示意見，以協助裁判者妥適認定事實與適用之法律。最後，爲了明確化揭弊者揭弊時，若向受理揭弊機關洩漏依法應保密之事項者，屬《刑法》第21條之「依法令之行爲」而不罰。揭弊者於揭弊前或揭弊後向律師徵詢法律意見時，以致洩漏國家機密或營業祕密者，事關揭弊者權益之保障，亦應免責。揭弊者向揭弊者保護法草案第6條所指之受理人員或法人揭弊時，應自行過濾機密事項，否則若有洩密，仍應負法律責任。

　　觀察上開美國及日本立法例，亦可看出吹哨者制度有三個重點：首先，關注著有人發現一項違反法規的重大事項，如未對外揭露將傷害大眾權益、身體健康與環境，或掏空政府、公開發行公司或金融機構的資產，該如何有效施爲。其次，政府需要立法鼓勵此種公益檢舉，對於洩漏檢舉人與事項者應負刑事責任，並且保護檢舉人的人身與工作安全（反報復條款），也不能以懷疑誰是檢舉人而有不適當之行爲，違反者就須負擔法律責任，同時給予檢舉人適當的獎金。再者，在調查階段要絕對保密，基本上也要尊重被檢舉人，首先守著「無錯推定」的假定，避免挾怨報復或誣告之情事。公益檢舉這個名詞，因爲其採用較具正面意涵的用語，可以改變大家對於檢舉者所引發的負面聯想；其意乃指此種檢舉是基於公益，可以保護大眾權益。而國外普遍用吹哨者制度，表示檢舉人將違法而影響大眾權益之事項，通報主管機關調查（葉銀華，2020）。

二、揭弊保護法制罅隙的全局揭露

（一）揭弊後懲罰及補償的不足

　　「揭弊者保護法草案」中，雖然已明定對吹哨者的保護措施，但仍有三項缺點，分別是：補償太少、罰款太低及獎勵不明確。因在草案中規定，吹哨者一旦被解職想復職而有困難時，公司除依法支付各項資遣費、退休金外，還須支付三個月以上的補償金，這種補償實在太少，好像在保護報復揭弊者的企業。而且草案中還規定企業違反各種保護吹哨者規定的罰款，只罰5萬元到500萬元也實在太少了（林文義，2019）。另外，對於揭弊者的獎勵金，在制度設計上授權給各機關自訂，如此恐發放標準不一，而會造成不同案件類型的相關獎勵金給予方式及程序之歧異，造成有些揭弊者領到獎金，部分卻未領到的不公平現象，降低揭弊的誘因，埋下日後利益衝突的引線。是以，基於鼓勵吹哨者出面舉報，是否考慮設立特別基金，來源除編列預算外，亦可由雇主報復行為懲罰之罰鍰及罰金支出（吳協展，2018）。

（二）揭弊者再回任的價值衝突

　　有論者認為「揭弊者保護法」有關涉及共犯貪污的揭弊者，給予其揭弊後身分保障似有過寬鬆，對於共犯貪污的揭弊者開啟一扇巧門，影響組織的廉潔性，因此，對於公務員申請再任應嚴加規範（楊戊龍、李淑如，2019）。本文認為或可採取妥適價值衡量基準，即揭弊者所舉報的事件，如對於公共利益有重大性及深遠性影響，相對於揭弊者日後申請再任的工作權及組織廉潔性的價值衝突，應具有優先保障的選擇性。再者，「揭弊者保護法」旨在：促使及鼓勵正犯或共犯中之公務員發揮道德勇氣，因此，不應有任何對其未來身分或工作回復的限制或歧視，應予極大化的保障，更不應將其權利予以限縮。尤有甚者，草案第19條規定本法自公布後一年施行，使得符合草案第13條第2項規定的公務員戴立紳免職案反倒無法適用。因此，諸如司改會呼籲在草案第19條新增溯及既往條款，讓戴立

紳也能受新法保障（賴佩璇，2019）。因之，除保障外，更應含有積極鼓勵人性向上的價值，以便發揮最大的制度效益。

（三）受理揭弊者機關功能未備

以揭弊者保護法草案中受理機關設有政風機構爲例，現行行政組織大多設置有政風機構，專責處理檢舉或陳情之不法案件，惟受制於政風雙重隸屬下層級節制的特性，勢必面對機關首長及業務長官的制約及組織壓力，是否能夠有效處理內部揭弊者的案件，不無疑問。又加上政風單位本身無司法調查權，僅有一般行政調查權，如要能夠行使機關內部調查，恐必須有首長支持及配合，方可順利進行。是以，如能推動現行受理揭弊機關職權行使，方可強化及提升揭弊調查的正當性。

（四）揭弊者的具匿名措施未妥

有鑑於我國社會黑函文化存在的事實，以及近年來網路訊息造假之風氣盛行，草案乃爲防止污控濫訴的黑函文化（陳瑞仁，2019），乃強制規定僅有具名才可受揭弊保護。因之，政策旨意在於考量後續如何追蹤及取證，但這恐會造成揭弊者的顧慮與退怯。因此，爲了揭弊保護的公益及防範黑函文化的價值衝突，如何在其中取得一個均衡點，乃必須關注的要項。是以，或可採取可匿名抑或另外委任代理人（律師、會計師等）專業人員代之揭弊，以更加周全兼顧兩方的利益。

綜上所述，透過剖析目前揭弊者保護法草案內容，發現可能的結構落差，並找出導致落差的因素，再以契合的策略加以彌補。蓋制度所欲產生的效應一旦未如預期，恐會影響大眾對制度的信賴度。

伍、揭弊者由勉強到情願揭弊的策略設計

揭弊者保護法草案的核心，歷經評估，得知其旨趣在於：發現可能的

制度罅隙，並找出導致罅隙的因素，再據以提出發揮期待效益的策略以資彌補。蓋制度結構一旦出現未如預期，乃會影響大眾對於制度的信賴及信心，進而導致揭弊者保護產生政策失靈。本文認為若要使揭弊者保護法的績效得以勝出的關鍵，可由三面向為之：一是民眾願意協力推動揭弊績效的勝出；二係公民擁有能力投注於揭弊工程；三為揭弊者保護制度需指出揭弊的機會及途徑，以供民眾激發揭弊能量及展現維護公義的意願，與職司機關協力形塑廉潔及公義社會。茲就三個面向研擬契合及連結揭弊效益的策略。

一、揭弊意願提升（willingness increasing）

組織的主事者或領導人，有責任建構一個關係資本雄厚的工作社群，發揮協力的合超效應，提升績效的勝出，以鞏固組織存在的正當性（林水波、張世賢，2006）。由是觀之，透過形塑共同反貪揭弊及公平正義的願景，能由這種共同的理想、目標、願望與遠景，從而鼓舞及激勵揭弊者的心智，促使揭弊者保護法相關利害關係人得以統合起來，堅持實現此一共同的願望。例如，職司者，若透過教育文化過程進行倫理道德價值重塑的工程，對於行政倫理抑或工作專業倫理，則應予列為首要核心價值，更應在法案合法化期間，即向民眾宣導及溝通法案的用意，扭轉傳統對於揭弊者的刻板且負面的印象，俾利增加吹哨者起身揭弊的意願。

二、揭弊機會提供（opportunity provision）

組織成員各自擁有自我實現的需求，希望藉由組織場域的資源，開拓及發揮自我的長才及抱負，共同創造出令人賞識的政策績效。尤有甚者，組織之有效運作是一項團隊運營的工程，主事者應該透明化所有的運作過程，致使歷經該過程的決策產生可信性，並提供組織成員參與及投入維護組織廉潔的機會，養成組織成員皆具有公正的人格特質，進而培塑誠實正

義的組織文化，以克服組織內部陷入高度集權及祕密且黑箱化的決策，有效化解外部競爭壓力對組織發展的不利因素。

三、揭弊能力養塑（empowerment）

　　各類組織面對的競爭壓力愈大，爭取生存空間愈艱辛的時刻，更容易發生內部不法或貪腐的情事。組織在解決績效落差，每要對成員養塑應對績效的能力，以創造一個永續發展的組織。因此，揭弊者保護法的制度結構，乃必須對可能的吹哨者養塑相關能力。這可由兩個類屬強化之：首先，揭弊者保護法爲了預防組織病症所滋生的代價，應培養同理心的制度鋪排，得能設身處地思索問題及設計方案，逐步建立出協力揭弊的共識，設計出引起共鳴的方案，作爲促成重視公共價值及公義社會（Bozeman, 2007）的標竿；二者，制度設計必須對受理揭弊機關人員抑或揭弊者的教育訓練及發展，進行各項能力的汲取，及經驗的社會化，以厚植反貪防腐賴以成功的能力。

陸、結論

　　全球在講究善治的時代，推動有效反腐的際會，相關職司者有必要由更加廣泛的公共管理系絡來加以想方設法，並由治理、問責，以及法律制度架構反腐（林水波，2010）。由是觀之，揭弊者保護法的立法需與歐美先進國家進行政策學習，汲取菁華，以因應本地國情的揭弊者保護制度至爲緊要。本文乃以揭弊者保護制度結構爲論述的切入點，充分分析這項制度所欲達到的功能及效應，並說明何以激勵及保護揭弊者的根本理由，進而設計出該制度勝出應有的策略方法，以發揮應有的防貪反腐效應。嗣經前述剖析，吾人或可得到六項知識啓發。

一、問責的必要性

現今民主的社會，不論公私部門抑或第三部門，均有面臨內外在法規及成員的問責必要。是以，揭弊者保護法如能強健及有效地運營，將會促使各類人員忠誠於組織之餘外，更具有該法所賦予的使命及任務，有效地監督與及時矯正不法行為，藉由問責過程加以確實呈現，以強化組織生存的利基。

二、意願的關鍵性

揭弊者保護法績效勝出的關鍵因素，乃係於組織成員有了堅強的榮譽動機，不僅在組織運作投入個人的才華，而且在成員發現組織出現貪腐情事，勇於表現出吹哨者的使命及行動力，促使組織朝向正面的發展方向；另外，相關保障及維護的措施，更是揭弊者後續作為表現的重要憑藉，決定揭弊的成效是否彰顯。

三、能力的影響性

現今各種社會組織專業分工及複雜化，且面臨各項專業化的弊端，如無內部揭弊者，對於弊端的運作及知識熟悉，相關犯罪問題無法發現，公益無法實現。因此，揭弊者保護法後續要投入政策教育訓練的宣導及授權灌能作為，幫助各行各業的公民，易於瞭解揭弊的必要性及相關的程序正義，形塑具有揭弊能力的公民力量，達到更佳的揭弊效益，提升國家的進步發展，邁向更公平正義的社會。

四、觀念的導航性

揭弊如何進行，揭弊程序的遵循，可以提供相關人士揭弊策略及管

道。過去對於揭弊或爆料者，將其視爲組織的負面舉動，而揭弊者本身就是「背叛」、「背骨者」及「抓耙仔」，充滿負面的標籤。然而，隨著講究高度公益及誠信治理價值的歷史時刻，應轉化及改變這種揭弊者是「叛徒」的印象，賦予它更爲積極及提升組織活力的正面能量。因此，建立揭弊者保護法制有其必要性，除可使揭弊者擁有舉報弊端明確之遵循方向，得以預見案件之發展情形，及其本身能夠受到之保護等權利義務之外，亦能預防或遏止不法行爲發生，幫助有權調查機關進行弊端之調查，改變社會視揭弊者爲告密者與時代脫節的氛圍及觀念。

五、機會的誘引性

揭弊者保護法的基本假定：係揭弊者一旦進行舉發組織或人員的不法，勢必受到各方的打壓及迫害，因此必須立法加以保障及維護揭弊者的權益。是以，本法應提供明確及適當民眾揭弊表現的機會，給予任何必須的資源協助，事先排除及防範可能影響揭弊的路障，誘引民眾積極投入完善揭弊績效的工程。是以，揭弊者保護法應提供人民知悉揭弊的重要及必要的教育宣導路徑，提供面臨揭弊威脅的庇護及支援，使其積極願意成爲揭弊的協力合夥人。

六、移植的再思性

在全球化的影響之下，台灣廉政組織抑或揭弊保護制度難以脫離這股政治經濟流勢，乃在倡廉反貪的政策上走向與世界趨同的樣態（Plumper & Schneide, 2009）。尤有甚者，直接移植他地機制作爲推動肅貪的政策工具，或許容易犯上水土相似性的假定（邱靖鈜，2015），因而忽略並非建構揭弊保護制度即可解決問題的思維。因爲貪腐問題的攻克，關鍵本在問題背後相關利害關係人對廉政文化視框與倫理價值規範的認同，設未注意於此，恐易形成環境脫節的現象，抑或犯下忽視環境異質的謬誤。蓋每

個國家發展背景不同，政經社文互異，主事者有必要感知歷史的演變及當下環境的素質，應致力於將揭弊者保護做最適的制度安排，以對應台灣的政經社文系絡。

　　揭弊者保護法的建制，係鼓勵組織內部員工揭弊，初期似會引起組織內部關係的衝突及彼此不信任感，甚至恐會助長所謂的爆料文化，影響組織的凝聚力及順暢推動運作。不過，如從另一角度觀之，此舉對於組織更趨於透明化及對落實社會公益的維護具有正面效益。蓋不論公、私部門組織因為揭弊者保護法制的推動及運作，將會對組織發生的腐敗、反倫理及弊端予以戢止，並大幅增加組織運作的績效，降低因貪腐造成組織內外部成本的損失，使其更能邁向永續經營的境地。

參考文獻

一、中文部分

Re-lab團隊，2019，《臺灣數據百閱》，台北：天下雜誌。

吳協展，2018，〈美國私部門吹哨者保護法制之研究〉，《法學叢刊》，第63卷第1期，頁113-134。

李姿慧、甘芝萁，2020年3月13日，〈台鐵版「白色恐怖」罔顧運安！重懲修理吹哨人輕罰超速司機〉，《中國時報》，第A14版。

林上祚，2019年5月6日，〈揭弊者保護法──私部門獨立立法恐引企業反彈　學者揭法務部應如何突圍〉，取自：https://www.storm.mg/article/1250056。

林文義，2019年5月29日，〈永豐金弊案觸發《揭弊者保護法》真的保護得了揭弊者嗎？〉，取自：https://www.wealth.com.tw/home/articles/20901。

林水波，2010，〈個體績效問責〉，林水波、林皆興等人（主編），《公共管理變革與發展》，台北：巨流圖書，頁3-26。

林水波、張世賢，2006，《公共政策》，台北：五南圖書。

林詠青，2022年6月23日，〈保護吹哨者 勞團籲政院速審「公益揭弊者保護法」草案〉，取自：https://www.rti.org.tw/news/view/id/2136598。

法務部廉政署，2018，「揭弊者保護法草案立法研討會」會議紀錄（5月28日），台北：法務部廉政署。

法務部廉政署，2019，〈107年度工作報告〉，台北：法務部廉政署。

邱靖鈜，2015，〈我國廉政組織趨同之探討 —— 以調查局及廉政署為例〉，《國會月刊》，第43卷第9期，頁41-70。

徐沛然，2013年11月12日，〈廉政署將推《揭弊者保護法》民間籲納入保護私部門勞工揭弊〉，《苦勞網電子報》，取自：https://www.coolloud.org.tw/node/76271。

許恒達，2015，〈揭弊者保護制度的刑事政策省思〉，《刑事政策與犯罪研究論文集》，第18期，頁76-84。

陳一姍、盧沛樺，2017，〈永豐金吹哨人張晉源：我活在楚門的世界〉，《天下雜誌》，第626期，頁33-56。

陳瑞仁，2019，〈從美國吹哨者保護法制談我國立法方向〉，《法學叢刊》，第64卷第1期，頁29-74。

湯文章，2019年6月3日，〈揭弊心驚驚吹哨者真能受到保護？〉，《東森新聞電子報》，取自：https://www.ettoday.net/news/20190603/1458854.htm。

黃宏森，2005，〈弊端揭發者（Whistle-blowers）面臨的難題與抉擇之研究〉，《公共行政學報》，第14期，頁39-78。

黃錦堂，2021，《行政組織法論》，台北：元照出版。

楊戊龍，2006，〈美國聯邦政府保護揭弊公務員之制度與發展〉，《政治科學論叢》，第29期，頁83-122。

楊戊龍、李淑如，2019，〈行政院民國108年版揭弊者保護法草案評析〉，《文官制度季刊》，第11卷第3期，頁29-70。

葉銀華，2020年10月13日，〈建立公益檢舉制度的必要性〉，《聯合報》，第A13版。

蔣永佑，2022年6月22日，〈大法官不受理戴立紳案 司改會：錯失保護揭弊者的機會〉，《聯合新聞網》，取自：https://udn.com/news/story/7321/6360302。

賴佩璇，2019年10月30日，〈公益揭弊者保護法今協商吹哨人：別硬把我打成烈士〉，《聯合新聞網》，取自：https://udn.com/news/story/6656/4133840。

賴靖宜，2018，〈公益揭弊者保護法制之研究——以公部門爲中心〉，國立中正大學法律學研究所碩士論文。

二、外文部分

Agranoff, Robert, 2007, *Managing Within Networks: Adding Value to Public Organizations*, D. C.: Georgetown University Press.

Bennett, Colin J. & Michael Howlett, 1992, "The Lesson of Learning: Reconciling Theories of Policy Learning and Policy Change," *Policy Sciences*, vol. 25, no. 3, pp. 275-294.

Birkland, Thomas. A., 2018, *An Introduction to the Policy Process*, Armonks: M. E. Sharpe.

Borins, Sandford, 2011, *Governing Fables: Learning from Public Sector Narratives*, NY: Information Age Publishing.

Bovaird, Tony & Löffler, E., 2009, "The Changing Context of Public Policy," in Bovaird, Tony & Löffler, E. (eds.), *Public Management and Governance*, NY.: Routledge, pp. 15-26.

Bozeman, Barry, 2007, *Public Values and Public Interest*, Washington, D. C.: Georgetown Univ. Press.

Compston, Hugh, 2009, *Policy Networks and Policy Change*, NY.: Palgrave.

Considine, Mark & Afzal, Kamran Ali, 2011, "Legitimacy," in Bevir, M. (ed.), *The SAGE Handbook of Governance*, London: SAGE, pp. 369-385.

Dryzek, John S. & Simon Niemeyer, 2010, *Foundations and Frontiers of Deliberative Governance*, Oxford: Oxford University Press.

Dunn, William N., 2018, *Public Policy Analysis*, Upper Saddle River, NJ: Prentice Hall.

Goleman, Daniel, 2013, "The Focused Leader: How effective executives direct their own–and their organizations'–attention," *Harvard Business Review*, vol. 91, no. 12, pp. 50-60.

Hindess, B., 2009, "International Anti-corruption as a Programme of Normalization," in L. de Sousa, P. Larmour & B. Hindess (eds.), *Governments, NGOs and Anti-corruption: The New Integrity Warriors*, NY: Routledge, pp. 19-32.

Loyens, Kim & Vandekerckhove, Wim, 2018, "Whistleblowing from an Perspective: A Comparative Analysis of Institutional Arrangements," *Administrative Sciences*, vol. 8, no. 30, pp. 1-16.

Mintrom, M., 2012, *Contempory Policy Analysis*, Oxford: Oxford Univ. Press.

Near, J. P. & Miceli, M. P., 1985, "Organizational Dissidence: The Case of Whistle Blowing," *Journal of Business Ethics*, vol. 4, no. 1, pp. 1-16.

Near, J. P. & Miceli, M. P., 1995, "Effective Whistle-blowing," *The Academy of Management Review*, vol. 20, no. 3, pp. 679-708.

Oliver, K. L., 1998, "A Journey into Narrative Analysis: A Methodology for Discovering Meanings," *Journal of Teaching in Physical Education*, vol. 17, no. 2, pp. 244-259.

Painter, Martin & Jon. Pierre, 2005, *Challenges to State Policy Capacity*, NY.: Palgrave.

Plumper, T. & C. J. Schneider, 2009, "The Analysis of Policy Convergence, or: How to Chase a Black Cat in a Dark Room," *Journal of European Public Policy*, vol. 16, no. 7, pp. 990-1011.

Roe, Emery, 1994, *Narrative Policy Analysis: Theory and Practice*, Durham: Duke University Press.

Sen, Amartya, 2011, *The Idea of Justice*, Belknap Press of Harvard University Press.

Shafritz, Jay M. & Russel, E. W., 2016, *Introducing Public Administration*, NY: Routledge.

Shanahan, E. A., M. D. Jones & M. K. McBeth, 2011, "Policy Narratives and Policy Processes," *Policy Studies Journal*, vol. 39, no. 3, pp. 535-561.

Sharman, J. C. & Chaikin, D., 2009, "Corruption and Anti-money-laundering Systems: Putting a Luxury Good to Work," *Governance*, vol. 22, no. 1, pp. 27-45.

Stewart, Jr. Joseph & D. M. Hedge, 2007, *Public Policy: An Evolutionary Approach*, NY: Cengage Learning.

第十一章
考績正義論

林水波

壹、前言

　　考績制度不但一向為組織理論及人事管理鑽研的主要課題之一，而且對於其他人事管理措施，諸如人員徵募、考選任用、訓練發展、獎優懲劣、升遷調職，本身又居於監導的地位。因之，其可說是學術研究的重點，發揮人事管理功能，界定人力資源應用過程的基石（Kavanagh, 1982）。

　　考績由於在人事管理上居於主導的地位，茲為瞭解其在組織中的運作，學者乃由不同的視角來檢視這個現象。有的論述考績的正負功能；有的探究影響考績決定的因素；有的分析考績決定的過程；有的診斷在何種情境下，應應用何種考績制度，方能正確評定考績；有的論斷考績的結果是否合乎正義；有的則分析考核者在考績決定過程上可能犯的謬誤；因而形成可觀而豐碩的研究成果。本文的重點在於分析考績的正義。至於其他層面的問題，則未在本文討論之。因此，本文分析的核心，乃圍繞在建構考績正義的理論架構，探究該架構所立基的基本假定；闡釋兩類型的考績正義；提出立基在該理論上，存有哪些有價值並可資驗證的命題，用以指出未來的研究方向；嚴肅評估正義論，以發揚其居優勢的一面，展露其處劣勢的部分，以為鑽研突破之重心；最後，指出一項考績制度，其要成就正義的目標，究應具備哪些特性；研擬增進考績正確性，提升其正義程度之策略。

貳、理論架構及其基本假定

　　價值或資源的分配，一向為任何古今中外人類社會所無法逃避的課題，而分配本身及分配過程是否合乎正義，更牽涉到任何社會的持續、變遷或重建。因之，正義的概念一向為政治哲學家苦心鑽研的對象，亦為社會制度所追求的第一至善。考績為組織內一項重要的社會制度，有關其正義問題當亦為組織的研究者及人事管理學者所探究的領域。

　　向來考績之過程論、正確論及謬誤論的旨趣，均著重考核者在考績過程中所扮演的主動角色。考核者的特性、認知過程與判斷，如何影響到考績謬誤的產生，考核者應如何才能提升考績的正確性，均是這些理論論述的焦點問題。不過，這些理論雖偶爾論述考核者與受考核者互動的過程與結果，進而影響到考績的運作過程、正確性及謬誤的類別與程度，但其皆未見分析受考核者立居於主動的角色。事實上，受考核者在考績過程上，並未完全立於被動的地位，其對考績的主觀認知過程可能亦承擔考績受到接受與信任的角色。蓋一項考績決定，不論考核者如何以「如臨深淵、如履薄冰」的態度慎重將事，以免除可能的謬誤，而致正確考績的地步。不過，受考核者如認為這樣的決定，非但在決定本身的分配上具有瑕疵，並未達到分配正義，更在分配的過程上，又因為有些原則未被考核者遵守，而認定程序正義亦有所欠缺與不足，則考績制度要得到受考核者的接受與信任，有如「挾泰山超北海」。總之，任何考績制度的成敗，考績制度本身，在過程上與在謬誤防患上的健全性固然重要，但是受到考績影響的人，若其並不認為考績制度的正義性，則亦能致使考績制度功虧一簣。

　　考績的正義論，乃是組織研究者認為：過去政治思想家所闡述的正義概念，若猶停留在抽象的理論層次，而無法將其落實在人類社會彼此互動的運作層面上，恐對追求正義的社會於事無補。基於這項體認，組織研究者乃不斷研究組織內有關正義的現象，及其對員工行為與組織運作的影響。他們首先研究功績制的待遇（merit-pay system）在工作動機、工作滿足感與組織向心力上所扮演的角色，然後，再將研究的觸鬚伸展到考績正義的領域來，而建構了考績正義論。

正義論乃從受考核者對考績制度的評價為出發點，用以分析何謂考績的分配正義；根據何項分配的原則進行考績分配才能被認為具有正義；何謂程序正義，要達到程序正義，考核者在考績過程中應遵守哪些程序的原則，才能為受考核者認為具有程序正義。再者，正義論乃探討了分配正義及程序正義在解釋組織結果變項：諸如工作動機、工作滿足感、組織向心力等各自及共同的推動力量有多強，何種正義的解釋力較強，何者則較弱。至於其理論架構有如圖11-1，而其立基的假定有：

一、人類對正義的追求與重視，亦顯現在組織生活中，有關考績制度的運作上，蓋正義不僅是人類思維的核心範疇和人類動機的中心面向（Cohen, 1986），而且是社會制度所追求的至善（Rawls, 1971）。因之，不論考績制度設計如何精良可靠，若其未被認為是正義的，其可能甚難展現其應有的功能。

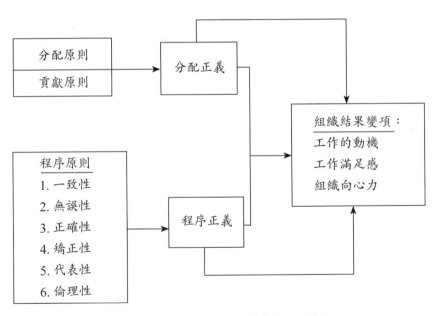

▣ 圖 11-1　正義論的理論架構

資料來源：筆者繪製。

二、組織內的員工，通常會應用不同的參照對象（Scholl et al., 1987），諸如同機關內職司同業務或不同業務的同事，別機關執行同類業務者等，用以評定其所得到的考績等第，是否與他實際所應得的一致。換言之，員工以不同的參照對象及其考績等第來評定其考績達到分配正義的程度。

三、組織內的員工，透過各自不同的社會化過程，形成一套特殊的參照架構，並以該套架構來衡平：自己實際所得的考績，是否與其所應得的程度配合。換言之，個人通常根據其所持的參照架構，對自己的年度考績設有一定的預期水準，並以該水準作為評比實際考績的基礎，且藉由這項評比的過程，顯現考績已達分配正義的程度（Folger, 1986, 1987）。

四、組織內員工相當重視工作績效與考績等第，以及考績等第與升遷之間的配合度。設若考績等第無法呈現工作績效的程度，升遷不以考績等第為主要依據時，員工自會感到分配沒能達到正義。

五、員工考績的評定，往往要透過一系列的過程才能完成（Cooper, 1981; Landy & Farr, 1980, 1983; Greenberg & Tyler, 1987）。這一系列過程中的每一階段，均會影響到：考績的評定是否被認為具有合理性。員工也對這一系列的過程，是否具有公平正義，十分加以關注（Folger & Greenberg, 1985; Greenberg, 1986a, 1986b, 1986c）。

六、員工也由自己的參照架構中導引出一套參照的過程，並以這一架構來衡定：考績決定之實際運作過程是否具有合理性（Folger, 1986, 1987）。嗣經這一衡定的過程來決定考績所達程序正義的程度。

七、個人的認知乃是一項決定個人態度與行為的基礎。客觀的考績決定過程及其最終的考績等第，是否具有分配正義與程序正義，乃透過個人主觀的體認過程來加以認定。這種主觀的認定，恐與實際作業的情形之間，存有某種程度的罅隙。

八、員工認為考績所達之正義程度，亦影響到他自己的工作滿足感、工作動機、對所任職組織的向心力、及組織績效的提升與優質。

這八個基本假定共同合理化正義論上各變項間的關係。它們也提

示：員工的工作動機、工作滿足感及組織向心力，可從以考績為基礎的正義上得到部分的解釋。由此足見，考績正義對組織生存、壯大與發展的重要性。

參、考績正義的類型

　　傳統的正義概念偏重在分配正義上，這也是最早被用來研究組織內有關正義的現象。後來，J. Thibaut與L. Walker（1975）在司法行為的研究上建立程序正義的觀念，再加上G. S. Leventhal（1980）在程序正義理論上的補充與強化，其乃就普遍被用以研究考績的程序正義現象，並有凌駕分配正義的研究之勢，甚至有居於主導地位的傾向。

一、分配正義：分配正義的概念，自有人類的歷史開始以來就已存在。它是人類社會一直夢寐以求的重要目標之一。原本之意為個人報償的比例等於個人貢獻或投資的比例（Homans, 1961）。後來，其意被引申而成為：員工認為個人在工作上的投入和或所得的報酬，與其參照團體內的分子，所付出的投入和或所得的報酬相對等的程度（Adams, 1963, 1965; Price & Mueller, 1981; Bluedorn, 1982）。由此可知，分配正義上一項重要的分配原則為貢獻或功績原則，至於平等原則及需要原則，二者雖在不同的分配情境下，為求團體和諧及養成對團體的忠誠，而以之作為分配的基本原則（Tyler, 1986），但該二原則無法適用在考績的情境，因為畢竟考績無法給予每位員工相同的考績等第，或按個人需要而給予考績的評定，如若勉強為之，將喪失考績原始的意義。不過，考績的評定要根據員工年度內的工作表現為之，而考績的優劣又可能是其他人事決定的基礎，因此根據功績原則的本質而言，考績的分配正義，乃指涉員工體認到工作績效的優劣、考績等第的高低，與隨後根據考績等第而做成的種種人事決定，三者之間彼呼應配合的程度（Greenberg, 1986c）。換言之，組織內的某一位員工，自認自己平日的工作績效愈高，考核者對其所評定的考績也應較

高；自己的考績等第若較高時，升遷或加薪的機會也應愈多，如此
一來，考績才被認爲具有較高程度的分配正義。不過，台灣的行政組
織，有時亦可能因特定的情況，或因應員工升等需求而特別予以甲等
的評定。

在運作的定義上來說，可由三方面衡量之：一爲考績的評定是否正確
地反映實際的工作表現，有無摻雜與工作表現無關的因素；二爲獎懲
與工作表現一致的程度，即獎懲與考績配合的情形；三爲考績與升遷
之間關聯的程度。

二、程序正義：在價值的分配上，通常爲了合理的分配起見，分配者設
定一套程序以資適用。因之，原本程序正義的內涵，乃泛指個人對社
會組織用以規制分配過程的程序，認定其具公平的程度（Thibaut &
Walker, 1975; Leventhal, 1980）。然而，這個概念適用到考績的情境
時，其乃泛指組織的員工，對組織決定考績所適用的程序，認爲公平
合理的程度。

G. S. Leventhal（1980）在闡述傳統衡平論的缺失時，詳細建構了判
定程序正義的六大程序原則。後繼的學者乃根據這六大原則來檢定組織內
決定考績所歷經的程序，其已具程序正義的程度。這六大原則爲：

一、一致原則（consistency rule）：考績評定時，考核者對所有受考核者
皆適用同樣的考核標準，不因人因時而異。假若一個人得到的考績有
多好，就要看他的人際關係有多好而定，則程序正義恐有不足。

二、無謬誤原則（bias-suppression rule）：考績評定過程的每一階段，考
核者均未受到本身自利及過往先入爲主的偏見所影響。有時評定者若
單以印象或年末的表現作爲評定的依據，恐對員工的年度績效表現出
現有誤的現象。

三、評定有根據原則（accuracy rule）：考績評定應盡可能依據客觀的績
效資訊及考核者彼此具有共識的意見爲基礎。考績的程序正義最忌諱
考核者但憑主觀的判斷或根據不正確或不妥當的相關資訊，而爲考績
的評定。

四、有矯正機會原則（correctability rule）：考績評定過程中，任何相關

的涉入者，如發掘有任何的謬誤或疏失存在時，組織皆備有申訴的制度或表示異議的管道，賦予受考核者矯正謬誤的機會。

五、具有代表性原則（representative rule）：考績評定過程中的每一階段，在做成任何決定之前，與會者非但具有代表性，而且也能充分反應其所代表的基本觀點、價值取向和對考績評定的展望。

六、倫理原則（ethicality rule）：考績評定過程中，考績等第不因特權人的關說或考核者與受考核者的私人關係之厚薄而受到影響；受考核者亦無法以投機取巧的方式，掩蔽本身平日拙劣的工作績效，而取得好的考績等第。

　　每一個組織的考績過程，其程序正義所具的程度，受考核者每每依據這六原則的任何組合方式來衡定之。何況，有經驗的研究者亦依據這六大原則為核心，進行量表的設計，以為測量的基礎。

　　再者，這六大原則的切實遵守與履行，組織內必須有結構性的制度或安排相對應之，否則六大原則的有效執行就會受到限制。究竟有哪些結構性的安排，可資提升程序正義呢？一、資訊蒐集、儲存與調回機能的設置；二、設定眾所周知的績效目標與評核標準；三、建立考績最後決定的原則；四、申訴機構與制度的設計；五、監察機構的安排；六、公正並有代表性的考績委員會之成立；七、變更考績過程的機制之擬定（Leventhal, 1980）。由這七個結構因素來補強六大程序原則，兩者環節相扣，以防患或減輕考績評定違背程序正義的可能性。

肆、可資驗證的命題

　　從考績研究的多元文獻，抑或過往的諸多經驗研究上，吾人可從中歸納出不少有待驗證的命題：

一、兩種考績正義與組織結果變項間所具有的不同關係。究竟哪一個正義對哪一個結果變項，較具有解釋力？兩種正義共同解釋每一結果變項的幅度，兩種正義互動的結果對結果變項的影響？

二、除了兩種正義因素以外，組織結果變項究竟還受到哪些因素的影響。換言之，正義是否是影響組織員工工作態度與行爲的唯一動力，抑或有其他因素在左右前述之行爲？正義力量只是影響員工認知與行爲的因素之一而已。

三、六個影響受考核者評定程序正義的原則中，受考核者對每個原則相對重視的程度如何（relative weight）？有哪些因素影響到受考核者對不同原則的選擇及相對重視程度？這是企圖檢證六項原則，受考核員工對各個原則的權重（weight）問題。

四、受考核者如認爲自己年度的考績應爲甲等，考績評定才具有分配正義，斯時該受考核者的歸因過程爲何，究竟其是以本身年度內的工作績效，或是與其他同事相對比後的相對績效作爲認定分配正義的基準？

五、兩種正義如何影響組織員工不同的態度和行爲意向。如分配正義對員工行爲意向的影響較強；反之，程序正義對員工的態度影響較爲攸關（Alexander & Ruderman, 1987）。

六、受考核者若認爲考績評定的程序正義愈高，是否也認爲考績的分配正義愈強？

七、受考核者若體認考績的分配正義不高時，其是否因有了這樣的體認，而更關切考績評定程序的公平性；反之，受考核者若認爲考績評定程序的公平性不高時，是否引發考核者愈加關切考績分配的公平性？

八、受考核者如認爲考績的分配正義相當強時，其就不太關切考績評定的程序正義。

九、受考核者根本不在乎分配正義或程序正義，只要其考績列爲優等就可。換言之，受考核者對考績制度的滿意、信任與接受，考績等第的高低爲主要的決定因素。正義與否，不居舉足輕重的地位。

十、組織行爲的動機究竟是源於對正義的關切，抑或受激勵於其他目標的追求，或者是兩者兼顧？受考核者之所以關切考績的評定程序，究竟是爲求考績的公平性，還是爲了員工間的團結和諧？

十一、參與性的考績制度是否分配正義及程序正義的程度較高，並導致較

　　強的員工工作滿足感？員工自評或參與考績制度的設定，是否提高
　　了對考績的信任與接受？

　　這些可資驗證的命題，如由研究者進一步將概念之間所建構的命
題，予以形塑變項之間的相互關係，抑或多變項關係的建立，進而加以驗
證，就能得到經驗性的研究發現。

伍、正義論的評估

一、優點

　　考績的正義論發掘了一塊重要的研究領域，過去一直並未為研究組織
中的分配正義或程序正義者所關切的課題，即兩類正義對員工組織態度的
各類影響。由於這個理論的提出，我們就可由正義這個角度進一步瞭解組
織內員工的態度或行為。

　　正義論蘊含一項啟發性的功能，即這個理論有助於理解每一類型的正
義，其在解釋不同範疇的組織行為，諸如組織對員工建議意見的處理、申
訴的解決與衝突的化解，各自所扮演的角色。因為組織處理上述諸類行為
之方式與結果，亦會引起員工評斷處置的結果是否妥當，處置的過程是否
符合六大程序原則。易言之，正義論所提供的知識，有助於我們擴大對組
織行為與組織運作的瞭解。

　　考績制度不但要求具有可靠性與正確性，而且更要求具有可接受
性。正義論提供兩個評斷的基準：分配正義及程序正義，用以衡定受考核
者對考績制度信任的程度。換言之，正義論將傳統居於「幕後」角色的受
考核者，擺在「台前」，由其評定考績的正義，進而分析其主觀認定的正
義，對其組織態度的影響。

　　過去在研究工作滿足感、工作動機及組織向心力時，均著重在員工社
會背景、人格特質及組織氣氛對其所構成的影響，在理論上，這種研究雖

有其貢獻，獲悉其解釋上述諸變項的幅度。不過，這些發現對促進組織的有效運作作用不大，因其類型皆為無法採取行動的變項，縱然發現變項間有所關聯，在實務上亦於事無補。然而，以考績正義的程度來解釋上述結果變項，因為考績制度可採取行動加以修改，致使其更合乎正義的程度，進而提升工作滿足感、工作動機及組織向心力。

正義論對組織內考績制度的運作，有一項實務上的重大貢獻，即正義論提供了極有價值的見解，用以檢定現行考績評定過程的長短處，研擬增進正義之道，構思調整考績制度的良策。

尤有甚者，組織在考績正義追求的投入上，不斷增進，亦可建設一套績效驅動行為的模式，即藉由考績正義不論在分配或程序正義的提升，昇華員工工作的動機，增強員工對組織貢獻的意願，且在多面向上提供員工展現才華的機會，進而提升員工對組織的信任（De Waal, 2007）。換言之，考績正義的追求，可助組織設計一套績效導向的行為模式，以正義的標準作為組織績效提升的觸媒。

人力資源的發展本是組織的重大使命，員工的工作技能與工作動力更是組織成功的先決條件（Werner & DeSimone, 2009）。而工作動力的滋生，組織內考績制度的正義運轉是觸媒，抑是激促的力量。是以，組織內部人力資源的奠基與發展，考績在分配及程序正義上的講究，恐是社會化或形構成就文化的築造之始（Murphy, 2007）。

二、缺點

員工升遷的考慮因素，通常涉及到多種層面，諸如協調能力、教育程度、對組織及主管的順服、人際關係與考績。因之，全以考績與升遷配合的程度來衡量考績分配正義，並非十分妥當。

員工若不甚瞭解或不熟悉考績的評定過程，焉能以六大原則來衡量考績的程序正義。如員工有參與考績過程的機會，陳述自己年度的投入與貢獻度，解釋考績委員的疑惑，或可增強考績正義的幅度。

考績等第的高低若主導了員工對考績制度的信任與否，則正義的考慮就「英雄無用武之地」了。因之，組織年度的考績，勢必要在過程上強化員工參與的機會，藉機陳述不同的觀點，解釋各項疑點，盡可能達到程序正義的境界。

正義論有一項堅持，即所有的社會互動關係，均以相互交換的方式爲之，員工對組織有多少貢獻，就應得到多少報酬。不過，這種堅持或觀念似乎並未得到支持。比如，分配正義強調雙向的交換，可是人類社會上，有許多的作爲，只是單向的而已，「但求耕耘不問收穫」者有之，「不問耕耘但求收穫」者也有之。因之，強調雙向交換的正義論，並無法解釋人類社會互動的全貌。

正義論的原來定義，著重在所有的利害當事人，各自的報酬與貢獻之間的比例要相同。不過，這種對衡平意義的界定方式，致其無法處理有關「消極的」報酬或貢獻問題。下面的例子就可說明分配正義的窘境：某甲爲組織賺了20元，某乙則使組織虧損了30元，斯時某乙則由其組織得到60元的報酬，而某甲被組織罰了40元；但在這樣的情況下，兩者在報酬與貢獻之間的比值仍然相等，但是貢獻最少的人，卻得到最大的報酬，離分配正義的距離更爲遙遠（Furby, 1986），這乃由數學上的邏輯觀念推演而出，證成理論本身所造成分配正義論上的窘態。然而，在實際上，組織內有權決定者，如只具有限的理性，往往爲了政治性的考慮，而做有悖分配正義的決定之情事，亦所在多有。

分配正義所根據的分配原則，有一項基本的假定，即每一個人的貢獻，能以量化的及不偏不倚的方式加以評定，以致可以在多數人之間做比較。這個假定的適當性已受到挑戰，因爲組織內的工作，有時需要員工協力合作始能完成，若欲明確界定每一個人實際對組織貢獻的程度，乃是一件不易之事（Furby, 1986）。

由上觀之，正義論有其「光明」的一面，也有其「黑暗」的一面；何況，其可解釋一部分員工的態度與行爲，亦有其黔驢技窮之處，即無法解釋的層面；其所立基的假定，有的得到合理的支持，有的則受到頑強的挑

戰。因之，凡正面受肯定者應加以發揚，而反面受質疑者應定爲將來要克
服的方向。

陸、考績制度具有正義的條件

　　由以上的分析，我們得知：人類對正義的追求與重視，也顯現在組織
生活中有關考績制度的運作上。因爲正義不但是任何社會制度所追求的至
善，也經常左右人類的思維，激勵人類的行爲。考績制度雖在成就完全的
分配正義及程序正義上，由於人類在認知、資料、時間及資源上的限制，
似乎有點不易，但其爲「組織人」追求的目標之一，乃無庸置疑。職是之
故，考績制度應具備哪些特性，較能臨近正義的程度？

一、無誤性：考績之實現其冀欲的功能，乃繫於考績結果的相對正確性
　　或分配正義性，即考績之評定盡可能按員工實際的績效程度，給予相
　　互對應的等第。因爲唯有如此，考績所具的激勵作用，始能衍生與茁
　　壯。否則，這種作用恐會逐漸凋萎。

二、識別性：考績後的各項人事管理措施，其成就目標的根本前提，在
　　於考績的結果得以區辨或診斷各員工之間的績效差異，或每位員工在
　　每一績效層面上的優劣或強弱，爾後再根據這些差異，做成合理的決
　　定。

三、一致性：考績的崇高理想，乃在於不同的考核者對同一的受考核者
　　所評定的考績，在大體上是一致的，並沒有太大的差異。一般而言，
　　如對同一受考核者，不同考核人有了不同的評定，這種評定很可能是
　　反映了不同考核人的態度取向，而非受考核者的眞正實績。進一步而
　　言，考績的一致性，爲顯示考績無誤性的重要指標，杜絕受考核者懷
　　疑考績的信度，才是獲得其信任的良方。

四、相關性：考績制度之所以有價值，考核者在評定考績時，應只評定導
　　致工作績效的種種作爲，不應將與工作績效無關的作爲，也納入評定
　　的考量範圍之內。換言之，以關係導向作爲考績衡定的依據之一，乃

完全背離考績本身的核心精神。

五、根據性：年度考績所依據的資料，有超詳實的平時考核紀錄為依據。職是之故，平時考核紀錄如付之闕如或不切實際，則年度考績難求客觀、正確與公平，更難令人信服，恐致使平日努力工作者受氣。換言之，考績要杜絕考評者個人主觀的論斷。

六、權變性：不同的組織結構、不同的工作特性，以及員工不同的自主性需求，需要不同的考績制度，如不論前述諸層面間的殊異，而一體適用同樣的考績制度，恐難求其無誤性或呈現區辨力。

七、程序正義：考績的過程中，受考核者得以呈現年度工作紀錄，對初步評定的考績有表示意見或異議的可能，具有平等參與考績委員會的機會，並充分反映受考核者的實際績效，而為合理地評定考績。

八、教育性：考績因涉及到考核者的認知判斷過程，但由於人類均有認知上、時間上與資料上的限制，要求考績完全無誤，似乎並不太可能。不過，考績制度本身如設有評定考核品質的安排，得以提供回饋的資料，俾使考核者知悉自己的考核品質，背離所有參與考核者所達成之共識有多大，或在哪些考核層面出現極端差異的現象，如此一來，考核者較能獲致經驗學習的機會，促成考績正確性的提高。

九、配合性：考績是一種敦促其他人事行動的組織機制，因之考績一旦有所評定，後續的人事行動必須與之配合，方能達成另一層面的分配正義，冀以恢弘激勵的作用，維繫組織的活力、持續與效能。

十、向心性：考核者正確評定考績的責任感之所以形成，整個機關的主導人物，務必要重視考績制度，投入無比的關懷，並體認不為考績而考績，而是為激勵而考績。

考績的評量本在生產知識，為組織內在及外在利害關係人做成相關決定的準據，是以考績的準確性，進而達到正義的宗旨，乃是基本的要求。尤有甚者，考績的評量也是催化創新的力量，由績優者主導組織前瞻作為，發現組織拓展的白地空間（De Lancer Iulves, 2009; Johnson & Lafley, 2010）。

考績的衡量不只在知識的生產與擴散，更在知識的應用上即以考績結

果的資訊或知識，進行組織創新的工程，實現全面品質管理，抑或達到結果導向管理的終極目標。

　　考績的衡平落實，更是導引績效導向的組織變遷，蓋組織績效如未能達到可接受的標準，組織的正當性恐會受到動搖，勢必引發組織進行必要的調適或因應，成就績效導向的組織變遷（Donaldson, 1999）。

柒、考績制度追求正義的策略

　　考績的正確性為成就正義性的重要前提。不過，考績的正確性，根據多項研究的結果，可以下列公式來代表：$A = (B \times P) + R + I - C$（此處A代表正確性，B代表考核者正確評定考績所能得到實益，P代表因考核人正確評定考績而影響B變動的機率，R代表考核者正確評定考績的責任感，I代表考核者正確評定考績的能力，C代表考核者正確評定考績所需負擔的成本）。是以，提升考績的正確性，進而促進其正義性，發揮應有的功能之策略，就極易擬定。蓋考核者如正確評定考績所能得的實益及機率很小；組織文化若又不甚強調考績的重要性，考績結果並非其他人事決定的主要因素，受考核者也不與考核者爭論考績的結果，則考核者認真考核的責任感哪會強化；考核者的能力，因未受過充足的訓練，不明瞭可能的考績謬誤，對考績制度及考核項目的瞭解不夠，也未根據客觀的員工績效紀錄，對自己的考核品質無法知悉，哪會有高能力正確評定考績；考核者為了正確考績，如若要負擔昂貴的成本，花費太多的時間，則其動機也會因而降低。因之，為了影響考核者的考績行為，下述幾個策略應加以考慮：

一、在提升正確考績的實益及機率方面：根據我國現行考績制度，考績為考核者的一項義務，正確考績若未見任何獎勵，隨便任意評定，也不必受懲處。是以，認真進行員工考核之動因不強。因之，今後應設定並加強評定考績的獎懲制度，並以考績的品質作為升遷的重要考慮因素。

二、在提升責任感方面：考核者在觀念上，應體認考績的重要性。尤其在今日社經結構不斷變化之際，人民權益感高漲的時代，不正確或不公平的考績，將逐漸成爲部屬與主管間爭論的議題。因之，成立健全的申訴制度，設立考績回饋制度，即考核者須將其爲何這樣考核，與受考核者進行溝通，並指出其優劣強弱之處，以爲將來突破發展的準據，乃是目前最爲迫切需要的。換言之，由考績結果進行績效診斷，規劃改進突破之道（Bacal, 1999）。

三、在強化考核能力方面：一則適時舉辦考績的訓練，傳授考績的新理論；培養正確的判斷力；熟練考績制度的內涵；交換彼此的考核經驗，研習世界各國的新考績制度；研討各項新制度應如何調適及應建立哪些支援系統，才能蔚爲己用。二則建立完整的管理資訊系統，將員工年度內所處理的各項業務，得以明快而準確地自電腦上呈現出來，有了這種客觀的工作紀錄，考核者的判斷就極爲容易，也不必去回憶員工過往的績效情形，或偏重初期或近期印象而爲評定考績的基礎。

四、在降低考核者考核行爲的成本方面：受考核者年度內的工作紀錄，能由管理資訊系統立即調出，減輕了平日考核的繁重工作；考績流程的縮短，比如上級機關的核轉及銓敘機關的核定，兩者均可加以精簡，因其不但作用不大，也增加了考核人員的工作負擔；詳實的自評制度之建立（以電腦資料爲評斷基礎），賦予其自我管制的機會，增強其責任感，養成其獨立自主的精神，不必事事仰賴長官的吩咐與決定；人事新陳代謝制度的健全，消除機關內不適任之人力，減輕考核者監督的責任；公文處理流程的簡化，盡可能減少不必要公文之數量，減輕文書的工作。

　　考績制度追求正義，乃是組織生存發展的課題。因此，組織在追求這項目標時，對員工的年度績效分析（Wang, 2010）就攸關重要。組織以這項分析爲基礎，進行員工的考績評定，用以激發員工的工作動機、工作投入的意願，再加上提供表現的機會，則組織績效的展現、組織榮耀的獲致，乃就水到渠成。

捌、結論

　　歸結言之，考績以實，則組織無意志難伸之士；人事決定有據，則組織無倖進之徒；制度興革以智，則組織無草率之變遷；發展以研究爲先，則較能「藥到病除」；建制以「水土」適應爲重，則可免移植不服之煉。

　　考績正功能之發揮，乃以程序正義爲基軸，以分配正義爲「槓桿點」，以無誤而向零缺點的目標邁進，最後更以強化正確考核的動機，提升考核責任感，加強考核能力，及降低考核成本爲策略研擬之標的。

　　考績爲建立以績效爲基礎的管理系統，而分配以及程序正義的有效執行及持久的維繫，乃是組織管理知識的生產，以及組織創新的基石。組織負責考績的主責職司，乃被課以落實公平正義的責任，共同與員工協力實現促進組織正義提升的責任。

參考文獻

Adams, J. S., 1963, "Toward an Understanding of Inequity," *Journal of Abnormal Social Psychology*, vol. 67, pp. 422-436.

Adams, J. S., 1965, "Inequity in Social Exchange," in L. Berkowitz (ed.), *Advances in Experimental Social Psychology*, vol. 2, N.Y.: Academic Press.

Alexander, A. & M. Ruderman, 1987, "The Role of Procedural and Distributive Justice in Organizational Behavior," *Social Justice Research*, vol. 1, pp. 177-198.

Bacal, R., 1999, *Performance Management*, N. Y.: McGraw-Hill.

Bluedorn, A. C., 1982, "A Unified Model of Turnover from Organizations," *Human Relations*, vol. 35, pp. 135-153.

Cohen, R. L. (ed.), 1986, *Justice: Views from the Social Sciences*, N.Y.: Plenum Press.

Cooper, W. H., 1981, "Ubiquitous Halo," *Psychological Bulletin*, vol. 90, pp. 218-244.

De Waal, A., 2007, *Strategic Performance Management*, N. Y.: Palgrave.

Donaldson L., 1999, *Performance-driven Organizational Change*, Thousand Oaks: Sage.

Folger, R., 1986, "Rethinking Equity Theory: A Referent Cognitions Model," in H. W. Bierhoff, R. L. Cohen & J. Greenberg (eds.), *Justice in Social Relations*, N.Y.: Plenum Press.

Folger, R., 1987, "Distributive and Procedural Justice in the Workplace," *Social Justice Research*, vol. 1, pp. 143-159.

Folger, R. & J. Greenberg, 1985, "Procedural Justice: An Interpretive Analysis of Personnel Systems," in K. Rowland & G. Ferris (eds.), *Research in Personnel and Human Resources Management*, vol. 3, Greenwich, CT: JAI Press.

Furby, L., 1986, "Psychology and Justice," in R. L. Cohen (ed.), *Justice: Views from the Social Sciences*, N.Y.: Plenum Press.

Greenberg, J., 1986a, "Organizational Performance Appraisal Procedures: What Makes Them Fair?" in R. J. Lewicki, B. H. Sheppard & M. H. Bazerman (eds.), *Research on Negotiation in Organizations*, Greenwich, CT: JAI Press.

Greenberg, J., 1986b, "Determinants of Perceived Fairness of Performance Evaluation," *Journal of Applied Psychology*, vol. 71, pp. 340-342.

Greenberg, J., 1986c, "The Distributive Justice of Organizational Performance Evaluation," in H. W. Bierhoff et al. (eds.), *Justice in Social Relations*, N.Y.: Plenum Press.

Greenberg, J. & T. R. Tyler, 1987, "Why Procedural Justice in Organization?" *Social Justice Research*, vol. 1, pp. 126-142.

Homans, G. C., 1961, *Social Behavior: Its Elementary Forms*, N.Y.: Harcourt, Brace and World.

Johnson, M. & A. G. Lafley, 2010, *Seizing the White Space*, MA: Harvard Business Review.

Julnes, P. L., 2009, *Performance-based Management Systems*, N.Y.: Boca Raton.

Kavanagh, M. J., 1982, "Evaluating Performance," in K. M. Rowland & G. R. Ferris (eds.), *Personnel Management*, Boston: Allyn & Bacon.

Landy, F. J. & J. L. Farr, 1980, "Performance Rating," *Psychological Bulletin*, vol. 87, pp. 72-107.

Landy, F. J. & J. L. Farr, 1983, *The Measurement of Work Performance*, N.Y.: Academic Press.

Leventhal, G. S., 1980, "What Should Be Done with Equity Theory?" in K. J. Gergen, M. S., Greenberg & R. A.Willis (eds.), *Social Exchange: Advances in Theory and Research*, N.Y.: Plenum Press.

Murphy, E. C., 2007, *Talent IQ*, Avon, MA: Platinum Press.

Price, J. L. & C. W. Mueller, 1981, "A Causal Model of Turnover for Nurses," *Academy of Management Journal*, vol. 24, pp. 543-565.

Rawls, J., 1971, *A Theory of Justice*, Cambridge, MA: Harvard Univ. Press.

Scholl, R. W., Cooper E. A. & McKenna T. F., 1987, "Referent Selection in Determining Equity Perception: Differential Effects on Behavioral and Attitudinal Outcomes," *Personnel Psychology*, vol. 40, no. 1, pp. 113-124.

Thibaut, J. & L. Walker, 1975, *Procedural Justice: A Psychological Analysis*, Hillsdale, NJ: Lawrence Erlbaum Assoriates.

Tyler, T. R., 1986, "When Does Procedural Justice Matter in Organizational Settings," in R. I. Lewicki et al. (eds.), *Research on Negotiation in Organization*, Greenwich, CT: JAI Press.

Wang, X., 2010, *Performance Analysis for Public and Nonprofit Organization, Sudbury*, MA: Jones and Bartlett Publishers.

Werner, J. M. & R. L. DeSimone, 2009, *Human Resource Development*, Mason, OH: South-Western Cengage Learning.

|第十二章|
考績謬誤論

林水波

壹、前言

　　考績正功能的發揮，乃繫於：考核團隊正確地評定員工的工作績效，並以之作為後續各項組織運作決定的基礎。如若相關的考核者違背考績的分配正義及程序正義，導致滋生各項不同的謬誤，致使考績積極正面的功能缺乏路徑產生，而消極負面的情勢或現象，可以乘機而生。因之，各種不同的組織於考績的重大歷史時刻，乃必須謹慎將事，以免各項謬誤的滋生，影響員工的工作士氣，形構協力的團隊精神。

貳、理論的內涵

　　考績乃是考核者對受考核者每一層面的工作績效，在法定的期限內，利用已設定的表格，進行評定的過程，並以評定的結果作為其他人事管理措施的依據。因之，考核者、受考核者及績效層面間的互動，可能會造成諸多不同的結果。如果考核者的評定，並未依據受考核者之間、績效層面之間，或上述二者之間的實際差異，就可能產生種種的謬誤，影響到考績的正確性，及其所欲達成的目的（Kane & Lawler, 1979）。蓋考績的結果，如有謬誤存在，組織就甚難區辨：每位員工在年度工作總績效上的差異、每位員工之間的差異、績效層面之間的差異、每位員工在每一績效層面的差異（Bernardin & Beatty, 1984），以致何人可升遷，不易或無法有效決定，何人需要訓練、要訓練什麼無法掌握，要求考績的公平與正義並產生激勵的作用，戛戛乎其難了。

　　至於謬誤論所探討的內容，有下列五項：

一、謬誤的類型：究竟考績過程上有哪些可能的謬誤存在？每一項謬誤的內涵為何？

二、每項謬誤的檢定法：統計學上的統計量，究竟哪一個統計量適合於檢定哪一種謬誤？

三、謬誤產生的原因：每項謬誤產生的原因究竟如何？是否牽涉到組織的政策、考核者與受考核者的特性、人類判斷的特質、考績表格的特質，或組織的回應能力？

四、防治謬誤的策略：每一項謬誤有其特殊的涵義，或產生的原因，然而有無有效的防治策略可資矯正呢？

五、謬誤所造成的影響：考績的謬誤將會導致考績分配欠缺正義，是否因此形成員工的不滿、彼此的勾心鬥角，甚至形成了小團體？尤有甚者，受考核人是否因此對考績失去信任，以為不論對考績工作如何投入，但因人際關係不善於經營，總發生投入與回饋不成比例的現象，而致失去工作的動力。

　　至於考績謬誤論的理論架構如圖12-1。

參、考績謬誤的類型

　　考核者、受考核者及績效層面三者，獨自或彼此不同的組合後，可能對考績結果造成種種謬誤。總體言之，考績謬誤現象有三種主要的類別：

一、有些考核者每每對某些受考核者的個個績效層面，均給予比其他的考核者較高或較低的考績評定。

二、有些考核者每每對某些績效層面均給予比其他考核者較高或較低的評定。

三、有些考核者不計受考核者是誰，績效層面為何，均給予較高或較低的評定（Kane & Lawler, 1979）。

　　具體言之，這三大類的謬誤又可分成九小類：

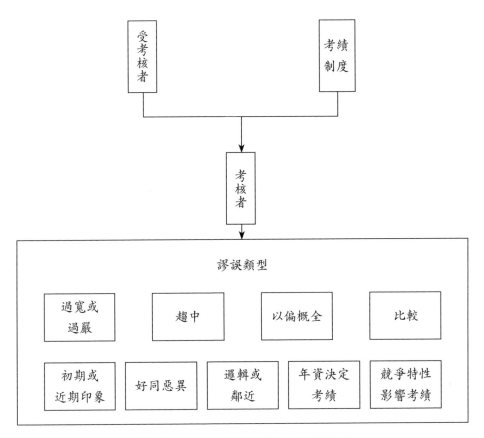

資料來源：Bernardin & Beatty (1984: 168).

一、過寬或過嚴的謬誤（leniency or stringency error）

　　這個謬誤乃泛指考核者偏向兩端的評定或考核。比如，某位職司考績的主管，在評定其部屬在每一工作層面的績效時，如他具有偏向兩端的評定傾向，他恐就會對大多數的工作層面或項目，時常根據過往的傾向，一致地給予極優或極壞的評定。具體言之，這一類謬誤擁有三項特質：

（一）考核者對受考核者經常予以極端的考績評定。

（二）考績的等第總比受考核者應得的還要高或低。

（三）考績的等第總在考績表上表中點的兩端移動。

　　進一步而言，考核者為何每給受考核者極高的等第，歸結其主要的動機有八：

（一）考核者每以為在其管轄之下的部屬，如予以低的評定，乃是反映自己無能的指標。

（二）考核者也可能以為，凡是考績被評定為不優者，可能會被組織開革，這種憐憫心影響到他的評定取向。

（三）考核者也可能深以為，受考核者終會明白其考績等第，如予以不良的評定，恐會破壞兩者之間以往和諧共事的關係。

（四）考核者之所以在考績上寬宏大量，有的乃為了要替其部屬爭取升遷的機會，然後藉此間接增進控制他們的可能性，並贏得樂於提拔別人的美名。

（五）考核者可能認為，與優秀的部屬共事，乃自己與有榮焉，正可證明「物以類聚」的道理。

（六）考核者之所以給予受考核者較佳的考績，可能與文化有關，因為文化中有這樣的信念：與其予以責備，不如加以表彰。

（七）考核者恐另持有這樣的信念，若要人讚賞，除非自己先讚賞別人（Bass, 1956; Cascio & Awad, 1981; Milkovich & Glueck, 1985）。

（八）考核者如若自視甚高，抑或畏懼他人與其爭位，乃給受考核者不優的考績等第；甚至因此毀損人才的發展。

　　過寬的考績，可能提高了受考核者不甚合理的期望，如對薪資調整、工作指派或升遷的不當或過分的要求；反之，過嚴的考績，可能致使員工喪失工作的動機，因為無論員工如何努力地拼命，老闆總不會感到滿足。這兩種考績的情形，可能導致的結果是相同的，即員工強烈的工作動機萎縮了。一般而言，員工均不喜歡過於嚴苛的主管，也對過於仁慈未能堅持公正原則的主管，不表示尊敬。蓋不論工作績效的好壞均予以同樣績優或績劣的考績，主管領導與約束員工的權力恐會受到挑戰，更斷送了員工的工作士氣（Latham & Wexley, 1981）。

　　至於考績是否有這一類謬誤的嫌疑，可由員工考績的平均數是否超

過或低於考績表的表中點而定。凡是超過中點太多的考績，就有過寬謬誤的嫌疑，反之則有過嚴的情勢（Carroll & Schneier, 1982; Veres et al., 1983; Bernardin & Beatty, 1984）。

至於如何防治這一謬誤呢？一為規定考核者應按常態分配方式評定員工考績；二為詳細界定每一工作層面的意義，並設定代表績優至績劣的各項行為指標，俾考核者明確地瞭解究竟要評定哪些績效層面、量表上每一定點所指涉的行為，如此一來，考核者比較有可能區辨不同的績效水準。不過，考核者誠願於、有志於與有動機於避免這一類謬誤，也是相當重要的。

二、趨中的謬誤（central tendency error）

這一類謬誤乃是考核者對所有受考核者，姑不論其實際績效應以較高或較低的考績等第，均予以中等的考績，此亦即每一位員工大抵均被評定於考績表的中間位置。這種評定，乃表示既沒有工作特優的人，也沒有工作奇差的員工。考核者可能基於種種政治考慮，並以為給予每位員工中等的考績最為安全，最不會引起員工的抱怨或不滿。然而，考績若存有這一種謬誤，乃喪失大部分的考績功能。蓋這樣一來，組織便無法區辨員工之間的績效差異，抑或每位員工在各個工作層面上的優劣，致使這樣的考績，在本質上一無是處。不能以之作為管理決定的佐證與標準，更無法預估員工將來的工作潛力，提供員工妥當的回饋資訊而為學習長進的方向與重點。尤有甚者，組織內平日工作賣力者，其考績竟與平日工作庸碌者相同，前者的士氣可能大受挫折，後者可能積非成是、習於好逸惡勞。兩者均對組織構成戕害（Martin & Bartol, 1986）。

至於考績本身是否涉及這一類謬誤，可由標準差的大小或以變異數分析的方式來檢定。蓋考績若有趨中的謬誤，各員工考績之間的標準差就很小，甚至等於零；若由變異數分析中得知：受考核者對員工考績等第的影響相當顯著時，則考績存在這類謬誤的可能性較小，反之則較大。

　　這類謬誤之所以成為一項嚴重的問題，主要在組織之主事者擬以考績的結果，做成重要的人事決定時，方會發生。如何加以防治呢？前述防治過寬謬誤之第二種策略依然有效，即確定受考核的績效層面之每一層面上優劣行為的指標。其次，考核者要真誠相信，只有他或她提供有意義的考績資訊，考績才能發揮其價值：有效回饋績效者，告知績效尚待增進者。

三、以偏概全謬誤（halo error）

　　這一類謬誤之所以產生，在於考核者根據受考核者在某一工作層面上認定表現優異，就類推其他工作層面的表現亦是如此，而予以優越的考績；反之，考核者如若發現受考核者在某一工作層面上表現並不如理想，就驟以推定其他工作層面的表現亦大致雷同，而予以不佳的考績。這樣的類化或概推，假定了人沒有長短處之別。事實上，這種假定並沒有任何經驗的基礎，人總是有某方面的長處，也有某方面的弱點，每一方面均應分別加以評估才行。然而，考核者一旦對受考核者的某一工作層面「加冕」代表績優或績劣的「光圈」，其可能受該光圈所投出的「輻射光」而感到暈眩，因而無法再區辨該受考核者在每一工作層面上的優劣，而直接逕予高或低的考績（Cooper, 1981; Bernardin & Beatty, 1984）。因之，這類謬誤有左列幾個特性（Saal et al., 1980）：
（一）考核者僅注意受考核者的整體印象，並不仔細區分受考核者在每一工作層面上各自的績效水準。
（二）考核者無法或不願區辨受考核者在每一工作層面上的績效優劣。
（三）考核者對受考核者的每一工作層面，均予以評定同樣的等第。
　　這類謬誤產生的原因有五（Cooper, 1981）：
（一）工作行為的代表性不足：考核者對受考核者的工作行為，由於提存的資料不足，無法透澈地瞭解其全貌與績效，乃較可能依賴共變的推理，以一或少數幾個代表性的工作行為，推論到整體績效的好壞。

（二）考核者「以管窺天」的性向：考核者平日就有這種習性，即以某一個人的整體印象或以某一個人所具的某一特質來論斷該人的優劣。

（三）考績表格欠缺具體性：考績表格上所列之各考核項目，設若內容相當抽象，也沒有明確地加以界定，則產生這類錯誤的機會較大。

（四）考核者的動機及知識不足：正確與否的考績，考核者若均不會受到應有的獎懲，則考核者正確評定考績的意願就不會很高；考核者進行考績之後，其評定的品質如何，有沒有犯了這一類謬誤，如若未經分析、研究與評估，則其並未具有這方面的回饋知識，喪失改進學習的機會，以致養成固定成性的考績取向，增加犯了這類謬誤的可能性。

（五）考核者在認知上的扭曲：考核者在進行考績時，往往要回想過去一段時間內，代表員工工作績效的資訊，但由於人類記憶力的有限、儲存資料的不足，以致考核者極易忘掉了許多細節，而以印象最深刻的事件或表現來推論其他的層面。

這類謬誤所造成的影響，亦與前述二種錯誤一樣，形成不正當的人事決定，惡化主從間的關係、員工訓練計畫與發展方向，也就無從擬定或擬定有誤，也可能打擊工作士氣。如何認定這類謬誤的嫌疑性呢？有四個認定的方法：

（一）工作層面間的相關：如每一層面間的相關程度愈高者，則嫌疑愈大。

（二）標準差：受考核者各工作層面間的標準差愈小，愈表示有這一類謬誤的嫌疑。

（三）因素分析：由這一個分析來檢定，有多少因素可以解釋考績結果的不同，如果因素愈多，則謬誤的嫌疑愈小。

（四）逐步回歸分析：如第一個變項進入回歸方程式內，就已解釋了大半的考績結果，則謬誤的嫌疑愈大。

這些方法均有其限制，即究竟多高、多低、幾個因素及多大的解釋力（power of explanation），才能決定謬誤的存在呢？其並無客觀的標準可資依循。因此，組織若能將各種方法一併為之，或可較容易推斷這類謬誤的程度。

考績若有這類謬誤，乃代表了考績評定的不正確性。爲了糾正此謬誤，過去就有許多的努力進行這一方面嘗試，一向爲人所使用的策略有：增進考核者對受考核者的熟悉與認識；由多位考核者從事考績的工作，而以每人的平均數作爲受考核者的考績；對考核者施以訓練用以改變過往的考核行爲；考核者先就一個工作層面考核所有受考核者的績效水準，再進行另一個層面的考核，不要一次評定一位受考核者每一工作層面優劣（Cooper, 1981）。

以上三類謬誤，如參照表12-1就更清楚了。在表12-1中，考核者乙就犯有趨中謬誤的嫌疑；考核者甲犯有過寬的謬誤；考核者丁犯有過嚴的謬誤；考核者丙則犯有以偏概全的謬誤（Bernardin & Beatty, 1984）。

四、比較謬誤（contrast error）

這類謬誤乃考核者對考績的評定，以受考核者間的相互比較而定，而非以每位受考核者實際工作的績效爲評比衡定的基礎。這種考績方式，如果其他共同列入比較的受考核者，其績效均不怎麼傑出，則原本績效平庸者，可能得到極佳的考績評定；反之，如其他作爲比較的受考核者，個個績效出類拔萃，則原本績效極優者，可能得到並不甚理想的考績（Latham & Wexley, 1981; Martin & Bartol, 1986）。這種謬誤可能引起訟爭，也給組織帶來極大的損傷，尤其在人才提拔上，無法使資格績優良者擔任重責，而且也可能導致庸才倖進的情勢。因之，組織對考績的評定，其校準比較的對象，應爲員工績效之間的評比，而非人與人之間的對比。

▣ 表 12-1　考績謬誤的統計指標

考核層面	考核員甲			考核員乙			考核員丙			考核員丁		
	受考核者1	受考核者2	受考核者3	受考核者4	受考核者5	受考核者6	受考核者7	受考核者8	受考核者9	受考核者10	受考核者11	受考核者12
設計	6	5	5	5	5	4	7	1	6	2	3	4
組織	7	7	7	3	4	5	6	1	7	1	4	3
控制	6	6	7	4	4	3	7	2	7	3	5	4
監督	6	5	7	4	5	4	7	1	7	2	4	3
領導	7	6	7	3	5	5	7	2	7	2	4	5
授權	7	6	7	3	4	3	7	2	7	3	3	4
平均數	6.5	5.8	6.7	3.7	4.5	4.2	6.8	1.5	6.8	2.2	3.8	3.8
SD1	0.40			0.40			3.06			0.92		
SD2	0.55	0.75	0.82	0.82	0.55	0.98	0.41	0.55	0.41	0.75	0.75	0.75
謬誤類型	過寬			趨中			以偏概全			過嚴		

資料來源：Bernardin & Beatty (1984: 168).

說明：1.所有的評定乃根據七點式的李克特量表為之。

　　　2.SD1 代表每位考核員對受考核者的評定所造成的標準差。

　　　3.SD2 代表每位考核員對每位受考核者在每一層面的評定所造成的標準差。

五、初期印象或近期印象的謬誤（first-impression or recency error）

　　這一類謬誤的成立，乃繫於考核者究竟是以受考核者哪段時間的工作績效作為評定考績的基礎而定。如考核者過度重視年度考績期限內員工

初期的工作表現，而忽略了臨近考績階段的表現，就有初期印象謬誤的可能；反之，考核者若忽略或忘記員工在年度內初期時所表現的績效，而全以臨近考績階段之績效資訊，而為評定考績之依據時，則犯有近期印象謬誤的可能。前者對以偏概全的謬誤之形成，具有莫大的關係（Cooper, 1981）；後者可能導致考績極度的不公平，尤其是在考績年度內之初期員工的表現極差時（Martin & Bartol, 1986）。不過，我們要注意印象可能導致以偏概全的效果，而這個效果又影響到考核者對後續或較近期事件的評斷。在此種情形之下，近期事件所具的單獨影響就可能受到質疑。蓋考核對早期員工行為的解釋，定能影響到對後期員工行為的解釋。茲為了避免這一類謬誤，考核者持有年度內詳細的工作紀錄資料，以為考績時的佐證，方能獲致公平的考績等第評定。

六、好同惡異的謬誤（similarity error or pitchfork error）

這類謬誤有積極與消極兩種。就前者而言，考核者可能因受考核者在某些方面的作為、特質或態度，與其本身所具有的極類似，因而予以受考核者較高的考績（Bernardin & Beatty, 1984）。就後者而言，考核者可能不喜歡某一特質，偏偏受考核者又具有這一特質，其因而對受考核者每一工作層面的績效予以不優的評定（Lowe, 1986）。因之，考核者應有這樣的認知：組織的每一位員工，對工作的態度、投入與產出，均會有殊異，如若予以等同視之，就會發生此類的謬誤。

七、邏輯謬誤（logic error）和臨近謬誤（proximity error）

前者之所以產生，乃因兩種列入考核的特質彼此之間的邏輯推論所致。比如，能「體諒」的員工，往往被認為是友善的員工（Carroll & Schneier, 1982）。而後者乃是考績表上，考核者對前面項目的考核反應影響到其後續的反應（Bernardin & Beatty, 1984）。換言之，這兩種謬誤均

是考核者並未根據員工在某一層面的實際績效來評定考績，而以邏輯的推理與偏誤的相關（biased correlation），或考核表上前後項目間的聯想為之所造成的。

八、服務年資所引發的謬誤（length of service error）

考核者往往有給予資深員工較高考績的傾向，這種傾向乃這類謬誤產生之原因。這樣的做法，其基本的假定乃年資愈長者，工作績效愈高。事實上，這種假定並不合理，蓋時空的推移，新技能、新知識的追求，乃是增進績效的必要條件，如資深者未具備與時推移的知識，則何能有高績效可言（Lowe, 1986）。何況，數位化時代，資深的員工可能較無法適應，導致對工作績效的不利影響。

九、考核者具有競爭好強特性而引發的謬誤（competitive rater error）

考核者如堅持自己的考績，絕不能低於部屬的，一旦其考績只被評定為中等時，他會將這個責任推給部屬，而給予員工較嚴的考績等第，因而引發考績的不正確性（Lowe, 1986）。

歸結言之，任何人均可能有偏誤，因為偏誤的產生源自個人被社會化的過程。不過，每個人若能事先確知自己可能有前述的哪類或哪些偏誤，經由這樣的確知，引發其注意及警惕可能限制各項謬誤對考績的影響，成功地踏出謬誤防範的第一步。如若又配之以回饋的資料，詳陳考核者其所評定的考績資料之品質，驗證出其是否涉嫌發生前述的各項謬誤，再一次提供學習的機會，用以提升考績的品質。

而在電腦化的歷史時刻，組織員工的各項作為，均有檔案可資查詢，對考績的正確化，均有極大的校準作用，任何主觀或武斷的評定，其空間恐因而縮小許多，縱然無法對之絕跡。

肆、基本假定

　　從謬誤論的理論架構及謬誤類型的分析，其基本假定已隱約可見，即組織所立的考績制度為謬誤產生的消極性因素，其只能消極地限制考核者考績行為的範圍，並無法積極地制止謬誤的形成。蓋考績若非由人來評定不可時，則人本身的參考架構，及人與人之間的互動，乃為主導評定的積極因素，則上述各類謬誤就會有出現的可能。若再由參考架構來檢視外在限制的可接受性，該接受的範圍，應如何接受才不致構成非法性。至於，考核者所選擇評定的面向，過濾資訊的取捨；人與人之間的互動，導致彼此關係密切的程度，與彼此類同或互異的面向，乃致引發人已定觀念與競爭自利取向的興風作浪。凡此種種，皆會影響或左右考核者決定考績的原則，做成正確或謬誤的考績。

　　再者，謬誤論一向認為：考績為考核者對受考核者之績效的認知與評定過程，若有客觀具體的績效資料，則可減輕主觀判斷的影響力。因之，平時資料的準備，對正確的考績擁有極大的助力。

　　謬誤論非只一再強調人類認知謬誤的可能性，更重視學習的功能。這個理論認為：組織若一味採取防衛性的舉措或隱惡揚善，以減輕組織的「痛楚」，其雖可能減輕痛楚於一時，但終究抑制了學習的機會。因此，這個理論論述了人類經常可能犯的謬誤，以加強人類的警惕心，而做思患預防的行為。其又指望資訊回饋制度的建立，讓人來瞭解其在過去考績上所涉及的謬誤所在，而為構思矯正獲致學習的動力。

　　謬誤論也強調人類做成決定的參考架構、行事依據的考量因素之「韌性」，如若未經健全性的變革，猶不能擺脫陳舊老套觀念的羈絆，則一些「形而下」的制度或策略，在謬誤的防治上，可能只具有治標的作用，要達到治本的地步還有一段距離。

　　上述多元的假定，共同支撐理論的效度。不過，在資訊科技高度發展的歷史時刻，由於員工表現日趨資料化，考績謬誤的假定，就會有所更調或變遷。因之，假定的效度，會因情境變遷而日漸低落。

伍、可資驗證的命題

　　謬誤論過往著重在各項謬誤驗證的工作，決定考核者、受考核者及績效面向三者各自或互動影響考績的程度。今後應從事積極驗證的方向有八：

一、考核者人格特質的不同，即內控取向、權威性、現代性、果斷性、對考績正確性的敏感性（accuracy sensitivity）之差異，對所犯考績謬誤的異同。

二、考核者回饋制度（rater feedback system）的建立，即對考核者提供評估考核資料的資訊，對考核者經驗學習的影響：對考績正確性（以多位考核者對一位受考核者績效，共同肯定的情形來衡量）的衝擊，是否考核者的考績評定與受考核者的績效之間存有正相關。

三、以考績正確性程度為論功行賞或論過行懲的制度（accuracy-contingent reward or punishment system），對考核者正確評定考績的動機所產生的影響，究竟是正、負或無的情形。

四、組織內「知名度」較高的員工，其考績受到過寬或過嚴的評定之機會，是否高於默默無聞並負責盡職的員工？

五、考績過寬的情況，現在比過去嚴重，職等高之職位比職等低的職位更為寬。

六、考績頻率的高低，是否影響到初期或近期印象謬誤的可能性？

七、考績正確性與員工工作動機、工作滿足感與組織向心力的影響。

八、考績目的不同，是否會影響到所犯謬誤的不同？如評估性的目的與發展性的目的是否造成過寬、趨中與以偏概全謬誤；而在程度上的差異幅度，前者嚴重於後者。

　　這些命題的建立，如再經假設的設定，相關資料的蒐集，就可驗證假設的成立與否，如若成立，吾人就可依之作為擬定對應之策，冀以提升員工的工作動機及績效，亦可以之作為擬定訓練或發展人力資源的準據。

陸、謬誤論的評估

　　謬誤論在類型的分析上，可說相當淋漓盡致，涵蓋面普及，邏輯思維精緻，每一類型又與實際謬誤情形具有實質的相關性。尤有甚者，其又同時對謬誤的來源，如源自考核者、受考核者、績效三者間單獨或互動的結果，極易檢定因而有助於構思對應之策。

　　謬誤論致使統計方法的應用，開拓了一項非常豐富的研究領域，即令相當簡單的統計量，均能用以檢定某一項謬誤是否存在，進而依之作為組織行為的調適。

　　謬誤論也提供了一面「鏡子」，用以顯示組織在考績作業上究竟涉及哪些謬誤，致使實務者與研究者，可在合理的範圍內，評估考績相對正確性的程度。

　　謬誤論指出人類判斷過程，原本就具有主觀性及個殊性（individuality）。每個人在人格、背景或能力上的差異，本就是極端自然的事實。而這些差異影響到人的態度、價值取向、認知、行為與判斷，也因而在考績上涉有謬誤之嫌疑。然而，謬誤的涉嫌並不可怕，可怕的是不知道其存在，進而減少其存在。謬誤論的提出與驗證，讓人體會（awareness）到考績竟然存有那麼多謬誤的陷阱或可能性，再由體會階段形成重視其存在的態度，最後發展成直接或間接防治陷入陷阱之道，以增進人類判斷的客觀性。蓋人類外顯的行為往往由體會、態度演變，到實際行動。

　　謬誤論最大的困境，在於驗證資料的取得不易，某些類型的驗證困難，及統計量究竟要多高才能認定涉有謬誤的嫌疑。再者，過去在謬誤的驗證上，均以實驗的方法為之，並非以實際機關員工的資料為分析基礎，以致其概化性相當有限。然而，要以實際組織員工的資料來分析，如若僅取得員工總分的資料，則無法進行驗證有無犯以偏概全謬誤，因員工各面向的得分資料付之闕如所致。再者，另一研究上的困境是，如發現基本背景資料關聯到考績等第，如沒有實際的員工績效資料，亦甚難斷定謬誤存在與否。蓋如發現男性的考績比女性的高，斯時如果男性的績效確高於女

性，則這樣的評定顯然並無謬誤存在，前述的關聯當然無庸置疑。

比較謬誤、初期近期印象謬誤、好同惡異謬誤及競爭性考核者的謬誤等，雖均在邏輯思維上有所存在的可能，但要取得經驗的驗證則比較困難，因這種資料取得相當不易，尤其在不明考核者是誰的情況下猶難。

平均數、標準差、解釋力、因素量及相關統計量等，其雖經常被用以檢定謬誤的存在，但要高到何種程度，才能認定涉有謬誤之嫌，尚無定論（Bernardin & Beatty, 1984）。再者，不同的統計量，可能提供不同的結論，畢竟每一統計量處理同一謬誤現象內不同層面的問題，斯時究竟應如何認定何類謬誤的存在，也是一項問題（Saal et al., 1980; Jacobs & Kozlowski, 1985）。

謬誤論無論在理論上或實務上提供了寶貴的貢獻，非但擴展了研究領域，而且找到設計防治策略的線索。不過，這個理論也帶來了一些前述難題，我們如以之作為將來研究的方向，則雖有「危機」的傾向，但何嘗不是「轉機」的所繫。

柒、結論

考績謬誤的探究，深有其必要。因為知悉謬誤的存在，進而依之作為改正的標的，據以提升組織員工對組織貢獻的意願及動機。如組織再提供多元展現績效的機會，則在三者共構之下，組織總體績效的提升，就如為長者折枝之易，而非如挾泰山超北海之難。

考績謬誤的鑽研，更是發展管理系統，防止各項謬誤的滋生，致使組織各類的員工，有機會成為組織偉大的資產，昂揚組織的競爭力。不過，資產或競爭力的成就，考績的正確本是極為重要的前提。因此，組織就要加強員工發展性的評估，進而提供必要的發展訓練。

考績的慎重，如強化實質及程序正義，這將是人力資源發展的重大課題。因為這兩種正義的實現，乃是充沛或激發員工的利器。再者，組織藉由績效資訊的意見供輸，藉以提升組織績效的幅度。

考績的要求,即評定必須根據資料,因此,平時就要妥適而正確地蒐集,如再加上參與觀察,詳實的工作紀錄,以達成循證的考績,則員工對考績的順服度強化,員工潛在的問題得能早期發掘,進而加以妥適地對應。凡此,皆為人力資源發展及有效績效管理所要為之的工程。

參考文獻

Bass, B. M., 1956, "Reducing Leniency in Merit Ratings," *Personnel Psychology*, vol. 10, no. 3, pp. 359-360.

Bernardin, H. J. & Beatty, R. W., 1984, *Performance Appraisal: Assessing Human in Behavior at Work, Boston*: Kent.

Carroll, S. J. & Schneier, C. E., 1982, *Performance Appriasal and Review Systems*, Glenview, Il: Scott, Foresman and Co.

Cascio, W. F. & Awad, E. M., 1981, *Human Resources Management: An Information Systems Approach*, Reston, VA: Reston.

Cooper, W. H., 1981, "Ubiquitous Halo," *Psychological Bulletin*, vol. 90, no. 2, pp. 218-244.

Jacobs, R. & Kozlowski, S. J., 1985, "A Closer Look of Management at Halo Error in Performance Ratings," *Academy of Management Journal*, vol. 28, no.1, pp. 201-212.

Kane, J. S. & E. E. Lawler, 1979, "Performance Appraisal Effectiveness: Its Assessment and Performance Determinants," in B. Staw (ed.), *Research in Organizational Behavior*, vol. 1, Greenwich, CT: JAI Press, pp. 425-478.

Kavanagh, M. J., 1982, "Evaluating Performance," in K. M. Rowland & G. R. Ferris (eds.), *Personnel Management*, Boston: Allyn & Bacon.

Latham, G. P. & Wexley, K., 1981, *Increasing Productivity Through Performance Appraisal*, Reading, MA: Addison-Wesley.

Lowe, T. R., 1986, "Eight Ways to Ruin a Performance Review," *Personnel Journal*, vol. 65, no. 1, pp. 60-62.

Martin, D. C. & Bartol, K. M., 1986, "Training Raters: A Key to Effective Appraisal," *Public Personnel Performance Management Journal*, vol. 15, no. 2, pp. 101-109.

Milkovich, G. T. & Glueck, W. F., 1985, *Personnel/Human Resource Management: A Diagnostic Approach*, Plano, Tx: Business.

Saal, F. E., Downey, R. G. & Lahey, M. A., 1980, "Reting the Ratings: Assessing the Psychometric Quality of Rating Data," *Psychological Bulletin*, vol. 88, pp. 413-428.

Veres, J. G., Feild, H. S. & Boyles, W. R., 1983, "Administrative Versus Research Performance Rating: An Empirical Test of Rating Data Quality," *Public Personnel Management Journal*, vol. 12, no. 3, pp. 290-298.

國家圖書館出版品預行編目資料

政策倫理 VS 行政倫理／林水波主編. －－初
　版. －－臺北市：五南圖書出版股份有限公
　司, 2022.12　面；　公分
ISBN 978-626-317-954-7（平裝）

1.CST: 公共政策　2.CST: 行政倫理

572.9　　　　　　　　　　　111009200

1PTP

政策倫理 VS 行政倫理

主　　　編 ― 林水波（133.3）

作　　　者 ― 王崇斌、石振國、周思廷、林水波、林錫銓
　　　　　　　邱靖鈜、張世杰、郭銘峰、陳志瑋、鄭錫鍇

發 行 人 ― 楊榮川

總 經 理 ― 楊士清

總 編 輯 ― 楊秀麗

副總編輯 ― 劉靜芬

責任編輯 ― 黃郁婷、許珍珍

封面設計 ― 姚孝慈

出 版 者 ― 五南圖書出版股份有限公司

地　　　址：106台北市大安區和平東路二段339號4樓

電　　　話：(02)2705-5066　　傳　　　真：(02)2706-6100

網　　　址：https://www.wunan.com.tw

電子郵件：wunan@wunan.com.tw

劃撥帳號：01068953

戶　　　名：五南圖書出版股份有限公司

法律顧問　林勝安律師事務所　林勝安律師

出版日期　2022年12月初版一刷

定　　　價　新臺幣480元

經典永恆・名著常在

五十週年的獻禮——經典名著文庫

　　五南，五十年了，半個世紀，人生旅程的一大半，走過來了。
思索著，邁向百年的未來歷程，能為知識界、文化學術界作些什麼？
在速食文化的生態下，有什麼值得讓人雋永品味的？

歷代經典・當今名著，經過時間的洗禮，千錘百鍊，流傳至今，光芒耀人；
不僅使我們能領悟前人的智慧，同時也增深加廣我們思考的深度與視野。
我們決心投入巨資，有計畫的系統梳選，成立「經典名著文庫」，
希望收入古今中外思想性的、充滿睿智與獨見的經典、名著。
這是一項理想性的、永續性的巨大出版工程。
不在意讀者的眾寡，只考慮它的學術價值，力求完整展現先哲思想的軌跡；
為知識界開啟一片智慧之窗，營造一座百花綻放的世界文明公園，
任君遨遊、取菁吸蜜、嘉惠學子！